Weinzirl / Heusser (Hrsg.)

Die menschliche Individualität –
verloren und neu gesucht

WITTENER KOLLOQUIUM
HUMANISMUS, MEDIZIN UND PHILOSOPHIE

Herausgegeben von
Johannes Weinzirl
Peter Heusser

Band 3 – 2015

Die menschliche Individualität – verloren und neu gesucht

Herausgegeben von
Johannes Weinzirl
Peter Heusser

Königshausen & Neumann

Gedruckt mit freundlicher Unterstützung durch die
Barthels Feldhoff Stiftung
Gerhard Kienle Stiftung
Software AG Stiftung

Die Herausgeber:

Johannes Weinzirl, Medizinstudium in Wien, Promotion an der Universität Bern. Seit 2012 Wissenschaftlicher Mitarbeiter am Gerhard Kienle Lehrstuhl für Medizintheorie, Integrative und Anthroposophische Medizin, Fakultät für Gesundheit der Universität Witten/Herdecke. Wissenschaftliche Tätigkeit im Bereich Medizinische Anthropologie und Anthroposophische Medizin.

Peter Heusser, Medizinstudium an der Universität Bern, Promotion an der Universität Basel. Facharzt für Allgemeinmedizin und Fähigkeitsausweis für Anthroposophische Medizin. Langjährige Praxistätigkeit in integrativer und anthroposophischer Tumortherapie. Wissenschaftlicher Mitarbeiter der Medizinischen Sektion am Goetheanum, Dornach (CH). 1995-2008 Dozentur für Anthroposophische Medizin an der Universität Bern. Experte für Komplementärmedizin für die Schweizerischen Bundesbehörden. Seit 2009 Inhaber des Gerhard Kienle Lehrstuhls für Medizintheorie, Integrative und Anthroposophische Medizin, Universität Witten/Herdecke. Wissenschaftliche Tätigkeit im Bereich anthroposophische Onkologie und Lebensqualität, homöopathisch potenzierte Substanzen, Kunsttherapie, Ausbildungsforschung, Medizintheorie und Medizinische Anthropologie.

Bibliografische Information der Deutschen Nationalbibliothek

Die Deutsche Nationalbibliothek verzeichnet diese Publikation in der Deutschen Nationalbibliografie; detaillierte bibliografische Daten sind im Internet über http://dnb.d-nb.de abrufbar.

© Verlag Königshausen & Neumann GmbH, Würzburg 2015
Gedruckt auf säurefreiem, alterungsbeständigem Papier
Umschlag: skh-softics / coverart
Umschlagabbildung: Antonello Da Messina: Portrait eines Mannes – „Il Condottiere", 1475, Louvre, Paris
Bindung: Zinn – Die Buchbinder GmbH, Kleinlüder
Alle Rechte vorbehalten
Dieses Werk, einschließlich aller seiner Teile, ist urheberrechtlich geschützt. Jede Verwertung außerhalb der engen Grenzen des Urheberrechtsgesetzes ist ohne Zustimmung des Verlages unzulässig und strafbar. Das gilt insbesondere für Vervielfältigungen, Übersetzungen, Mikroverfilmungen und die Einspeicherung und Verarbeitung in elektronischen Systemen.
Printed in Germany
ISBN 978-3-8260-5508-9
www.koenigshausen-neumann.de
www.libri.de
www.buchhandel.de
www.buchkatalog.de

Zum Inhalt

Vorwort 7

Zunahme der Autonomie in der Evolution bis hin zur
Individualität des Menschen 13
Bernd Rosslenbroich

Fünf Gründe, warum die Existenz der geistigen Individualität
des Menschen durch die Neurobiologie nicht widerlegt ist 27
Peter Heusser

Psychologie ohne Seele und Geist? Das Seelenleben des Menschen
als Ausdruck seiner geistigen Individualität 53
Ulrich Weger, Johannes Wagemann

Verlust und Wiedergewinnung der menschlichen Individualität
in Medizin und Kultur des 19. und 20. Jahrhunderts –
am Beispiel Viktor von Weizsäckers 63
Peter Selg

Personale Medizin und die Anthropologie im 20. Jahrhundert 93
Gerhard Danzer

Individualität und Kreativität 111
Johannes M. Weinzirl

Entwicklung und Gefährdung der menschlichen
Individualität im Kindesalter 113
Michaela Glöckler

Möglichkeiten und Gefährdungen der Individualitätsentwicklung
im Kontext medizinischer Betreuung am Beispiel des
insulinpflichtigen Diabetes mellitus, Typ 1 139
Bettina Berger

Spirituelle Aspekte der Individualität im Kontext
der modernen Medizin 159
Georg Soldner

Autorenverzeichnis 173

Vorwort

Wenn wir gegenwärtig von Verlust und neuer Suche nach der menschlichen Individualität sprechen, so mag man zunächst an die einzigartige Erscheinung und Organisation des menschlichen Leibes denken, unmittelbar ansichtig in Antlitz, Gebärde und Sprache, oder naturwissenschaftlich fokussiert im einmalig orchestrierten Zusammenspiel von Genom, Epigenom, Mikrobiom, Metabolom usf. – Das Anliegen, die individuelle Erscheinungs- und Organisationsform des menschlichen Organismus systematisch zu erfassen und daraus neue Wege für Diagnostik und Therapie im Sinne einer so verstandenen „individualisierten" oder „personalisierten" Medizin zu bahnen, ist hochaktuell, in seiner Faszination nachvollziehbar und zu unterstützen. Was dabei jedoch vergessen wird, ist die Frage, wer es denn ist, der in diesen individuellen Gestaltungen und Prozessen des Körpers zur Erscheinung kommt. Die Individualität, verstanden als Wesenskern des Menschen, kann weder aus der DNA-Sequenz und ihrer epigenetischen Regulation, dem metabolischen Geschehen, einem immunologischen Selbst oder der Struktur und Funktion der frontalen Gehirnrinde abgeleitet oder darauf reduziert werden. All dies sind zweifellos bedingende physische Strukturen und Prozesse, welche die Individualität zu ihrem Ausdruck benötigt. Ihrem Wesen nach ist sie jedoch gerade nicht materieller, sondern geistiger Natur. Die fehlende epistemologische Unterscheidung zwischen Erscheinung und Wesen, Bedingung und Ursache, Objekt und Subjekt, ist in ihrer Konsequenz fatal – das individualisierte und personalisierte Kunstwerk des menschlichen Körpers ist eben nicht identisch mit dem Künstler, obgleich sich dieser darin wirkend offenbart.

Wenn in diesem Buch[1] daher von Verlust und neuer Suche nach der menschlichen Individualität gesprochen wird, dann ist damit vornehmlich auf diese „geistige Individualität"[27, 59, 93, 114, 159] verwiesen, welche auf „andere, nämlich innerliche Weise erlebt wird"[49], etwa im Existentialerlebnis des „selbstbewusst hervorgebrachten Denkens"[40], eine „selbstbestimmte, im günstigen Falle freiheitsfähige Person"[24] begründend, welche sich in ihrer Entwicklung schrittweise verleiblicht[42, 97, 114, 166], und nicht nur fragt „Wer bin ich?"[104, 130] sondern auch „Wer bist du?"[80, 102, 166]. Damit sei für ein Menschenbild[2] in der Medizin plädiert, welches in der jeweils individuellen Gestaltung und Organisation des Körpers den Ausdruck einer lebendigen, seelischen und geistigen Individualität[32, 93, 149], mit ihren jeweils ökologischen, sozialen und spirituellen Bezügen berücksichtigt.

---

[1] Folgende hochgestellte Ziffern verweisen auf die jeweiligen Seiten in diesem Buch
[2] Vgl. dazu in der Reihe „Wittener Kolloquien für Humanismus, Medizin und Philosophie" auch Band 1: „Medizin und die Frage nach dem Menschen" (2013) und Band 2: „Was ist Geist?" (2014)

Wissenschaftlich wird diesen erweiterten Dimensionen in der Regel keine Realität zugesprochen, vornehmlich mit Verweis auf die modernen Molekular- und Neurowissenschaften. Zudem wird zwischen dem psychologischen Seelenleben des Tieres und dem des Menschen kein grundsätzlicher, sondern nur ein gradueller Unterschied gemacht. Die Wissenschaftskultur hat damit eine menschenspezifische, seelisch-geistige „Individualität", letztlich die ichhafte Menschenwürde, die in früheren Formen der philosophischen und medizinischen Anthropologie – ja in der geistigen Kultur Europas überhaupt – bestimmend war, seit der Mitte des 19. Jahrhunderts verloren.

Die Folgen dieses Prozesses für die Praxis und das soziale Leben sind gravierend, wie die soziale, medizinische und kulturelle Geschichte des 20. Jahrhunderts, die heutigen medizin-ethischen Probleme im Umkreis von Konzeption, Geburt und Tod, und die aktuelle Tendenz, das menschliche Individuum mit seinem Lebens- und Krankheitsschicksal bloß molekular zu verstehen, deutlich zeigen. *Die Fragen danach, wer oder was die menschliche Individualität eigentlich ist, warum sie verloren wurde, wie sie wieder gefunden werden kann, und welche Konsequenzen entsprechende Antworten oder Hypothesen für die Medizin und das weitere Kulturleben haben sind daher neu zu stellen und zeitgemäß zu beantworten.* Im vorliegenden Buch finden sich dazu neun Beiträge wie folgt:

Bernd Rosslenbroich kontrastiert als Evolutionsbiologe die zwei vorherrschenden Ansichten über den Menschen als angepasstes, determiniertes Naturprodukt im Sinne Darwins vs. den Menschen als vornehmliches Kulturwesen, welches seine naturhafte und evolutive Vergangenheit überwunden hat, mithin gar verneint. Mit beidem ist er nicht einverstanden und zeigt in Folge aufschlussreich am Prinzip der Autonomie, wie dieses zunehmend in der Evolution bereits im biologischen Bereich als Flexibilität und Eigenständigkeit lebt, und sich spielerisch in Kreativität und Vielfalt bis hin zur Selbstbestimmtheit und Freiheitsmöglichkeit einer Individualität steigert, führend zu wesentlichen Aussagen wie: Die Natur ist nicht determinierend, sondern – im günstigen Fall – eine freiheitsfähige Person ermöglichend.

Peter Heusser verdichtet in seinem Beitrag umfassende Gedanken zur Gehirn-Bewusstseins-Debatte und betont in fünf Schritten, warum die Existenz einer geistigen Individualität durch neurobiologische Fakten nicht widerlegt ist. Ausgehend von der ethischen Problematik des vorherrschenden materiell-reduktionistischen Monismus erläutert er (1) das Prinzip der Emergenz (insbesondere anhand der Vierheit Körper, Leben, Seele und Geist), (2) die Beobachtungs- und Erklärungslücke („the hard problem of consciousness"), (3) Grundfragen zur epistemologischen Differenz und ontologischen Gleichwertigkeit von Geist und Gehirn, (4) einen psychophysiologischen Antagonismus (Bewusstsein nicht durch

Aufbau-, sondern Abbauprozesse) mit Top-Down Kausation, sowie (5) die inhärente Wirkung der geistigen Individualität in der Neuro- und Bioplastizität des Menschen.

Ulrich Weger und Johannes Wagemann plädieren in ihrem Beitrag für eine (Re)integration der 1. Person-Perspektive in die psychologische Grundlagenforschung. Die Beobachtung innerlicher Phänomene wie Aufmerksamkeit, Erinnerung und Denken bildet nicht nur Ausgangspunkt und Nachvollziehbarkeit aller Psychologie, sondern wird implizit bei aller Erhebung introspektiver Daten an Versuchsteilnehmern vorausgesetzt, der Prozess der Innenerfahrung aber nicht wissenschaftsmethodisch reflektiert. Hier begegnen einem Herausforderungen und Gefahren, welche die Autoren beispielhaft erläutern, bevor sie Ergebnisse einer Grundlagenstudie zur Differenzierung von seelischen und geistigen Erlebnissen in Zusammenhang mit der menschlichen Individualität schildern.

Peter Selg zeichnet in lebendiger Weise die ärztliche Biographie und das paradigmatische Ringen Viktor von Weizsäckers um Verlust und Wiedergewinnung der menschlichen Individualität in der Medizin des 19. und 20. Jahrhunderts. Eindrucksvoll wird die von ihm repräsentierte „anthropologische Wende" entfaltet, ein kriegs- und krisenerfahrenes Umdenken, von der naturwissenschaftlich-philosophischen Objektivierung und Verallgemeinerung des Menschen – spürbar am Arzt wie am Patienten –, hin zur erforderlichen Wiedereinführung des Subjekts. Eindrucksvoll wirkt die „Hinwendung zum konkreten Ich im Anderen", in der Diagnose, in der Therapie, bis hinein in die individuell gestaltete leibliche Substanz in Physiologie und Pathologie.

Gerhard Danzers Beitrag eröffnet die Vielfalt an wesentlichen Konzepten zu Person und Individualität in der philosophischen und medizinischen Anthropologie des 20. Jahrhunderts. Dabei plädiert er vornehmlich die unterschiedlichen Dimensionen einer Person, d.i. Hyle (Materie), Bios (Leben), Psyche (Seele) und Logos (Geist), in Diagnostik und Therapie gleichermaßen zu berücksichtigen – etwa biperspektivisch und simultan, sowohl Natur *und* Kultur, Leib *und* Seele, Körper *und* Geist des Patienten zu erfassen. Weitere Konzepte verdeutlichen die Person als verleiblichtes, sich erinnerndes und transzendierendes Zeitwesen, welches in seinem Wert- und Gefühlserleben in der Wirklichkeit des mitmenschlichen und kulturellen Dialogs gründet, und dabei sinnsuchend wie sinngebend als Ja- und Neinsager, kurz um als Sprechender in der Kultur erscheint.

Johannes Weinzirl erinnert in seinem Kurzbeitrag an die künstlerische Begegnung mit dem Werkstoff Ton, welche mit allen Teilnehmern beim Kolloquium durchgeführt und anschließend reflektiert wurde. Zwischen Individualität, Stoff und Gemeinschaft verdichteten sich drei entscheidende Wirkensbereiche und Fragen zur leiblichen, seelischen und geistigen Individualität als Künstlerin und Künstler.

Michaela Glöckler bespricht Entwicklung, Gefährdung und Schutz der menschlichen Individualität im Kindesalter aus Sicht der anthroposophischen Pädagogik und Medizin. Die Entwicklungsdynamik der sich in einer Leiblichkeit inkarnierenden Individualität wird in vier charakteristischen Stufen der Identitätsbildung ansichtig und spiegelt sich biographisch zwischen Kindheit und Alter in charakteristischen Reifungsschritten. Praktische Konsequenzen und Empfehlungen werden für die unterschiedlichen Lebensjahre dargestellt, wesentliche Konzepte des anthroposophischen Menschen- und Weltverständnisses besprochen.

Bettina Berger veranschaulicht in ihrem persönlichen Beitrag die Perspektive, das Ringen und Leben einer Patientin und Wissenschaftlerin mit insulinpflichtigem Diabetes Typ 1. Das Fehlen eines umfassenden Konzeptes von Individualität in der modernen Diabetologie, welche auf dem Paradigma der Unheilbarkeit, Solidarpathologie, Nosologisierung und Substitionstherapie gründet, wird deutlich. Aufbauend auf einer Metaethnographie zur „Individualisierten Medizin aus Patientensicht" plädiert sie für die Entwicklung einer Integrativen Diabetologie, welche neben dem individuellen Blutzuckermanagement auch seelisch-emotionale und geistig-spirituelle Dimensionen miteinbezieht. Dabei werden konkrete Vorschläge, etwa die Führung von psychophysiologischen Tagebüchern, dargestellt.

Georg Soldner eröffnet mit seinem Beitrag über spirituelle Aspekte der menschlichen Individualität einen intimen Raum. Er bewegt allgemeine und persönliche Erfahrungen im Angesicht des Todes, welche unmittelbar hinführen zur Frage nach dem Guten, nach dem Sinn von Krise, Krankheit und Heilung, Fragen, die in der alltäglichen medizinischen Praxis stets gegenwärtig sind, mit einer physikalisch-chemischen Naturwissenschaft alleine jedoch nicht beantwortet werden können. Die Begegnung zwischen Patient und Arzt fordert neben einem verantwortlichen Denken in Kausal- und Finalursachen, ein „gegenseitig im Anderen wirksam werden" – eine Korrespondenzursache, an welche beispielhaft mit dem Evangelium des barmherzigen Samariters erinnert wird – nicht zuletzt als wesentliche Grundlage der abendländischen medizinischen Ethik.

All diesen Beiträgen liegt das dritte *Wittener Kolloquium für Humanismus, Medizin und Philosophie* zugrunde, welches im März 2014 im Rahmen des aktuellen Forschungsschwerpunktes „Integrierte und Personenzentrierte Gesundheitsversorgung" (IPGV) der Universität Witten/Herdecke stattfand. Wir möchten an dieser Stelle der Barthels-Feldhoff Stiftung, der Gerhard Kienle Stiftung und der Software AG für ihre finanzielle Unterstützung danken, ohne welche diese Kolloquienreihe und Publikationen nicht möglich wären. Frau Lisa Bossmann war mit ihrem sorgfältigen Blick eine große Hilfe beim Lektorat und ein großer Dank ergeht an Herrn Prof. Dr. Königshausen und Herrn Moosmüller für die stimmige Zusammenarbeit mit dem Verlag Königshausen und Neumann.

Herdecke, im Frühling 2015

Johannes Weinzirl und Peter Heusser

Zunahme der Autonomie in der Evolution bis hin zur Individualität des Menschen

Bernd Rosslenbroich

1. Evolution und Mensch

Es gibt ein Dilemma in der Wissenschaft bezüglich des Verständnisses der Evolution des Menschen: Auf der einen Seite ist heute geklärt, dass wir zusammen mit der übrigen belebten Welt um uns herum einen gemeinsamen Ursprung haben und dass sich diese Welt der Menschen, Tiere und Pflanzen über sehr lange Zeiträume hinweg verändert hat. Wir sind Teil des großen Lebensnetzes und dessen Evolution auf diesem Planeten.

Aber gleichzeitig ist am Menschen im Vergleich zu den Tieren irgendetwas speziell. So hat nur der Mensch eine echte Kultur, und der Mensch hat offensichtlich eine ganze Reihe von Fähigkeiten, die die Tiere eben nicht haben.

Wenn wir also aus dieser Evolution hervorgegangen sind, was führte dann zu unseren spezifischen Eigenschaften? Es hat in der Wissenschaft viele Versuche gegeben, das zu verstehen (Buller 2005, Dupré 2003, Fox Keller 2010, Grunwald et al. 2002, Lickliter & Honeycutt 2003, Richerson & Boyd 2005). Sie lassen sich grob in zwei Sichtweisen einteilen. Die eine Sichtweise besagt, dass unsere kulturellen Fähigkeiten nichts mit unserem biologischen Ursprung zu tun haben. Der Mensch habe sich aus der biologischen Evolution verabschiedet und ist heute mehr bestimmt durch die Kultur als durch die Natur. Die Prinzipien der Evolution seien daher nicht gültig für die Kultur, Biologie ist nicht zuständig, um die kulturellen Fähigkeiten zu verstehen.

Die andere Sichtweise ist, dass die gleichen Prinzipien, die für die natürliche Evolution angenommen werden, auch für den Menschen bestimmend gewesen seien. Er ist ja aus dieser Evolution hervorgegangen. Also müsste man auch seine spezifischen Eigenschaften daraus ableiten können.

Nun wird ja im Anschluss an Darwin versucht, die Evolution durch den Anpassungsvorgang zu verstehen. Durch Selektion würden zufällige genetische Varianten ausgewählt, und nur die am besten angepassten Varianten würden überleben. Dadurch komme es zu einem allgegenwärtigen Kampf ums Überleben.

Gerade in letzter Zeit wird von einigen Autoren verstärkt versucht, auch die menschlichen Fähigkeiten auf diese Prinzipien zu reduzieren, wie etwa in der Evolutionären Psychologie (Barkow et al. 1995, Buss 2003, Cosmides & Tooby 1997, Pinker 2002, 2003). Danach seien die meisten unserer Eigenschaften, einschließlich unseres Soziallebens, zurückzuführen auf diesen Kampf ums Dasein, auf Selektion und Anpassung.

Diese Sicht verbreitet sich auch in der populären Presse, und einige übereifrige Autoren postulieren sogar, dass man alle menschlichen Eigenschaften auf einige wenige evolutive Prinzipien reduzieren könne. Letztlich drehe sich alles um die Fortpflanzung unserer Gene. Unter dieser Perspektive ist Kultur nichts anderes als eine „biologische Anpassung" und wir sind nicht mehr als Maschinen, die für die Fortpflanzung unserer Gene zu sorgen haben (Dawkins 1994).

Darüber sind sich die Fachwissenschaftler allerdings zutiefst uneins (Buller 2005, Buller 2009, Davies et al. 1995, Dupré 2003, Gould 1997, Jackson & Rees 2007, Laland & Brown 2002, Midgley 2010, Rellihan 2012, Richardson 2007, Rose et al. 2000). Einige lehnen eine so verkürzte Sichtweise ab, lassen aber zumeist offen, wie eine vernünftige Alternative aussehen könnte.

Dies ist aber nicht nur ein Streit unter Wissenschaftlern, sondern hat aufs engste etwas zu tun mit unserem Selbstverständnis und mit den sozialen und wirtschaftlichen Strukturen die wir aufbauen. Wenn wir uns einreden lassen, dass wir in einem allgegenwärtigen Kampf jeder gegen jeden stehen, determiniert von unseren Genen und den Anforderungen im Selektionskampf, dann werden wir auch so handeln und diese Weltsicht wird zu einer sich selbsterfüllenden Prophezeiung.

Wir haben also diese beiden Sichtweisen. Die Eine: Die Kultur überwindet die Evolution. Die Andere: Der Selektionsvorgang gilt auch für den Menschen, einschließlich seiner kulturellen und sozialen Tätigkeiten.

Ich bin mit beiden Sichtweisen nicht einverstanden.

2. Die Evolutionstheorie heute

Die erste Sichtweise ignoriert unseren evolutiven Ursprung und versucht, Kultur ganz unabhängig davon zu interpretieren. Aber wenn wir Teil der Evolution sind, müssten zumindest die Voraussetzungen für unsere Kultur dabei entstanden sein. Sie kann nicht im Konflikt stehen mit unserer biologischen Ausstattung. Der Punkt ist also nicht, dass Kultur die Natur „überwinden" muss, sondern sie bräuchte eine Voraussetzung darin.

Wenn aber der Kampf ums Überleben im Vordergrund steht bleibt es ein Rätsel, wie und warum der Mensch kulturelle Fähigkeiten entwickelt hat, die mit diesem Überlebenskampf nun wirklich nichts zu tun haben: Malerei, Musik, Literatur. Warum schreiben wir Novellen, produzieren Symphonien und entwickeln wissenschaftliche Theorien? Warum haben wir Werte und moralische Systeme?

Nun ist die moderne Evolutionstheorie ein sehr komplexes Gebilde. Zum Einen ist sie keineswegs so einheitlich, wie es in der Öffentlichkeit oft erscheint. Zum Anderen bahnen sich derzeit umfangreiche Umbrüche an, sodass die Evolutionstheorie der Zukunft völlig anders aussehen wird als die des 20. Jahrhunderts. Eine erste Übersicht über derzeitig diskutierte Komponenten dieser erweiterten Evolutionstheorie findet sich im Schlusskapitel von Rosslenbroich (2014).

Für ein Verständnis dieser Veränderungen müssen die verschiedenen Komponenten der heutigen Evolutionstheorie sorgfältig auseinandergehalten werden. So ist eine grundlegende Komponente das Prinzip der Evolution an sich, also die Veränderlichkeit der Organismen, die heute nicht mehr in Frage steht, außer bei einigen verbohrten Anhängern des Kreationismus und des „Intelligent Designs", die aus ideologischen Gründen die Fakten nicht sehen wollen. (Das Problem findet sich ausführlich dargestellt in Kutschera 2007).

Eine weitere Komponente ist das Prinzip der gemeinsamen Abstammung und der Aufspaltung von Arten und Gruppen, woraus die Vielfalt der Organismen auf unserem Planeten entstanden ist. Diese Dinge sind heute sehr gut untersucht und unter den Wissenschaftlern zurecht nicht mehr strittig.

Auch die historische Rekonstruktion der Evolution ist heute sehr gut möglich und wird immer verlässlicher. So sind beispielsweise viele der größeren Übergänge zunehmend gut beschrieben und viele der Übergangsformen sind gut bekannt. Die immer noch gelegentlich zu hörende Behauptung einiger Laien, dass es die Übergangsformen nicht gäbe, ist falsch (Barton et al. 2007, Kirschner & Gerhart 2005, Shubin 2009, Storch et al. 2013).

Aber die Frage, was denn nun eigentlich die Evolution angetrieben hat, was die wichtigsten Faktoren der Verursachung der Evolution und der größeren Veränderungen der Organismen waren, ist heute ganz neu in der Diskussion (Pigliucci & Müller 2010). Wie mussten sich Funktionen und Strukturen verändern, um einen neuen Bauplan zu entwickeln? Wie konnten sich an einem Fisch Beine entwickeln, sodass er ans Land gehen konnte? Wie gesagt, die entsprechenden Übergangsformen sind vielfach bekannt, aber welche Prozesse ermöglichten solche Veränderungen?

Wir sind in unserem Institut diesen Fragen etwas anders nachgegangen und haben uns gesagt: Zuerst einmal müsste man verstehen, was denn eigentlich qualitativ in diesen Übergängen entstanden ist bevor man sagen kann, was sie verursacht hat.

In den herkömmlichen Rekonstruktionen der Evolution gibt es bislang keine zuverlässige Aussage darüber, was sich denn nun qualitativ im Laufe der Evolution herausbildete. Es ließ sich zwar zeigen, dass Bakterien als Erste fossil erscheinen und dass sich dann Zellen mit echtem Zellkern entwickelten, die sich dann wiederum zu mehrzelligen Formen zusammenfanden. Daraus entwickelten sich Pflanzen, Pilze und Tiere, unter denen es dann später auch Säugetiere und Vögel gab.

Was aber charakterisiert diese immensen Entwicklungen? Im Anschluss an die Theorie Darwins hatte man zunächst erwartet, dass es zu einer Zunahme der Überlebensfähigkeit und einer immer besseren Anpassung gekommen sein müsste. Aber beides ist nicht der Fall: Viele evolutiv ursprüngliche Organismen haben eine hohe Überlebensfähigkeit und sind auch bestens an die Umwelt angepasst. Eine generelle Veränderung darin gibt es nicht, auch wenn Anpassungsvorgänge auf den verschiedenen Stufen jeweils eine Bedeutung haben. In anderen Überlegungen wird angenommen, dass Organismen immer komplexer oder differenzierter geworden seien. Es gibt aber viele Beispiele, bei denen Komplexität eher abnimmt.

Das Thema ist nicht trivial, denn es geht, pointiert gesagt, um die Bestimmung des Unterschieds zwischen einem Bakterium und einem Säugetier und derjenigen Prozesse, die sich dazwischen evolutiv abgespielt haben.

Die „Synthetische Theorie der Evolution", die in der zweiten Hälfte des 20. Jahrhunderts bis heute dominierte, hat diese qualitative Frage geradezu unterdrückt: Evolution sei nichts anderes als Zunahme der Vielfalt. Eine generelle qualitative Veränderung gäbe es nicht, es käme nur zu verschiedenen Formen der Anpassung. Ob es sich dabei um die Organisation eines Schwammes oder eines Schimpansen handle sei unerheblich. Damit grenzt man aber die entscheidenden Phänomene der Evolution aus der Untersuchung aus. (Das Problem findet sich ausführlich diskutiert in Rosslenbroich 2006).

Es wäre also die Frage zu stellen, ob man Muster, „patterns", also qualitative Veränderungen in der Grundorganisation der verschiedenen Gruppen, auffinden kann, die in den größeren evolutiven Übergängen entstanden sind. Gibt es bestimmte Trends in der Evolution?

3. Veränderungen der Autonomie

Wenn man die größeren Übergänge studiert und untereinander vergleicht, kann man ein Motiv bemerken, das immer wieder auftritt. Und zwar findet man, dass sich die Eigenständigkeit der Organismen, ihre Stabilität und Regulationsfähigkeit erweitert. Organismen werden immer selbstbestimmter in ihren Lebensäußerungen und werden insofern in der Umwelt immer flexibler. Nach eingehenden Studien dieser Phänomene haben wir das unter dem Terminus „Autonomie" zusammgefasst und haben Veränderungen der Autonomiefähigkeit in vielen Details für die größeren Übergänge der Evolution nachweisen können (Rosslenbroich 2014).

Danach gibt es ein ganzes Arsenal von Ressourcen, mit denen Organismen diese Autonomie aufgebaut und erweitert haben:

- Dazu gehören äußere Abgrenzungen gegenüber der Umwelt wie die unterschiedlichen Hautbildungen und die Entstehung von Panzern, Schuppen, Schalen, Federn oder Fell.
- Die Entwicklung stabiler Blutkreisläufe führte dazu, dass Landtiere das Flüssigkeitsmilieu der Zellen auch unabhängig vom Wasser in der Umgebung aufrecht halten können.
- Die vielfältigen Funktionen der Homöostase machen viele Organismen stabiler (robuster) gegenüber Schwankungen der Umgebungsfaktoren.
- Unter den Tieren entwickelten sich immer umfangreichere und vielfältigere Bewegungsmöglichkeiten und flexiblere Bewegungsformen.
- Nervensysteme wurden immer besser in der Lage, flexibel und eigenständig gegenüber Reizen aus der Umgebung zu agieren.
- Infolgedessen wurde auch das Verhalten immer flexibler, bis hin zu gewissen Freiheitsgraden. Dazu gehört etwa das umfangreiche Lernverhalten bei Schimpansen, Delfinen oder bei den intelligenten Rabenvögeln und Papageien, ebenso wie das Spiel der Tiere.

Diese Autonomiezunahme in der Evolution erfolgte allerdings nicht in einer linearen Reihenfolge. Vielmehr gab es immer eine Bandbreite von Veränderungen, die zu ganz verschiedenen Kombinationen von Merkmalen der Autonomie führten, ebenso wie zu Zurücknahmen und Verlust von Autonomiefähigkeit. Erst langfristig ergaben sich Kombinationen, die eine evolutive Zukunft in dem Sinne hatten, dass sie die Potenz zu weiteren Emanzipationsschritten enthielten.

Gleichzeitig entstanden allerdings auch Anpassungen an die Umwelt. Sie sind eine der Voraussetzungen für das Überleben der Organismen. Letztlich bringt die Evolution offenbar differenzierte Kombinationen von Autonomiemerkmalen und Anpassungen hervor.

Die Evolution ging also sehr komplizierte Wege. Sie vollzog sich offensichtlich nicht als Auswicklung irgendeines vorgegeben Planes (wie es das Wort „evolvere" = „auswickeln" nahelegt), sondern war zu jeder Zeit Entwicklungsdramatik.

4. Die biologische Autonomie des Menschen

Wie steht nun die biologische Organisation des Menschen dazu? Der Mensch hat zwar nicht den autonomsten Organismus, aber er hat eine spezielle Kombination von Merkmalen der Autonomie, die die Voraussetzung für hochflexible Handlungsweisen bildet. Sie erlaubt eine schier unendliche Vielfalt an Tätigkeiten (vgl. Rosslenbroich 2014, Kap. 11).

Einige dieser Merkmale teilen wir mit unseren nächsten Verwandten, den *Säugetieren*. Dazu gehört etwa die Haut, die in einer geradezu genialen Kombination einen effektiven Umweltabschluss mit dem Schutz vor Flüssigkeitsverlusten und eine hohe Beweglichkeit zulässt, indem sie flexibel und leicht ist. Die Hautbildungen in großen Teilen der übrigen Tierwelt neigen entweder dazu, wenig Umweltabschluss zu gewährleisten oder umfangreiche Substanzeinlagerungen zu bilden, was zwar eine effektive Abgrenzung ermöglicht, die Grenzschicht aber oft schwer und steif macht.

Die Eigenwärme, die wir mit den Säugetieren und den Vögeln teilen, führt nicht nur zur Konstanz der Körpertemperatur, die uns zu einem erheblichen Teil von den Temperaturschwankungen der Umgebung unabhängig werden lässt, sondern ist darüber hinaus auch die physiologische Voraussetzung für eine ausdauernde Bewegungsfähigkeit, indem Sauerstoff in unseren Muskeln viel besser für die Energiegewinnung genutzt werden kann.

Der Flüssigkeitshaushalt wird stabil reguliert und durch das Hochdrucksystem des Blutes sehr leistungsfähig. Überhaupt werden die homöostatischen Funktionen sehr leistungsfähig und es entsteht ein vielschichtiges Immunsystem, das auch die immunologische Eigenständigkeit weiter ausbaut und das „Nicht-Selbst" abwehrt.

Des weiteren gibt es Merkmale, die wir mit den anderen *Primaten* teilen. Dazu gehört etwa das große Bewegungsumfeld der Gliedmaßen, besonders der Arme. Unterarm und Hand können gedreht werden und die Hände sind in nahezu jede Richtung beweglich. Die einzelnen Finger können mehr oder weniger unabhängig voneinander bewegt werden und die Hand kann greifen. Und alles das steht im Zusammenhang mit einem ausgesprochen großen und sehr differenzierten Gehirn.

Unter den nichtmenschlichen Primaten kommen spezielle Anpassungen vor, die diese Flexibilität einschränken können, aber insgesamt gibt es einen Trend in der Evolution der Primaten, sie zu erweitern. Dies führt nicht nur zu einem breiteren Spektrum von Bewegungsmöglichkeiten, sondern auch zu neuen Funktionen, die von der Fortbewegung unabhängig sind. So ist es z.B. den Menschenaffen möglich, Stöcke, Steine oder Blätter als Werkzeuge zu benutzen, was Jane Goodall als erste in den 1960ger Jahren von freilebenden Schimpansen in Ostafrika berichtete (Larwick-Goodall 1971).

Dazu kommt auch eine hohe Sensibilität der Hände für das Ertasten von Objekten. Durch die aufrechte Körperhaltung – bei den Affen immerhin bereits im Sitzen – werden die Hände für die verschiedensten Tätigkeiten emanzipiert.

All diese Merkmale werden beim *Menschen* hinsichtlich Flexibilität, Vielfalt und willentlicher Kontrollierbarkeit erheblich gesteigert. Durch den vollen aufrechten Gang sind die menschlichen Hände vollständig von Funktionen der Fortbewegung befreit und haben nahezu unbegrenzte Möglichkeiten, die weit über diejenigen der anderen Primaten hinausgehen.

Dies wird unterstützt durch eine präzise Koordination zwischen Auge und Hand. Beim Menschen sind die Gehirnareale für Wahrnehmung und Steuerung der Hände sehr stark entwickelt, und das spiegelt sich wieder in der hohen Dichte von Nervenendigungen in den Muskeln, den Gelenken und in der Haut der Hände.

Bisher verfügbare Daten zeigen, dass die Aufrechte eine sehr alte Errungenschaft des Menschen ist. *Sahelanthropus tschadensis* und *Ororin tugenensis* (ca. sechs bis sieben Millionen Jahre alt), von denen die ältesten Fossilfunde stammen, die wir derzeit aus der Urgeschichte des Menschen haben, hatten bereits die aufrechte Körperhaltung. Das heißt, dass die vollständige Emanzipation der Hände bereits entstanden war, bevor die eigentliche Gehirnvergrößerung einsetzte.

Doch die Flexibilität, wie wir sie heute haben, war bei den frühen Hominiden noch nicht in vollem Ausmaß entwickelt. Die Hände von *Australopithecus afarensis* zeigen anatomische Merkmale für präzisere Tätigkeiten, mit nur leichten Veränderungen gegenüber den anderen Primaten.

Die ersten größeren Änderungen in dieser Hinsicht tauchen mit den frühesten Vertretern der Gattung Homo auf – parallel zu den ersten Stein-Artefakten des Oldowan-Typs. Aber die Größe des Rückenmarks blieb im Vergleich zum *Homo sapiens* begrenzt, was auf eine noch relativ grobe motorische Koordination hinweist. Die Hände der Neandertaler (*Homo neanderthalensis*) glichen bereits stärker der modernen Hand, sie waren aber noch vorwiegend für einen kraftvollen Griff ausgebildet.

Erst mit dem Erscheinen des modernen Menschen (*Homo sapiens*) vor etwa 100.000 Jahren sind manipulative Fähigkeiten nachweisbar, die den heutigen feinmotorischen Möglichkeiten ähnlich sind. Diese anatomischen Veränderungen sind verbunden mit vielen technischen Errungenschaften, wie sie archäologisch ab dem Jung-Paläolithikum gefunden wurden.

Parallel dazu wurde das Bearbeiten von Steinen immer feiner und präziser, bis hin zu einer erstaunlichen Kunstfertigkeit in der Herstellung kleinster Pfeilspitzen und Klingen. Diese Entwicklung muss begleitet worden sein von einer umfangreichen Verstärkung der Pyramidenbahn, die bei keinem anderen Primaten so prominent ist wie beim heutigen Menschen. Sie ist eine direkte Nervenbahn von der Großhirnrinde zu den Nervenzellen der Fingermotorik und damit eine Grundlage für die präzise Bewegung der menschlichen Hand.

Das Gehen in der Aufrechte versetzte die frühen Hominiden in die Lage, größere Gebiete innerhalb ihres Lebensraumes zu erreichen und schließlich auch Afrika auf ihren Wanderungen zu verlassen. Menschen können ausdauernd wandern und bewältigen dabei Distanzen von mehr als 30 km pro Tag. Unter den Säugetieren gibt es zwar viele Beispiele für größere Reichweiten, sie setzen aber immer Spezialisierungen voraus, die beim Menschen zugunsten einer Gesamtkombination flexibler Handlungsmöglichkeiten zurückgehalten werden. Der Mensch kam dabei in die Lage, ungünstigen Witterungsbedingungen und saisonalen Veränderungen durch entsprechende Techniken zu trotzen. Heute halten wir durch Kleidung und Behausungen eine tropische Mikroumgebung um uns herum aufrecht, was uns von schwankenden Umweltgegebenheiten weitgehend emanzipiert.

Eine der entscheidenden Techniken war die Fähigkeit, ein Feuer zu entfachen und zu kontrollieren. Die ersten Spuren der Feuernutzung stammen vom *Homo erectus*, was mit anderen neuen Fähigkeiten dieser Menschen und mit einer erheblichen Zunahme des Gehirnvolumens korreliert. Die Beherrschung des Feuers erfordert bereits ein gewisses vorausschauendes Handeln. Kochen schloss nun die Nahrung besser auf, um ihr mehr Energie entnehmen zu können. Besonders das immer größer werdende Gehirn benötigte viel Energie. Unser heutiges Gehirn verbraucht ca. 20% der Energie die wir aufnehmen, es ist energetisch also ein sehr „teures" Organ.

Mit seinem großen Gehirn steht der Mensch unter den Primaten einzig da. Außerdem weisen vergleichende Daten darauf hin, dass das menschliche Gehirn in der neueren Evolution eine beträchtliche Reorganisation erfahren hat. Dazu gehört auch die Differenzierung derjenigen Gehirnareale, die wichtig sind für die Geschicklichkeit der Hände, der Beine und auch für die Ausbildung der Sprache.

Besonders prominent ist aber die umfangreiche Ausbildung des Vorderhirns, das nicht auf eine bestimmte Funktion festgelegt ist, sondern für die Steuerung flexiblen Verhaltens, Neukombinationen und Planung komplexer Willkürbewegungen zuständig ist. Es ist sozusagen freigestellt für kreative Verknüpfungen. Damit entstand auch die Voraussetzung für selbstgeführte, autonome Handlungen durch die Unterdrückung triebhafter oder instinktiv festgelegter Verhaltensweisen.

5. Anfänge der kulturellen Evolution

Die erwähnten Steinwerkzeuge liefern auch Einsichten in die sich entwickelnden mentalen Fähigkeiten früher Hominiden. Während frühe Werkzeuge vorwiegend nach der Ausgangsform des Materials beschlagen wurden (frühes Oldowan), erforderten spätere vorab eine Vorstellung von der angestrebten Form und eine gezielte praktische Umsetzung, um diese zu erreichen.

Die Werkzeugnutzung bei Tieren bleibt sehr einfach, während der Mensch sie zu einer ansonsten unerreichten Vielfalt und Geschicklichkeit entwickelt hat. Schon die Oldowan-Steinwerkzeuge deuten auf eine Fähigkeit der Steinbearbeitung hin, wie sie von den heutigen Schimpansen nicht erlernt werden kann. Später bekamen Steinwerkzeuge eine so verfeinerte Formgebung und Retuschierung, dass sie eindeutig auch ästhetische Aspekte aufweisen. Damit gibt es also recht alte Objekte, die bereits einfache künstlerische Elemente aufweisen.

Aber eine noch weitergehende künstlerische Bedeutung bekommen viele der Dinge, die die Menschen des Aurignacien hinterlassen haben. Die reichhaltigen Funde in Europa ab ca. 40.000 vor heute werden mit dem modernen *Homo sapiens* in Verbindung gebracht, der sich in dieser Zeit neu aus Afrika ausbreitete. Dazu gehören beispielsweise Schnitzereien und Ritzungen an Knochen, Elfenbein oder Geweihen. Jetzt waren jene Freiheitsgrade erreicht die es ermöglichten, eine Kunst zu produzieren, die ganz von den Notwendigkeiten des Lebenserhalts entkoppelt war.

Die Kunstprodukte spiegeln die sich neu entwickelnde Fähigkeit wider, mit Bildern und abstrakten Formen umzugehen und sich darüber mitzuteilen. In dieser Zeit entstanden auch jene wunderbaren Höhlenmalereien Süd-West-Frankreichs und Nordspaniens. Die Bilder, die vorwiegend die eiszeitliche Tierwelt mit oft sehr charakteristischen Details darstellen, sind ja in der Dunkelheit der Höhle, entkoppelt von der direkten Wahrnehmung des gemalten Motivs, entstanden. Es kann angenommen werden, dass diese Höhlenmalerei ein Übungsfeld für den zunehmend autonomen Umgang mit Vorstellungen und inneren Bildern war (Rosslenbroich & Rosslenbroich 2012).

Während des Neolithikums erreichten die Menschen durch Landwirtschaft und Domestikation von Tieren eine weitere Emanzipation, indem sie vom gegebenen Nahrungsangebot der Umwelt unabhängiger wurden und einen größeren Teil der Erfüllung ihrer Bedürfnisse selbst organisieren konnten. Hütten und Häuser dienten zunehmend dem Schutz vor der Witterung und die technische Ausstattung machte manche Einflüsse der Umwelt beherrschbarer. Heute geht diese Emanzipation vielfach so weit, dass wir in erheblichem Ausmaß den Kontakt zur natürlichen Umwelt verloren haben und sie zerstören.

6. Die verlängerte Jugendzeit

Der Mensch hat eine ausnehmend lange Zeit der Jugendentwicklung, was auch im Zusammenhang mit der Autonomiezunahme steht. Eine verlängerte Zeit zum Lernen, Imitieren und Üben erweitert die kulturell und individuell entwickelbaren Fähigkeiten gegenüber einem festgelegteren Verhalten. Das lässt sich auch in der Gehirnreifung feststellen, die unter allen Primaten am längsten dauert. Zusammen mit der Möglichkeit der Reifung durch Übung und Erfahrung erweitert dies die Plastizität der kortikalen Funktionen drastisch.

Untersuchungen zeigten, dass der spezialisiertere Neandertaler und noch frühere Menschenformen eine schnellere Körperentwicklung hatten und früher ausgewachsen waren. Die höhere Flexibilität des *Homo sapiens* mit der Ausbildung einer besonders differenzierten Kultur basiert also gerade auf der verlangsamten Entwicklung im Jungendalter.

Daraus lässt sich leicht ableiten, dass es für heutige junge Menschen von entscheidender Bedeutung ist, für ihre individuelle Entwicklung genügend Zeit zu haben. Alle Versuche, Ausbildung und Erziehung zu beschleunigen, werden ihre kreativen Möglichkeiten reduzieren. Gerade die Schule sollte alles daran setzten, dieses Freiheitspotential junger Menschen zu nutzen, sein Ergreifen zu fördern und die dafür benötigte Zeit zu schützen. Es ist nicht übertrieben zu sagen, dass die lange und hoch plastische Jugendzeit zu dem Wertvollsten gehört, was uns die Evolution mitgegeben hat.

Hier wird nun auch deutlich, dass das Spiel elementar zu unserem Menschsein gehört. Die Anklänge daran gibt es bereits bei Säugetieren und Vögeln, aber bei keinem anderen Lebewesen ist das Spiel so bedeutend wie beim Menschen, nicht nur in Kindheit und Jugend. Hier üben wir die flexiblen Kombinationen von Bewegungen und mentalen Prozessen, die später zu Kreativität und Innovationsfähigkeit werden.

7. Evolution und Humanismus

Die Natur, wie sie uns aus der Evolution hervorgehen ließ, bildet also die Grundlage für die hochgradig flexiblen Möglichkeiten des kulturschaffenden Menschen. Das Ergebnis unserer organischen Evolution ist ein hohes Maß an Flexibilität auf verschiedenen Ebenen und bildet damit die physiologische Grundlage für die Möglichkeit der Freiheit.

Der Mensch ist keineswegs determiniert durch seine Natur. Stattdessen ist er schon von Natur aus mit umfangreichen Freiheitsmöglichkeiten ausgestattet, die dann kulturell ergriffen und weitergeführt werden können – weit über das hinaus, was die Natur lediglich der Möglichkeit nach anbietet.

Die biologische Geschichte der Menschheit muss erzählt werden in den Begriffen von Autonomie, zunehmender Flexibilität und Freiheitsgraden. Immer handelt es sich aber nur um eine relative Autonomie, denn gleichzeitig sind wir an viele Bedingungen des Organismus und der Umwelt gebunden. Wir benötigen Nahrung, Schlaf, Erholung, eine gesunde soziale Umwelt und vieles mehr. Auch unser Handeln ist an organische Bedingungen geknüpft, und vielfach spielen archaische und wenig reflektierte Auslöser von Verhaltensweisen eine Rolle.

Wenn man nur diese Seite unserer Natur betrachtet, finden deterministische und selektionistische Theorien durchaus Argumente, und die eine oder andere Interpretation aus dieser Perspektive mag zutreffen. Aber man kann nicht das Handeln des Menschen einseitig auf diese Perspektive reduzieren.

Gesundheitliche Einschränkungen können unsere Möglichkeiten mehr oder weniger stark begrenzen. Bedeutet Gesundheit nicht, eine umfangreiche Autonomie zu haben, sowohl körperlich als auch seelisch-geistig?

Damit löst sich der am Anfang beschriebene Gegensatz auf: Wir sind weder von den biologischen Bedingungen determiniert, noch müssen wir sie überwinden. Vielmehr führt die natürliche Evolution systematisch dazu, dass hohe Grade an Flexibilität möglich sind.

Durch diese Autonomie ist der Mensch aber nicht nur die kreativste, sondern zugleich auch die destruktivste Kraft geworden, die die Evolution hervorgebracht hat. Unsere Fähigkeiten haben nicht nur zu Kunst und Wissenschaft geführt, sondern auch zu kollektiven Wahnideen, Massenmord und einer noch nie dagewesenen Zerstörung der Umwelt. Durch unsere verfügbaren Freiheitsgrade haben wir aber auch die Möglichkeit zu entscheiden, in welcher Welt wir leben wollen.

Es ist keineswegs durch die Evolution determiniert, dass alles auf Konkurrenz zurückzuführen ist. In der Natur gibt es genauso viel Kooperation wie Konkurrenz. Ebenso wenig sind wir neurologisch determiniert (Falkenburg 2012). Gerade unsere neurologischen Fähigkeiten ergeben ein hohes Potential an Flexibilität. Insofern ist es rätselhaft, wie ausgerechnet Neurologen ein deterministisches Bild vom Menschen propagieren können.

Und auch die neueren Kenntnisse in der Genetik weisen zunehmend darauf hin, dass die vorhandenen genetischen Voraussetzungen offenbar viel flexibler genutzt werden können als lange angenommen wurde. Auch da gilt natürlich, dass genetische Anlagen einen Rahmen abstecken, aber wie sie in den Phänotyp umgesetzt werden, ist offensichtlich mehr oder weniger flexibel. In der modernen Genetik kommen dazu jetzt viele Einzelheiten ans Tageslicht und werden auch in der Evolutionsforschung unter dem Begriff „Phänotypische Plastizität" diskutiert.

Zusammenfassend lässt sich also sagen: Unsere Natur ist nicht determinierend, sondern ermöglichend.

Damit wird aber auch deutlich, dass die heute verfügbaren wissenschaftlichen Kenntnisse nicht im Widerspruch zu einer humanistischen Sicht des Menschen stehen. Deterministische Annahmen werden oft lediglich hinein interpretiert. Durch ein erneutes Lesen des wissenschaftlichen Textes und durch sorgfältige Trennung der eigentlichen wissenschaftlichen Beobachtungen und der Theorien lassen sich neue, bis dahin ungeahnte Zusammenhänge erschließen.

Die körperlichen, also die gestaltlichen, physiologischen und molekularen Vorgänge in unserem Körper, die heute immer besser beschreibbar werden, stehen in keinem Widerspruch dazu, dass der Mensch zugleich auch seelische und geistige Eigenschaften hat. Und damit lässt sich schließlich auch der alte Gegensatz von Natur und Kultur auflösen. Die Evolution hat eine hochgradig flexible, plastische und formbare körperliche Grundlage für eine selbstbestimmte, im günstigen Falle freiheitsfähige Person hervorgebracht.

Literatur

Barkow JH, Tooby J, Cosmides L (Hrsg). 1995. *The Adapted Mind: Evolutionary Psychology and The Generation of Culture*. Oxford University Press, Oxford.

Barton NH, Briggs DEG, Eisen JA, Goldstein DB, Patel NH. 2007. *Evolution*. Cold Spring Harbor, New York.

Buller D. 2005. *Adapting Minds: Evolutionary Psychology And The Persistent Quest For Human Nature*. MIT Press, Cambridge MA.

Buller DJ. 2009. Four fallacies of pop evolutionary psychology. *Scientific American 300 (1)*: 74-81.

Buss DM. 2003. *The Evolution Of Desire*. Basic Books, New York.

Cosmides L, Tooby J. 1997. The Modular Nature of Human Intelligence. *In*: Scheibel T, Schopf M. *The Origin and Evolution of Intelligence*. Jones and Bartlett, Sudbury.

Davies PS, Fetzer JH, Foster TR. 1995. Logical reasoning and domain specificity. *Biology and Philosophy 10 (1)*: 1-37.

Dawkins R. 1994. *Das egoistische Gen*. Spektrum, Heidelberg.

Dupré J. 2003. *Human Nature and the Limits of Science*. Oxford, Clarendon Press.

Falkenburg B. 2012. *Mythos Determinismus. Wieviel erklärt uns die Hirnforschung?* Springer Spektrum, Berlin, Heidelberg.

Fox Keller E. 2010. *The mirage of a space between nature and nurture*. Duke University Press, Durham.

Gould SJ. 1997. Evolution: The Pleasures of Pluralism. *New York Review of Books 44(11)*: 47-52.

Grunwald A, Gutmann M, Neumann-Held E (Hrsg). 2002. *On Human Nature. Anthropological, Biological, and Philosophical Foundations*. Springer, Berlin, Heidelberg.

Jackson S, Rees A. 2007. The Appalling Appeal of Nature: The Popular Influence of Evolutionary Psychology as a Problem for Sociology. *Sociology 41 (5)*: 917-930.

Kirschner MW, Gerhart JC. 2005. *The Plausibility of Life. Resolving Darwin's Dilemma*. Yale University Press, New Haven CT, London.

Kutschera U. 2007. *Streitpunkt Evolution: Darwinismus und Intelligentes Desgin*. LIT Verlag, Berlin.

Laland KN, Brown GR. 2002. *Sense and Nonsense: Evolutionary Perspectives on Human Behaviour*. Oxford University Press, Oxford.

Larwick-Goodall J. 1971. *Wilde Schimpansen. 10 Jahre Verhaltensforschung am Gombe-Strom*. Rowohlt, Hamburg.

Lickliter R, Honeycutt H. 2003. Developmental Dynamics: Toward a Biologically Plausible Evolutionary Psychology. *Psychological Bulletin 129 (6):* 819-835.

Midgley M. 2010. *The Solitary Self: Darwin and the Selfish Gene.* Acumen, Durham.

Pigliucci M, Müller G. 2010. *Evolution – the Extended Synthesis.* MIT Press, Cambridge MA.

Pinker S. 2002. *Wie das Denken im Kopf entsteht.* München, Kindler.

Pinker S. 2003. *The Blank Slate: The Modern Denial of Human Nature.* Penguin Books, London.

Rellihan M. 2012. Adaptationism and adaptive thinking in evolutionary psychology. *Philosphical Psychology 25 (2)*: 245-277.

Richardson RC. 2007. *Evolutionary Psychology as Maladapted Psychology.* MIT Press, Cambridge MA.

Richerson PJ, Boyd R. 2005. *Not by genes alone. How culture transformed human evolution.* University of Chicago Press, Chicago, London.

Rose H, Rose S, Jencks C (Hrsg). 2000. *Alas, Poor Darwin: Arguments Against Evolutionary Psychology.* Harmony Books, Nevada City.

Rosslenbroich B. 2006. The notion of progress in evolutionary biology – the unresolved problem and an empirical suggestion. *Biology and Philosophy 21*: 41-70.

Rosslenbroich B. 2014. *On the Origin of Autonomy. A New Look at the Major Transitions in Evolution.* Springer Dordrecht, Heidelberg, New York, London.

Rosslenbroich M, Rosslenbroich B. 2012. Die französisch-spanische Höhlenkunst – Wiege der Autonomie des menschlichen Bewusstseins. *Die Drei 11*: 25-41.

Shubin N. 2009. *Der Fisch in uns: Eine Reise durch die 3,5 Milliarden Jahre alte Geschichte unseres Körpers.* Fischer, Frankfurt.

Storch V, Welsch U, Wink M. 2013. *Evolutionsbiologie.* Springer, Berlin, Heidelberg.

Fünf Gründe, warum die Existenz der geistigen Individualität des Menschen durch die Neurobiologie nicht widerlegt ist

Peter Heusser

Einleitung und Problemstellung

Nach der Entdeckung der mechanischen Naturgesetze seit dem 17. Jahrhundert durch Forscher wie Galileo Galilei (1564–1641) und Isaac Newton (1643-1727) und der Entdeckung des Blutkreislaufs durch William Harvey (1578-1657) wurde das mechanische Denken in der aufkommenden Naturwissenschaft des 17., 18. und 19. Jahrhunderts zunehmend zur Erklärung auch der biologischen Prozesse herangezogen. Der Körper des Menschen galt für René Descartes (1596-1650) und Julien Offray de La Mettrie (1709-1751) als Maschine. Die Seele wurde von Descartes bekanntlich noch als ein immaterielles, eigenständiges Prinzip gesehen, aber schon von La Mettrie als Resultat der komplexen Köpermaschinerie interpretiert (La Mettrie & Becker 2009). Damit war der materialistische und reduktionistische Monismus eingeleitet, der das naturwissenschaftliche Welt- und Menschenbild des 19., 20. und vorläufig auch noch dasjenige des beginnenden 21. Jahrhunderts dominiert.

Davon ist auch die wissenschaftliche Auffassung über die geistige Individualität des Menschen geprägt. Maßgebliche Neurowissenschaftler wie Paul Churchland oder Thomas Metzinger halten das Gehirn für einen „Engine of Reason" (Churchland 1995) bzw. „eine ontologische Maschine" (Metzinger 2012a), und das geistige „Selbst" des Menschen für eine Funktion intakter elektrophysiologischer neuronaler Prozesse anatomisch identifizierbarer Zentren des Gehirns, deren Entstehung ihrerseits auf komplexe Expressionsprozesse genetischer Informationen aus der DNA zurückgeführt werden. *Nach dieser Ansicht gibt es keine geistige Individualität als solche,* sondern lediglich ein virtuelles „Ich" als Produkt intakter und ausgereifter Gehirnprozesse. Dass diese Auffassung für die vielen ethischen Grundprobleme der Medizin, die sich heute besonders durch den wissenschaftlichen und praktischen Umgang mit dem Lebensanfang und dem Lebensende stellen, nicht ohne Folgen bleiben kann, versteht sich von selbst. Churchland selbst meint dazu:

> „The potential relevance of this is as follows. If the felt need to protect any fetus from abortion has its basis in a concern to protect and preserve an existing *self,* then that concern appears to be factually misplaced. If the neurobiological account of cognition, consciousness, and the self emerging from current research is even

roughly correct, then there can be no self, not even an unconscious one, until the fetus has developed a functional nervous system and has begun to configure its myriad synaptic weights so as to sustain an ongoing history of cognitive activity. Without a neural network in place, *there can be no self,* neither an emotional self, nor a perceiving self, nor a deliberating self, nor any other kind of self. [...] In the cases at issue, *there is no self.*"(Churchland 1995, S. 308-309, 2. Hervorhebung PH)

„Most states have for some time counted ‚brain death' – the cessation of all brain acivity as measured by simple EEG (electroencephalography) – as legally equivalent to body death. In particular, further efforts to maintain the body are no longer required. It can be allowed to perish. This is a clearly humane policy, at least to these eyes. With the death of the patient's brain the valued *self* that it sustained is now utterly and irretrievably lost." (Churchland 1995, S. 305-306)

„As with irreversible coma, the parallel [of advanced Alzheimer's disease] with brain death is plain. And a parallel policy of allowing such patients to perish would seem in order. The financial and psychological burden on the living is as appalling here as in the other two cases, and *such empty human shells consume medical resources that could more humanely be used elsewhere."* (Churchland 1995, S. 307, Hervorhebung PH)

Das ist gewiss konsequent gedacht, *unter der Voraussetzung,* dass die Bewusstseinsvorgänge und das geistige Selbst, dem diese Vorgänge bisher traditionell zugeschrieben worden sind, eine kausale Folge neurobiologischer Prozesse sind. Der Grund für diese Voraussetzung scheint sehr plausibel zu sein: Je weiter die Neurowissenschaften in der Untersuchung neurobiologischer Bedingungen von Bewusstseinsvorgängen fortschreiten, desto deutlicher wird die unbezweifelbare *Abhängigkeit* all dieser Bewusstseinsvorgänge von neuroanatomisch weitgehend lokalisierbaren, oft komplex verteilten funktionellen Gehirnprozessen (Metzinger 1996). Diese Abhängigkeit wird als *kausale Verursachung* interpretiert. Und so hält man die Existenz einer geistigen Individualität des Menschen durch die empirischen Tatsachen der Neurobiologie für widerlegt. „Das Selbst ist nur ein Modell", meint Thomas Metzinger (Metzinger 2012b).

Doch diese Auffassung ist keineswegs zwingend. Sie entspringt einer gedanklichen *Interpretation* empirischer Tatsachen. Die Tatsachen sind jedoch auch anderer Interpretationen fähig. Im Folgenden werden fünf Gründe besprochen, warum die Existenz einer geistigen Individualität des Menschen durch die empirischen Tatsachen der Neurobiologie *nicht* widerlegt ist.

Erster Grund: Emergenz

Der Ausdruck „Emergenz" bezieht sich auf Eigenschaften von Systemen und bezeichnet „das Entstehen *neuer* Strukturen oder Eigenschaften aus dem Zusammenwirken der Elemente in einem komplexen System"[1]. Entscheidend dabei ist, dass sich die neuen Eigenschaften der hierarchisch höheren Komplexitätsstufen des Systems *„auf der vorangehenden Stufe nicht vorhersehen lassen"* (Kiefer 2007), und damit auch *nicht aus ihnen abgeleitet* werden können. Mit anderen Worten: „Aus der Emergenz leitet sich ein wichtiger Schluss ab: Der Reduktionismus ist eine Irrlehre" (Kiefer 2007).

Das gilt für alle Ebenen zunehmender Komplexität, so zunächst schon im Bereich des *Anorganischen*, d.h. beim Aufbau der *Materie* aus ihren jeweiligen Komponenten (Primas 1991). So können schon die Eigenschaften des Schneekristalls *nicht* aus denjenigen des Wassers (Maddox 1988), und die Eigenschaften des Wassers *nicht* aus denjenigen von Sauerstoff und Wasserstoff hergeleitet werden, sie sind emergent (Kiefer 2007). *Jede Ebene hat ihre eigenen Gesetze, die zwar mit denjenigen der anderen Ebenen kompatibel, aber aus ihnen nicht ableitbar* sind, obwohl die jeweils übergeordnete Ebene sich nur auf dem Boden der untergeordneten Ebene manifestiert (Ellis 2005).

Ebenso gilt das Prinzip der Emergenz auch im *Organischen*, beim hierarchischen Strukturaufbau des *Organismus*, wie insbesondere auch Ernst Mayr deutlich gemacht hat:

> „Das eine sind die *konstitutiven Hierarchien*, wie die Reihe Makromoleküle, Zellorganelle, Zelle, Gewebe, Organ und so weiter. In einer derartigen Hierarchie werden die Elemente einer niedrigeren Ebene, sagen wir einmal der Gewebe, zu neuen Einheiten (Organen) verbunden, die einheitliche Funktionen und durch Emergenz entstandene Merkmale besitzen. Die Bildung konstitutiver Hierarchien ist eins (sic!) der charakteristischsten Merkmale lebender Organismen." (Mayr 2002, S. 66)

Die emergenten Systemebenen des Organismus, auf die damit zunächst hingedeutet ist, sind jedoch nur räumlich-struktureller Art, sie machen in ihrer organisierten Einheit den *physisch-räumlichen Körper* eines organischen Wesens aus.

Von dieser räumlichen Organisation, die zunächst auch noch nach eingetretenem Tod, also beim Leichnam, vorhanden ist, ist jedoch noch die *zeitliche Organisation* zu unterscheiden, die *das Leben* des Körpers ausmacht. Diese zeitliche Organisation, und damit das „Leben", ist als „Leben" gegenüber dieser komplexen räumlichen Struktur – einschließlich

---

[1] www.uni-protokolle.de/Lexikon/Emergenz.html, (zuletzt heruntergeladen 10.1.2015, Hervorhebung PH)

deren molekularen Komponenten (Genom, Proteom, usw.)! – emergent, obwohl es selbstverständlich nur möglich ist *unter der Voraussetzung* ihres Vorhandenseins. Aus keiner noch so weitgehenden Analyse der das Leben bedingenden Moleküle und ihrer strukturellen Beziehungen kann diejenige *aktive, konzertierte zeitliche Prozessorganisation* abgeleitet werden, die das Leben *als Leben* ausmacht (Heusser 2013).

> „Von lebloser Materie lassen sich die Kennzeichen des Lebens nicht ableiten. Unabhängig davon, wie weit man die Forschung in Physik und Chemie treibt, wird man auf diesem Weg nie das spezifische Verhalten lebender Organismen vorhersagen können." (Kiefer 2007)

> „Das Lebendige ist kompositionell vollständig in physikalischen und chemischen Termini zu buchstabieren – und dennoch vermag man auf diesem Weg allein die genuinen Eigenschaften des Lebendigen nicht zu erfassen." (Welsch 2011)

Ebenso wie das Leben von der Materie (und sei diese noch so komplex organisiert), so ist wiederum das *Bewusstsein* vom Leben emergent (Heusser 2013). Das *Seelische* oder *Psychische* kann nicht von den Eigenschaften des lebendigen Körpers abgeleitet werden, der zu seiner Manifestation die notwendigen Bedingungen herstellt. In der Tat wurde der Ausdruck Emergenz erstmals 1879 von George Henry Lewes (1817-1878) benutzt, um auszudrücken, dass die Prozesse, die von den „produzierenden" physiologischen Bedingungen zu ihrem „Produkt" – den Empfindungen und Ideen – führen, unbekannt seien:

> „Sensations and ideas spring up in the mind as flowers spring up in the field. We see them only when they have emerged."(Lewes 1879, S. 16)

Physiologie und Psychologie seien zwei Forschungsgebiete, von denen das erste die „objektiven" Strukturen und Vorgänge des Körpers („body"), das zweite die „subjektiven" Vorgänge des „ego or personality" („mind") untersuchten. Wie aber die Prozesse des „mind" aus denen des „body" entstünden, bleibe vollständig in „darkness" gehüllt (Lewes 1879, S. 17-18).

Indem schon das Tier Bewusstsein hat, kann man bei ihm abgesehen von den komplexen Emergenzstufen des physisch-räumlichen Körpers zwei weitere, qualitativ völlig neue Emergenzstufen unterscheiden: Erstens diejenige der in Zeitgestaltungen organisierten Stufe des Lebens, und zweitens die in der Form von erlebtem Innenleben auftretende neue Stufe des Seelischen (Heusser 2013).

Beim *Menschen* ist dem gegenüber noch eine vierte Emergenzstufe zu unterscheiden, diejenige der selbstbewussten denkerischen Tätigkeit des Individuums. Wolfgang Welsch formuliert das so:

„Zunächst ist der Mensch ein Lebewesen unter Lebewesen. Er ist ein Tier – lateinisch ein animal. Entsprechend drückt die Standarddefinition des Menschen – als animal rationale – zunächst einmal aus, dass der Mensch grundlegend ein Tier ist.

Aber der Mensch ist zugleich jenes besondere Tier, das sich von allen anderen Tieren dadurch unterscheidet, dass er über Rationalität verfügt. Der Mensch ist nicht ein schlichtes animal, sondern ein animal rationale – und gar das einzige animal rationale. Rationalität soll ausschließlich uns Menschen, keinem anderen Tier zukommen. Die Rationalität soll der besondere Faktor sein, der das Menschentier zu einem Menschen macht.

Wir Menschen sind also durch Tierheit und Vernünftigkeit gekennzeichnet. Wobei für uns freilich die letztere Komponente, die Vernünftigkeit, die ausschlaggebende ist. Von ihr leitet sich all das her, was uns auszeichnet: Unsere Lernfähigkeit, unser Wissen, unsere Kultur, unsere Kunst, unsere Technik. Und natürlich auch der Umstand, dass wir über Sprache verfügen. Das animal rationale – griechisch das zoon logon echon – hat Sprache zum eigentlichen Medium der Rationalität. Die Sprache erlaubt uns die reflexive Verständigung über Sachverhalte, über uns selbst, über die Welt und unsere Stellung in ihr – und in der Sprache bewegen natürlich auch wir uns, wenn wir uns hier über Grundfragen der Anthropologie und die Bedeutung der Rationalität austauschen, die uns über die Animalität hinaushebt und uns den Himmel betrachten oder über den Kosmos oder die Götter nachdenken lässt." (Welsch 2011)

Diese Auffassung, dass der Mensch vom Tier durch seine rationale Intelligenz *wesentlich – nicht nur graduell –* zu unterscheiden sei, wird nur scheinbar durch neurobiologische und verhaltenspsychologische Forschungsresultate über intelligente Verhaltensweisen bei höheren Tieren relativiert, denn diese Tierintelligenz entspricht höchstens derjenigen von menschlichen Kleinkindern bis zu einem Alter von unter drei Jahren (Suddendorf 2013). In diesem sind die selbstbewusste Produktion rationaler Intelligenz und deren sprachliche Kommunikation noch gar nicht zur Erscheinung gekommen, oder anders gesagt, noch gar nicht emergent (Heusser et al., Publikation in Vorbereitung). Wolfgang Welsch ist deshalb zuzustimmen, wenn er einerseits die Fähigkeit zu Vernunft und Sprache wie zuerst Herder und später die Evolutionstheorie durch natürliche Entwicklung aus einer vormenschlichen, noch tierhaften Vorform des Menschen entstehen lässt, aber andererseits das Neue, Sprache und Vernunft, auf *Emergenz* zurückführt.

„Herder suchte den Hervorgang von etwas Neuem (der menschlichen Sprache, der menschlichen Kultur, der menschlichen Seinsweise) aus Altem (aus der ursprünglich tierhaften Verfassung des Menschen) zu verstehen. Er war sich sicher, dass dies ohne Einführung einer externen ‚qualitas occulta' zu geschehen habe. Genau das ist der eine wesentliche Faktor im Konzept der Emergenz: Es gibt keine magischen Zusätze. Aber da Herder noch die Möglichkeit fehlte, das spontane Entstehen neuer Eigenschaften zu denken, verlegte er die Eigentümlichkeiten des Neuen doch noch einmal als Keim in das Alte. Er vermochte sich nur Entwicklung (die Ausfaltung eines schon vorhandenen Keims), nicht jedoch spontane Neubildung vorzustellen. Das trennte ihn noch vom Konzept der Emergenz." (Welsch 2011)

Zusammenfassend ergeben sich somit bei einer umfassenden Beschreibung des Menschen eine Gliederung in vier deutlich voneinander zu unterscheidende emergente Phänomen-Bereiche: Erstens die räumlich-materiellen des physischen „Körpers", zweitens die zeitlich-organisatorischen des „Lebens", drittens die innerlich-erlebnishaften, affektiven der „Seele", und viertens die innerlich-ideellen, rationalen des „Geistes". Das entspricht der phänomenologisch begründeten Viergliederung des Menschen, wie sie bereits bei Aristoteles (384-322 v. Chr.), angeregt durch diesen bei Thomas von Aquin (um 1225-1274), im 18. und 19. Jahrhundert bei Johann Wolfgang von Goethe (1749-1832) und Ignaz Paul Vital Troxler (1780-1866), im 20. Jahrhundert bei Rudolf Steiner (1861-1925) und Nicolai Hartmann (1882-1950), und heute bei Gerhard Danzer findet (Heusser 2013, Danzer 2012), im Einzelnen freilich durch unterschiedliche Ausdrücke bezeichnet. Diese der europäischen Anthropologie durchaus inhärente Viergliederung des Menschen siedelt *die geistige Individualität des Menschen* auf der vierten Stufe an, zu der die anderen Stufen erst heranführen. Die jeweils tieferen Stufen sind zwar die Voraussetzung für die Manifestation der je höheren Stufen, aber diese sind aus jenen inhaltlich nicht ableitbar; sie sind jeweils neue, durch Emergenz zur Erscheinung kommende Phänomenbereiche mit je eigenen Eigenschaften und Gesetzmäßigkeiten (Heusser 2011a). Da das Seelische und Geistige jedoch psychologisch gesehen einen Einheit bilden, in dem der Geist gewissermaßen den Kern der menschlichen Seele ausmacht, kann man auch von einer „seelisch-geistigen" Individualität des Menschen sprechen.

Aus der Tatsache der Emergenz ergibt sich also eine erste Folgerung: *Die seelisch-geistige Individualität des Menschen kann nicht aus der Neurobiologie abgeleitet werden.* Die Emergenz widerlegt den physikalistischen Reduktionismus und macht diesen auch als Erklärungsprinzip überflüssig.

„This principle of emergence is as pervasive a philosophical foundation of the viewpoint of modern science as is reductionism." (Anderson 1995)

Zweiter Grund: Erklärungslücke

Die „Erklärungslücke" oder „explanatory gap", um den von Joseph Levine geprägten, berühmt gewordenen Ausdruck zu benutzen (Levine 1983), bezieht sich auf den Umstand, dass mentale Zustände Erlebnisformen eigner Art darstellen (sog. „Qualia"), die nicht – wie das Gehirn und seine Prozesse – auf sinnliche Art wahrgenommen werden können. Als physikalistischer Vertreter der Philosophy of Mind war Levine zwar der theoretischen Auffassung, dass mentale Zustände physikalische Zustände *seien*. Aber er realisierte gleichzeitig, dass keine physikalische bzw. neurologische Theorie erklären kann, warum physikalische bzw. neurologische Prozesse Bewusstsein hervorbringen. David Chalmers verstärkte dieses Problem sogar zur Formulierung, es handle sich bei der „explanatory gap" um „the hard problem of consciousness", weil diese Lücke *aus prinzipiellen Gründen* nicht ausgefüllt werden könne (Chalmers 1996).

Das gilt im Übrigen auch dann, wenn unter „mentalen Zuständen" nicht nur kognitive, sondern auch emotionale, volitionale Zustände oder gar leibbezogene Empfindungen wie Schmerz oder Lust verstanden wird, und wenn als leibliches Korrelat solcher im Seelischen auftretenden Erlebnisse nicht nur Vorgänge des Zentralnervensystems, sondern auch des übrigen Körpers gelten gemacht werden, wie das z.B. im Konzept des sog. „Embodiment" (Fuchs 2013) oder der „funktionellen Dreigliederung" (Steiner 1983) der Fall ist. Die Erklärungslücke betrifft *jeden* Übergang zwischen leiblichen Strukturen und Prozessen einerseits, die nur einer Außenperspektive zugänglich sind, und im Seelischen auftretenden Erlebnissen andererseits, die als Innenperspektive auftreten. Denn z.B. das *Erlebnis „Schmerz"* kann seiner inhaltlichen Qualität nach nicht aus der bei einem Gewebetrauma auftretenden Strukturdestruktion, der Freisetzung von Gewebshormonen oder der dadurch indizierten Nervenprozesse erklärt werden.

Levine meinte, es handle sich bei dieser Erklärungslücke nicht um ein ontologisches, sondern um ein epistemologisches Problem. Das Letztere ist gewiss richtig, das Erstere nicht. Denn schon die Grundposition Levines, „the ultimate nature of the mind is physical; there is no sharp discontinuity in nature between the mental and the non-mental" (Levine 1999) ist falsch. Denn wenn man der epistemologischen Grunderkenntnis folgt, dass *theoretische* Aussagen – auch solche ontologischer Art – über faktische Tatsachen *nur dann* Erkenntnis- und Wissenschaftscharakter beanspruchen können, wenn sie *empirisch* hinterlegt sind (Steiner 2003), dann ist die ontologische Aussage „the ultimate nature of the mind is physical" unhaltbar. Denn es werden keine empirisch und damit epistemologisch belegbaren Gründe dafür angegeben. Der nachher folgende Satz, der offenbar Begründungscharakter haben soll, nämlich „there is no sharp discontinuity in nature between the mental and the non-mental" ist epistemologisch falsch. Richtig wäre, zu bemerken, dass Mentales immer *im Zusammenhang mit* bzw. *in Abhängigkeit von* nicht-mentalem gehirnphysiologischen Geschehen auftritt. Aber *empirisch* besteht eine sehr scharfe, genau angebbare Grenze zwischen mentalen und nicht-mentalen Phänomenen: Mentale Phänomene gehören zu den „psychischen", nicht-mentale (also physikalische oder physiologische) Phänomene zu den „physischen" Phänomenen im Sinn von Franz Brentano (Brentano 1911). Beide sind dadurch auf das schärfste voneinander zu unterscheiden, da sie in *verschiedenen Wahrnehmungsfeldern* auftreten, eben im Physischem *oder* im Psychischem. Die Erklärungslücke besteht gerade darin, dass *für die Beobachtung* nichts vorliegt, was das eine in das andere überführt. Deswegen ist auch die kausale Herleitung des menschlichen Geistes aus dem Gehirn oder gar seine wesenhafte Gleichsetzung mit diesem eine durch keinerlei Empirie gestützte Hypothese. Die theoretische *Erklärungs*lücke gibt es nur deswegen, weil diesbezüglich eine empirische *Beobachtungs*lücke vorliegt. Diese ist nicht gradueller, sondern prinzipieller Art, insofern hat Chalmers Recht. Und nichts spricht dagegen, dass die Bewusstseinsphänomene und die geistige Individualität des Menschen einem eigenständigen Seinsbereich angehören, obwohl sie nur *durch die Bedingung* einer funktionierenden Leiblichkeit bzw. eines intakten menschlichen Gehirns zur Erscheinung kommen können. Eine Bedingungsursache ist eben nicht dasselbe wie eine Wirkursache.

Also zeigt auch die „Erklärungslücke", dass die Existenz eines geistigen Selbst des Menschen nicht durch die Fakten der Neurobiologie widerlegt ist.

Dritter Grund: Epistemologie und Ontologie

Dem menschlichen Geist eine Existenz zu- oder abzusprechen, ist Sache der Ontologie. Ontologie ist die Wissenschaft des Seins. Ob aber etwas ist (existiert) oder nicht, kann nicht theoretisch vorausgesetzt, sondern nur durch einen Erkenntnisprozess festgestellt werden. Deswegen setzt die Ontologie Erkenntniswissenschaft voraus, wie oben bereits angedeutet.

Erkenntniswissenschaft oder Epistemologie ist die Wissenschaft des Erkennens. Sie kann nicht auf theoretischen Setzungen oder Grundannahmen beruhen, sondern letztlich nur auf einem Erkennen des Erkennens, auf einer Reflexion des erkennenden Bewustseins auf sich selbst. Erkennen benötigt stets zwei Elemente, nämlich erstens *Phänomene*, Erscheinungen, die dem Erkennenden gegeben sein müssen, und zweitens *Theoreme*, also Gedanken, Ideen, durch die man sich den Zusammenhang der Phänomene versucht begreifbar zu machen[2]. So der Begründer der neueren Erkenntniswissenschaft, Immanuel Kant (1724-1804), und so auch die meisten ihm folgenden oder mit ihm im Dissens stehenden Erkenntnistheoretiker des 19. und 20. Jahrhunderts (Schneider 1998, Steiner 2003).

Die Mehrheit der erkenntnistheoretischen Schulen – zu denen auch Kant und sein wichtigster Nachfolger Karl Popper (1902-1994) sowie die neueren Konstruktivisten gehören – sprechen den Phänomenen und/oder auch den Theoremen keinen objektiven Status zu, sondern halten sie für Produkte der menschlichen Organisation und so lediglich für subjektive, d.h. bloß dem menschlichen Bewusstsein angehörende Entitäten. Wahrnehmungsphänomene werden dann so interpretiert, dass die Außenwelt – d.h. die man im Sinne Kants für eine nicht direkt zugängliche „Welt an sich" hält – auf unsere Sinnesorgane wirkt, die als Reaktion darauf ihrerseits neuronale „Signale" ins Gehirn senden, aufgrund derer das Gehirn die „Wahrnehmung" *konstruiere*, eine Sicht, die auch heute noch von maßgeblichen Neurowissenschaftlern geteilt wird. So meint Wolf Singer,

> „dass Wahrnehmung nicht als passive Abbildung von Wirklichkeit verstanden werden darf, sondern als das Ergebnis eines außerordentlich aktiven, konstruktivistischen Prozesses gesehen werden muss, bei dem das Gehirn die Initiative hat. Das Gehirn bildet ständig Hypothesen darüber, wie die Welt sein sollte, und vergleicht die Signale von den Sinnesorganen mit diesen Hypothesen." (Singer 2001)

Realität wird nach dieser Auffassung nur dem Gehirn und seinen Prozessen, nicht aber der im Bewusstsein auftretenden Außenwelt, noch irgendwelchen anderen Bewusstseinsinhalten oder gar dem bewussten „Selbst" oder „Ich" als solchem zugesprochen. Das „Ich" sei eine „Illusion" (Gazzaniga 2012), ein bloßes Produkt des Gehirns:

> „Das Gehirn generiert mit der Ausbildung eines Ich einen ‚virtuellen Akteur', dem ein Köperschema und ein Ort im Raum zugeschrieben wird und der zum scheinbaren Träger der Willkürhandlungen wird." (Roth 2001)

Bemerkenswert ist an dieser Auffassung allerdings das Folgende. Zum einen wird dem Bewusstsein und dem Ich ein Sein abgesprochen; beides sei

---

[2] Wenn sich das Erkennen allerdings auf Gedanken bezieht wie beim mathematischen Erkennen, dann besteht schon das wahrnehmlich Gegebene, die „Erscheinungen" oder die „Phänomene", und nicht nur das darüber Gedachte, die „Theoreme", aus Gedanken, Begriffen, Ideen. Steiner nennt die *rein ideell* zustande kommenden Erkenntnisurteile, also z.B. die der reinen Mathematik, „Begriffsurteile", die andern hingegen, bei denen das Theorem Aussagen über ein sinnlich-empirisches Phänomen macht, „Erfahrungsurteile" (Steiner 2003).

Produkt des Gehirns, und nur letzteres sei real. Zum andern wird auch der im Bewusstsein erlebten Außenwelt ein Sein abgesprochen, denn auch diese sei ein Produkt des Gehirns. Dabei wird nicht bemerkt, dass man ja auch vom Gehirn mit all seinen Prozessen nur dadurch etwas wissen kann, dass man es direkt oder indirekt durch apparative Vermittlung *wahrnimmt* und die wahrgenommenen Strukturen und Prozesse durch Denken *begreift*. Das Gehirn ist für die Wissenschaft also in gleicher Weise Außenwelt wie alle andere Außenwelt. Wäre die wahrgenommene Außenwelt also bloß ein virtuelles Konstrukt, so müsste das auch für das Gehirn gelten, dieses wäre nichts Reales. Damit hebt sich diese Theorie selbst auf. Lässt man aber das Gehirn als Realität gelten, so muss das auch der übrigen Außenwelt zugestanden werden (Heusser 2011b). Die Außenwelt ist dann ebenso „objektiv" und „existiert" ebenso wie das Gehirn.

Man könnte das zugestehen, aber bezüglich der Relation von Gehirn und geistigem Selbst im Sinne der üblichen neurobiologischen Interpretation immer noch argumentieren, das Gehirn sei ein „objektiver" – weil sinnlich-äußerlich wahrnehmbarer – Gegenstand und *deshalb* etwas reales. Im Gegensatz dazu sei das Selbst nur „subjektiv", d.h. auf innerliche, seelisch-geistige Weise erlebbar und deswegen nichts „Seiendes". Dieses Argument *setzt* jedoch *voraus*, dass nur „physische" Phänomene Seinscharakter haben können, psychische oder geistige hingegen nicht. Das lässt sich erkenntniswissenschaftlich aber nicht rechtfertigen. Denn psychische oder geistige Erlebnisse sind empirisch ebenso *gegeben* wie anorganische Gegenstände oder Organismen einschließlich derer Gehirne, nur eben auf einem anderen und anders gearteten, eben innerlichen Beobachtungsfeld (Steiner 2003). Ob etwas existiere und in welcher Art es existiere, lässt sich nicht theoretisch, sondern nur empirisch entscheiden. Und es hängt auch nicht davon ab, auf welchem Wahrnehmungsfeld es auftritt. „Sichtbares" tritt z.B. auf einem anderen Wahrnehmungsfeld auf als „Tastbares" oder „Hörbares", es kann nicht mehr, aber auch nicht weniger Realität beanspruchen als diese. Ebenso kann kein epistemologisch plausibler Grund dafür angegeben werden, warum „physisch Erlebbares" realer sein soll als „psychisch Erlebbares", oder warum beide sogar von identischer Natur sein sollen, wie Levine und mit ihm die materialistische Form der Philosophy of Mind meint: „The ultimate nature of the mind is physical" (Levine 1999). Gehirn und Geist sind *offensichtlich*, d.h. *empirisch*, verschieden; sie offenbaren sich damit als Angehörige unterscheidbarer Seinsgebiete und müssen deshalb auch begrifflich in diesem Sinn unterschieden werden.

Das liegt auch der berühmten Unterscheidung von res cogitans und res extensa bei René Descartes zugrunde. Wenn Descartes im selbstgenerierten Denken das unerschütterliche („certum" und „inconcussum") Erlebnis der Existenz seines eigenen Geistes („mens") als eines Denkenden hat („cogito ergo sum", Descartes 1996, IV.3), so ist damit auf ein *empirisches Existenzial- bzw. Realitätserlebnis* verwiesen („ego sum, ego existo", Descartes 1996, III.3), das demjenigen eines räumlich ausgedehnten Dinges (res extensa) ebenbürtig, aber doch von ihm klar zu unterscheiden ist (res cogitans). Dass mit „res" hier *kein „Ding" im Sinne räumlich-physischer Dinge gemeint* ist, geht aus dem Kontext hervor bzw. aus der inneren Empirie, auf die Descartes verweist. Der Ausdruck „res" ist im übertragenen Sinn gemeint. Die Ablehnung des durch diese zwei Klassen von „res" begründeten Dualismus hängt damit zusammen, dass Philosophen fälschlicherweise glaubten, Descartes habe eine „Verdinglichung des Ego" eingeführt (Hössle 2013), und Neurowissenschaftler meinten, nur ein materialistischer Monismus könne eine einheitliche, widerspruchsfreie Weltanschauung begründen. Jedoch ist die Anerkenntnis der empirisch *gleichermaßen* gegeben Faktizität von immateriellen Geist und materiellem Gehirn unabwendbar.

Das wird auch Wolf Singer klar, wenn er sich der Empirie seiner seelisch-geistigen Erlebnisse bewusst wird:

> „Diese immateriellen Phänomene erleben wir als *ebenso real* wie die Erscheinungen der dinglichen Welt, die uns umgibt. […] *Phänomene, die wir als geistige oder psychische oder seelische bezeichnen, erleben wir als Realitäten einer immateriellen Welt, an deren Existenz unsere Selbsterfahrung jedoch ebenso wenig Zweifel aufkommen lässt wie unsere Sinneswahrnehmung an der Existenz der dinglichen Welt.*" (Singer 2004, S. 33, Hervorhebung PH)

> Wir haben „die von unserer *Selbsterfahrung* genährte *Überzeugung* […], dass wie an einer geistigen Dimension teilhaben, die von den Phänomenen der dinglichen Welt *unabhängig und ontologisch verschieden ist.*" (Singer 2004, S. 36, Hervorhebung PH)

Mit anderen Worten: Singer gesteht hier für das, *was tatsächlich erfahren wird,* den inneren Erlebnissen des Selbst und den äußeren Gegenständen, denen er selbstverständlich auch das Gehirn zurechnet, *ontologische Verschiedenheit bei gleichzeitiger ontologischer Gleichwertigkeit* zu, im Grunde nicht anders als Descartes.

Wenn Singer *in seiner Theorie* – im *Gegensatz zur Empirie* – dem Seelisch-Geistigen und damit der geistigen Individualität des Menschen dennoch die Existenz abspricht und als ein Konstrukt des Gehirns hinstellt – dies auch trotz der offensichtlichen Erklärungslücke –, so zeigt er dadurch nur die Inkonsequenz eines Denkens, das sich von einer reduktionistischen Suggestion blenden lässt. In Wirklichkeit zeigt die Empirie die *Existenz* der geistigen Individualität des Menschen. Und diese wird nicht dadurch in Frage gestellt, dass zu ihrer *Erscheinung* die Struktur und die Funktion des Gehirns notwendig sind. Denn – wie oben schon erwähnt – eine Bedingungsursache ist nicht eine Wirkursache.

Vierter Grund: Bewusster Geist nicht „durch", sondern „gegen" das Gehirn

Nach reduktionistischer Auffassung werden Geist und Bewusstsein durch die physiologischen Aktivitäten des Gehirns produziert, so wie etwa Bluteiweiße von der Leber erzeugt werden. Aber abgesehen davon, dass im Sinne der oben exponierten Argumente weder das Gehirn als Produzent des Geistes gelten noch dem Geist eine eigenständige Existenz abgesprochen werden kann, liegt ein ganz anderes, ja konträres Verhältnis zwischen Geist und Gehirn vor als etwa zwischen Bluteiweiß und Leber, ein Punkt, auf den erstmals Karl Fortlage (1806-1881) und Rudolf Steiner (1866-1925) hingewiesen haben:

> „Wenn wir uns *lebendige Wesen* nennen, und uns so eine Eigenschaft beilegen, die wir mit Tieren und Pflanzen teilen, so verstehen wir unter dem lebendigen Zustand notwendig etwas, das uns nie verlässt, und sowohl im Schlaf als im Wachen stets in uns fortdauert. Dies ist das vegetative Leben der Ernährung unseres Organismus, ein unbewusstes Leben, ein Leben des Schlafs. Das Gehirn macht hier dadurch eine Ausnahme, dass dieses Leben der Ernährung, dieses Schlafleben bei ihm in den Pausen des *Wachens* überwogen wird von dem Leben der *Verzehrung*. In diesen Pausen ist das Gehirn einer überwiegenden Verzehrung preisgegeben, und gerät folglich in einen Zustand, welcher, wenn er sich auf die übrigen Organe miterstreckte, die absolute Entkräftigung des Leibes oder den Tod zu Wege bringen würde." (Fortlage 1869, S. 35)

> „Der Geist entfaltet sich innerhalb der Menschenwesenheit nicht auf der Grundlage *aufbauender* Stofftätigkeit, sondern auf derjenigen *abbauender*. Wo im Menschen Geist wirken soll, da muss der Stoff sich von seiner Tätigkeit zurückziehen. [...] Das bewusste Denken geschieht *nicht* in Vorgängen des Gestaltens und Wachstums, sondern in solchen der Entgestaltung und des Welkens, Absterbens." (Steiner & Wegman 1991)

Eine Überprüfung der empirischen Faktenlage in Neurologie und Biologie kann diese Auffassung durchaus bestätigen: So ist schon der Sehakt in der Retina funktionell an den *Abbau* einer vorher aufgebauten Rhodopsin-Struktur gebunden; das sog. Aktionspotenzial, durch welches die Vermittlung des Seherlebnisses durch den Sehnerv bis ins Gehirn zustande kommt, ist bekanntlich ein geregelter *Zusammenbruch* des vorgängig durch Energieaufwand aufgebauten Membranpotenzials der Nervenzellen, ebenso ist es bei der Vorstellung und Gedankenbildung zur Verarbeitung des Seheindrucks im Gehirn der Fall. Die der Aktivierung von Bewusstseinsprozessen dienenden Neurotransmitter (z.B. Glutamat) sind *neurotoxisch* und müssen nach Freisetzung postsynaptisch sofort enzymatisch inaktiviert oder präsynaptisch wieder in Vesikel aufgenommen werden ("re-uptake"); und einiges mehr (ausführlichere Besprechung und Referenzen in Heusser 2011b).

Das Gehirn verfügt zwar über eine enorme Stoffwechselaktivität (seine Masse beträgt bekanntlich nur 2% der Gesamtköpermasse, aber dennoch beansprucht es bis 20% des Herzminutenvolumens und 50% des Blutzuckers des Organismus), aber dieser Stoffwechsel dient *nicht dem Bewusstsein als solchem*, sondern der *Bildung der Strukturen und Potenziale*, die dann durch die Bewusstseinsleistung *verbraucht* werden. Die bildgebenden Verfahren, die in der Bewusstseinsforschung zur gehirnfunktionellen und -lokalisatorischen Abbildung von Bewusstseinstätigkeit eingesetzt werden, messen in Wirklichkeit nicht die Bewusstseinsaktivität selbst (diese ist ein psychischer Prozess und als solcher physisch überhaupt nicht messbar), und auch nicht das *direkte*, sondern letztlich nur das *indirekte* physiologische Korrelat dieser Aktivität, nämlich die aktivitätsabhängige Sauerstoffabgabe aus den Gehirnkapillaren (Frostig et al. 1990). Diese ist aber *reaktiv*, d.h. eine *Folge* zum *Ausgleich* der unmittelbar vorangegangenen bewusstseinsbezogenen *Verbrauchsprozesse. Diese* sind das direkte physiologische Korrelat von Bewusstsein. Deswegen formuliert David Leopold zu Recht:

> „Housekeeping in the brain is a challenge, because neurons undergo sudden bursts of activity that *consume* energy and *pollute* their surroundings. Consider, for example, what happens in the cortex when we first direct our gaze to a bright stimulus. In the visual cortex [...] thousands of previously quiescent neurons suddenly erupt in a cacophony of activity, each generating hundreds of electrical impulses per second. In *response* to the metabolic consequences of such activity, fresh blood is directed towards neurons and glia in active regions, flushing out waste products, delivering nutrients and *restoring* the local milieu." (Leopold 2009)

Das gilt auch für den Fall einer *antizipatorischen* Erhöhung der Blutversorgung in Gehirnarealen, die erst *prospektiv* in Aktivität kommen sollen. Denn erstens dient die Blutversorgung auch in solchen Regionen den erwähnten Wiederaufbauleistungen nach aktivitätsbedingten Verbrauchsprozessen, und zweitens zeigen diesbezügliche Experimente, dass eine antizipatorische Erhöhung des Blutzuflusses in Regionen auftritt, in denen aufgrund vorheriger Konditionierung (!) erhöhte Bewusstseinsleistungen *zu erwarten* sind (Syrontin & Das 2009).

Mit anderen Worten: Bewusstsein und geistige Tätigkeit entfalten sich tatsächlich nicht „durch", sondern „gegen" das Gehirn. Die immense Aktivität des Gehirns ist nicht die Wirkursache der geistigen Aktivität, sondern derjenigen Prozesse, die die Folgen der geistigen Aktivität im Gehirn ausgleichen bzw. das Gehirn so präparieren, dass es für die geistige Aktivität (erneut) benutzbar wird.

Damit ist auch der Gedanke kompatibel, dass dem *menschlichen Geist eine eigene Wirkursächlichkeit* zugesprochen werden kann, die derjenigen des Gehirns in gewisser Weise *entgegengesetzt* ist. Im Sinne des bisher Besprochenen erscheint das aus mehreren Gründen plausibel. Erstens lässt die erwähnte „Beobachtungs- und Erklärungslücke" grundsätzlich offen, in welcher Richtung ein wirkkausales Verhältnis zwischen Gehirn und Geist möglich ist. Eine „top-down" Kausation ist dann ebenso denkbar wie eine „bottom-up" Kausation. Zweitens beinhaltet das erwähnte Phänomen der „Emergenz" tatsächlich eine solche Art von *wechselseitigem* Kausal- oder Bedingungsverhältnis, was sogar der Physiker so sieht:

> „Paradoxically, although the higher-level properties emerge from the lower-level processes, they have a degree of causal independence from them: Higher-level processes operate according to their own higher-level logic. Physics makes possible, but does not causally determine, the higher-order layers. [...] Moreover, *causes at those higher levels in the hierarchy of complexity have real effects at lower levels*, not just the reverse as often thought." (Ellis 2005, Hervorhebung PH)

Bezogen auf die oben erwähnten vier Emergenzstufen des menschlichen Gesamtwesens bedeutet das, dass zwar jede Stufe (Körper-Leben-Seele-Geist) von der ihr untergeordneten Stufe abhängig ist (Bedingungsursache von unten), aber gleichzeitig aktiv von oben ihre eigene Gesetzmäßigkeiten geltend macht (Wirkursache von oben). Das gilt auch für die vierte Stufe, das geistige Ich des Menschen, das z.B. im Denken *sein* Wirken geltend macht, durchaus im *Gegensatz* zum Wirken der ihm unterlegten leiblich-seelischen Organisation.

Drittens ist es deshalb mit Blick auf das bisher Besprochene plausibel, dass die *Wirkursache des Denkens* nicht das Gehirn, sondern *im geistigen Individuum des Menschen selbst* liegt. Das zeigt auch klar die innere Empirie: Die Tätigkeit des aktiven Denkens muss von mir als einem geistigen Wesen willentlich hervorgebracht werden; die Lösung einer mathematischen Aufgabe stellt sich nicht von selber ein, sondern nur, wenn *ich* die dazu nötige Denktätigkeit aktiv hervorbringe[3]. Dessen bin ich mir auf das bestimmteste bewusst, denn ich bringe diese Tätigkeit ja selbst hervor. So Descartes beim Verweis auf das Existenzerlebnis im Denken (vgl. oben), so auch Johann Gottlieb Fichte (1762-1814) in seiner „*Wissenschaftslehre*" von 1797 (Fichte & Fichte 1871), und so auch Rudolf Steiner in seiner „*Philosophie der Freiheit*": Das selbstbewusst hervorgebrachte

---

[3] Vom *aktiven, reinen Denken*, das hier gemeint ist, und das jeder Leser aus eigener Erfahrung kennt (Beispiel Mathematik), ist das *passive Gedanken-Haben* zu unterscheiden. Was ich gedanklich gelernt habe oder erinnere, kann in meinem Bewusstsein durchaus von selbst, ohne mein aktives Hinzutun, auftreten. Beim denkerischen Lösen von Aufgaben wie in der Mathematik ist das nicht möglich.

Denken „ist eine Wahrnehmung, in der der Wahrnehmende selbst tätig ist, und es ist eine Selbstbetätigung, die zugleich wahrgenommen wird" (Steiner 1978, S. 256).

Die Tatsache dieser Empirie und die damit verbundene Seinsgewissheit sind durch keine theoretische Überlegung zu widerlegen und auch nicht durch den Hinweis auf die Gehirnfunktionen, die zu diesem Denken nötig sind. Im Gegenteil, das Gehirn zeigt ja den geschilderten *Abbau* als Funktion von Bewusstheit und seelisch-geistiger Tätigkeit. Insofern kann auch der Gedanke eines *Antagonismus zwischen Gehirn und Geist* im Sinne einer *Top-down-Kausation* gebildet werden: Die Gehirntätigkeit wird *zurückgedrängt,* indem die Geisttätigkeit aktiv wird und sich in dieser zurückgedrängten Gehirntätigkeit zur Erscheinung bringt. Das würde jedenfalls den Zusammenhang zwischen dem beschriebenen neuronalen Abbaugeschehen und dem gleichzeitigen Auftauchen – der Emergenz – des denkenden Geistes verständlich machen, der zudem räumlich-lokalisatorisch im Gehirngebiet erlebt wird, obwohl das erlebte Geistige, d.h. Denktätigkeit und Denkinhalt, nichts Räumliches an sich haben. In dieser Richtung hat das Steiner auch in der *„Philosophie der Freiheit"* formuliert:

> „Dem Wesenhaften, das im Denken wirkt, obliegt eine Doppeltes: Erstens drängt es die menschliche Organisation in deren eigener Tätigkeit zurück, und zweitens setzt es sich selbst an deren Stelle. Denn auch das Erste, die Zurückdrängung der Leibesorganisation, ist Folge der Denktätigkeit. Und zwar desjenigen Teils derselben, der das *Erscheinen* des Denkens vorbereitet." (Steiner 1978, S. 147).

Sieht man das so, dann ist es nicht Aufgabe des Gehirns, die Geisttätigkeit des Menschen zu *produzieren,* sondern deren *Erscheinen* und damit auch deren *Bewusstwerden* zu ermöglichen, und zwar gewissermaßen durch die „Spuren", die sich dabei als die Zurückdrängungsprozesse im Gehirn im Zusammenhang mit der Wirkkraft des Menschengeistes selbst eingraben. Dem Gehirn verdankt der Mensch also nicht sein geistiges Selbst, sondern sein Selbst*bewusstsein*. So Steiner in seiner *„Philosophie der Freiheit"*:

> „Aber eine bedeutungsvolle Frage taucht hier auf. Wenn an dem *Wesen* des Denkens der menschlichen [leiblich-seelischen] Organisation kein Anteil zukommt, welche Bedeutung hat diese Organisation in der Gesamtwesenheit des Menschen? Nun, was in dieser Organisation durch das Denken geschieht, hat wohl mit der Wesenheit des Denkens nichts zu tun, wohl aber mit der Entstehung des Ich-Bewusstseins aus diesem Denken heraus. Dies durchschaut derjenige, der eben unbefangen das Denken beobachtet. Das ‚Ich' ist innerhalb des Denkens zu finden; das ‚Ich-Bewusstsein' tritt dadurch auf, dass im allgemeinen Bewusstsein sich die Spuren der Denktätigkeit in dem oben gekennzeichneten Sinn eingraben.

> Durch die Leibesorganisation entsteht also das Ich-Bewusstsein."
> (Steiner 1978, S. 148)

Also auch vom Gesichtspunkt der erkenntniswissenschaftlich gleichermaßen begründbaren Realität von Gehirn und Geist bietet die Neurobiologie keine Widerlegung, sondern im Gegenteil eine Befürwortung der Existenz der geistigen Individualität des Menschen.

Fünfter Grund: Die Neuro- und Bioplastizität des Seelisch-Geistigen

Gut bekannt ist heute die „Neuroplastizität", die in den letzten 20 Jahren intensiv erforscht worden ist. Darunter wird

> „[...] die Eigenschaft des Gehirns verstanden, mit Hilfe diverser Mechanismen eine kontinuierliche Neuorganisation des zentralen Nervensystems zu bewirken. Dies betrifft die Intensität von Verbindungen zwischen Nervenzellen, deren Verbindungsmuster wie auch die strukturellen und funktionellen Eigenschaften der Nervenzellen." (Paulus 2001)

Diese Fähigkeit zur kontinuierlichen Organisation und Re-, ja Neuorganisation von Gehirnarealen spielt nicht nur eine Rolle bei der natürlichen und therapieinduzierten Regeneration bei neurologischen Erkrankungen (Paulus 2001) und Traumata (Nudo 2013), sondern insbesondere auch in der primären Ausbildung des Gehirns in der Wachstums- und Entwicklungsphase von Mensch und Tier (Benasich et al. 2014). Die molekularen und zellulären Prozesse sind bei der regenerativen Plastizität grundsätzlich dieselben wie bei der generativen Plastizität in der Wachstums- und Entwicklungsphase (Nudo 2013). Dabei gilt für Mensch und Tier gleichermaßen: *„Behavioral experience is the most potent modulator of brain plasticity"* (Nudo 2013), d.h. die Ausbildung der sensorischen und motorischen Gehirnareale hängt von der Betätigung der peripheren Sinnes- und Bewegungsorganisation ab. Aber auch die Ausbildung der peripheren Sinnes- und Bewegungsorganisation selbst hängt bekanntlich von ihrer Betätigung ab. Deswegen, und weil die zentrale und periphere Nervenorganisation und die mit ihnen zusammengeschlossenen Organe immer eine anatomisch-funktionelle Einheit bilden, ist es gerechtfertigt, nicht nur von Neuroplastizität zu sprechen, sondern umfassender von *Bioplastizität*. Denn einerseits ist z.B. die Muskelregeneration von der Aktivität motorischer Nerven abhängig (Murgia et al. 2000), und andererseits ist die (Re-) Generation von motorischen Nerven von Zytokinen und Wachstumsfaktoren des innervierten Muskels abhängig (English 2003).

Wie oben zitiert, wird die Neuroplastizität als eine „Eigenschaft *des Gehirns*" (Paulus 2001) verstanden bzw. ihrer funktionellen Interaktion mit der peripheren Organisation, und analoges gilt für die aktivitätsabhängige Regeneration peripherer Organe und ihrer Interaktion mit dem Nervensystem. Mit anderen Worten: Die Plastizität, also die Generation und Regeneration, wird als *rein biologisches* Phänomen betrachtet und biologisch bzw. physiologisch erklärt.

Aber das Auffallende an dieser Plastizität ist ihre *Aktivitätsgebundenheit*, d.h. z.B. ihre Gebundenheit an *vorgängige Wahrnehmungs- und Bewegungsprozesse*. Wahrnehmungs- und Bewegungsprozesse sind jedoch keine bloß physiologischen, sondern vielmehr *psycho*-physiologische Prozesse[4]. Denn nur beseelte Wesen, also Tier und Mensch, können wahrnehmen und sich willkürlich bewegen; und dazu ist ihre leibliche Organisation mit ihrem senso-neuro-motorischen System auch eingerichtet, im Gegensatz zu den Pflanzen, bei denen ja auch kein seelisches Innenleben feststellbar ist wie bei Tier und Mensch. Im *bewussten* Zustand wird das senso-neuro-motorische System von Tier und Mensch *instrumentell* benutzt, d.h. die *seelische Tätigkeit ist das Wesentliche und Bestimmende* in den Wahrnehmungs- und Bewegungsprozessen. Im Sinne der oben besprochenen Emergenz und der ihr inhärenten Top-down-Kausation bedeutet das: Das Psychologische *bestimmt* das Biologische und dieses das Physikalische, wobei das Physikalische wiederum den *bedingenden Boden* des Biologischen und dieses die Bedingung des Psychologischen darstellt. Beim Menschen kommt dazu, dass sein Noetisches das Leitende seines Psychologischen sein kann, insofern er seine Handlungen selbstbewusst nach Einsichten und vollbewussten Vorstellungen ausrichtet und nicht bloß aus Affekt, Trieb oder Instinkten vollzieht.

---

[4] In den medizinischen Lehrbüchern wird der Wahrnehmungsprozess allerdings nur in seinen *sinnesphysiologischen* Anteilen dargestellt, d.h. als eine *rein biologische*, in gewisser Weise sogar *mechanische* Prozesskaskade, und ebenso ist es mit dem Bewegungsvorgang. Ein Seelisches oder Geistiges, das da wahrnimmt oder eine Bewegungsintention ausführt, kommt entweder gar nicht vor oder wird in höchst unbestimmter, spekulativer Weise nur an den obersten Punkt des ganzen Systems, in das Zentralnervensystem, verlegt. Dabei wird das Gehirn selbst nach wie vor als eine unbeseelte, maschinenartige Konstruktion angesehen, nicht unähnlich dem Maschinenmodell von Descartes (Eccles & Popper 1982). Im Gegensatz zu diesem interaktionistischen Dualismus ist ein in sich einheitliches („monistisches") Konzept des Menschen denkbar, das die vier empirisch unterscheidbaren Ebenen von Körper, Leben, Seele und Geist mit ihren spezifischen Gesetzmäßigkeiten und kausal wirkenden Kräftesystemen anerkennt, aber sie in einem systemischen Emergenzmodell vereint. Diese Thematik ist an anderer Stelle näher ausgeführt worden (Heusser 2013). Ihre Darstellung würde den Rahmen dieser Arbeit sprengen. Ebenso ist es mit der Darstellung des sog. *„Embodiment"* sowie der *„funktionellen Dreiliederung"*, wonach das Seelisch-Geistige des Menschen nicht etwa nur im Gehirn „zu Hause", sondern im ganzen Leib verkörpert ist (Fuchs 2013, Steiner 1983).

Es wurde bereits ausgeführt, dass das *bewusste* seelisch-geistige Leben sich im *Gegensatz* zum Gehirn entfaltet, und sich in diesem Zustand auch phänomenal und ontologisch gleichwertig vom Leib unterscheiden lässt. Aber was jetzt, in der Regeneration geschieht, die wie alles organische Geschehen völlig im *Unbewussten* abläuft, ist etwas völlig anderes: *Der Leib, das Gehirn wird so gestaltet bzw. wieder aufgebaut, wie es der seelisch-geistigen Tätigkeit entspricht.* Oder anders formuliert: *Neuroplastizität und weitere Bioplastizität dienen der Bildung und Bereitstellung derjenigen biologischen Strukturen und Funktionen, die dann für die seelisch-geistigen Tätigkeit instrumentell sind.* Die organische Bildung geschieht also *im Hinblick auf* seelisch-geistige Funktionen. Im biologischen Aufbauprozess sind also nicht nur biologische Gesetze, sondern auch *seelisch-geistige Prinzipien* am Werk, die für die biologischen Prozesse sogar eine bestimmende Funktion haben. Emergenz also auch hier, im *Aufbau:* Seelisch-Geistiges *bestimmt* Biologisches und das diesem inhärente Physikalische, wobei wiederum die jeweils untergeordneten Ebenen den *bedingenden Boden* für die übergeordneten abgegeben.

Aber im Gegensatz zum Prozess des Bewusstwerdens tritt das Seelisch-Geistige im Prozess der Neuro- und Bioplastizität *nicht in einen Antagonismus* zum Leiblichen, sondern ist *diesem inhärent*, bestimmt es im Aufbauprozess *von innen*.

Deswegen ist auch ohne weiteres zu erwarten, dass das Gehirn trotz unveränderter genetischer Ausstattung sich je nach den tatsächlichen *Erlebnissen* – und das ist eine psychologische Kategorie – anders ausplastizieren wird. Das ist kürzlich durch Tierexperimente bestätigt worden (Freund et al. 2013). Vierzig genetisch identische Mäuse wurden gemeinsam im gleichen weitläufigen Käfig aufgezogen. Die Exploration des Käfigterritoriums durch die verschiedenen Mäuse divergierte im Verlauf der Zeit. Ihre Aktivität und ihr Bewegungsmuster wurden mittels individuell angebrachten Sendern aufgenommen und in Bezug auf Umfang und Komplexität quantitativ ausgewertet. Nach drei Monaten wurde die Neurogenese im Hippocampus anhand proliferierender Nervenzellen gemessen, die drei Wochen zuvor mit Bromodeoxyuridin markiert worden waren. Zur Funktion des Hippocampus gehört die innerliche Verarbeitung von Neuheit und Komplexität. Das Ergebnis zeigte eine Abhängigkeit der individuell unterschiedlich ausgebildeten Hippocampi vom Ausmaß und vor allem von der Komplexität des Verhaltens. Kommentar der Autoren:

> „This finding supports the idea that the key function of adult neurogenesis is to shape the hippocampal connectivity *according to individual needs* and thereby to improve adaptability over the life course and to provide evolutionary advantage." (Freund et al. 2013, Hervorhebung PH)

Diese „individual needs" bedeuten nichts anderes, als einen Hippocampus zur Verfügung zu haben, der den *seelischen Erlebnissen und Tätigkeiten des individuellen Tieres entspricht, somit von seelischen Prinzipien mit gestaltet ist.*

Deshalb ist das Phänomen der erlebnis- und aktivitäts-abhängigen Neuroplastizität ein weiterer Grund dafür, warum die Tatsachen der Neurobiologie nicht gegen die Existenz des Seelischen beim Tier oder der seelisch-geistigen Individualität des Menschen sprechen, sondern im Gegenteil diese Existenz einfordern: Als gestaltendes Agens der Leiblichkeit, die ihm ja dienen soll. Oder um mit Thomas von Aquin zu sprechen:

> „Also ist die Seele die Form des belebten Leibes." (von Aquin 1977)

Die biologische, gestaltaufbauende Tätigkeit des Seelisch-Geistigen gilt jedoch nicht nur für das Gehirn, sondern für den ganzen Organismus. Das erkannt zu haben, ist eine der wesentlichen Leistungen des bekannten Basler Biologen, Zoologen und Anthropologen Adolf Portmann (1897-1982). Er verstand die innere und äußere Gestaltgebung eines Lebewesens als „Selbstdarstellung" einer „Innerlichkeit". Den Begriff der „Innerlichkeit" übernahm er vom Begründer der modernen Entwicklungsbiologie, Wilhelm Roux (1850-1924) der damit ausdrücken wollte, dass alle Tätigkeit von Lebewesen Ausdruck eines inneren „Selbst" ist, „Selbst"-Tätigkeit, „Selbst"-Bewegung, „Selbst"-Erhaltung, „Selbst"-Entwicklung, usw. Dazu zählte Portmann mit Roux auch *das Erleben*, d.h. eine noch nicht der Pflanze, sondern erst dem Tier und dem Menschen zukommende *bewusste* Form von Innerlichkeit (Portmann 1960, S. 68). Damit wird zwar der Unterschied, der zwischen den emergenten Eigenschaften des vegetativen Lebens (das auch schon bei Mikroorganismen und Pflanzen vorhanden ist) und dem Bewusstsein (das als eine gegenüber dem Leben emergente Eigenschaft erst bei Tier und Mensch auftritt) verwischt. Entscheidend ist jedoch der Umstand, dass Roux und Portmann beim Tier *aus derselben Innerlichkeit* die organismische Vitalleistung und Formbildung wie auch das Bewusstsein hervorgehen lassen. Mit anderen Worten, *die Seelentätigkeit, welche Bewusstheit und Erleben hervorbringt, ist auch in der Gestaltung des Körpers tätig*. Das, so Portmann, habe man angesichts der molekular orientierten Entwicklung in der Biologie ganz aus den Augen verloren und müsse jetzt neu gewonnen werden.

> „Im Zuge der mächtigen Entwicklung einer physikalisch-chemisch orientierten Strukturforschung hat man das Anliegen von W. Roux und damit auch diese ganze ‚Innerlichkeit' wieder aus dem Bewusstsein der biologischen Arbeit verdrängt und zuweilen völlig vergessen. Erst die Wendung der Verhaltensforschung, welche die Erforschung der Innerlichkeit als Aufgabe anerkennt, zwingt zu

> einer erneuten Auseinandersetzung mit dieser besonderen Wirklichkeit und zur Klärung der Wege, die zu ihr führen.
>
> Warum spreche ich von diesen Bemühungen, die um ein halbes Jahrhundert zurückliegen? Einfach, weil Wilhelm Roux der Vorkämpfer einer rein naturwissenschaftlichen Methodik gewesen ist und es darum doppeltes Gewicht hat, dass er die Notwendigkeit hervorhebt, die Innerlichkeit des Lebendigen zu beachten.
>
> Diese Innerlichkeit müssen wir sogleich streng vom Bewusstsein sondern. Das Bewusstsein ist eine besondere Leistung, eine der vielen Möglichkeiten von Innerlichkeit. Diese selber geht aber weit über die Sphäre des Bewusstseins hinaus. Die Anerkennung der unbewussten Innerlichkeit durch die Psychoanalyse hat viele Kämpfe erfordert. Die Biologen, auch wenn sie das Wort nicht gebrauchen, widmen sich seit langem der Ergründung der unbewusst arbeitenden Innerlichkeit. Das ganze Problem des Instinktes ist ja nur ein Glied dieses großen Fragenkreises. Die Tatsache, dass ein Tier sich nach Sonnenstand oder Sternenhimmel orientiert, zeugt von der Weite und Größe dieser verborgenen Aktivität." (Portmann 1960, S. 68-69)

Die „Innerlichkeit" offenbart sich also einerseits als Bewusstsein, als „Innerlichkeit des Erlebens" (Portmann 1960, S. 71) d.h. als „das Seelische, die Psyche" (ebd., S. 59), aber andererseits äußert sie sich *auch rein biologisch, als organismische Gestaltbildung,* die das Spezifische dieser „Innerlichkeit" auch äußerlich zur Erscheinung bringt. Die organismische Gestaltung wird so zur „Selbstdarstellung":

> „Der Begriff der *Selbstdarstellung* – ein Name für die Tatsache, dass ein lebendiges Wesen, Tier oder Pflanze, nicht nur Stoffwechsel treibt und als ein Gefüge von lebenserhaltenden Strukturen zu erklären ist, sondern dass der Organismus über das bloße Fristen des Lebens hinaus, über alles Notwendige hinaus, eine Form aufbaut, welche das Besondere der Art darstellt." (Portmann 1974, S. 138)

Daher die Übereinstimmung, die man zwischen den Verhaltens- oder Seeleneigenschaften von Tieren und ihren äußeren Formen empfindet: Lamm, Fuchs, Pfau, Wildschwein usw. Dadurch erklären sich für Portmann auch die Besonderheiten tierischer Gestalt- und Musterbildungen, die nicht durch vitale Erhaltungsprozesse allein erklärbar sind, so etwa bei farbigen Meerschecken, Fischen, Schmetterlingen, Vögeln, usw.:

> „Es galt bisher als stillschweigende Voraussetzung, dass die Pigmente und Zeichnungen der Haut als Nebenresultate von Vorgängen auftreten, die, wie Atmung, Verdauung und Ausscheidung, lebenswichtig sind – als eine Folge von Stoffwechselprozessen also, von denen die Erhaltung des Lebens abhängt. Erhaltung erschien als die Lebensaufgabe schlechthin. Die farbigen Schnecken legen ein Veto gegen diese Auffassung ein. Sie weisen darauf hin, dass die

> Entwicklung einer lebendigen Gestalt von Anfang an zwei verschiedene Zwecke verfolgt: Den Aufbau eines komplizierten Erhaltungsapparates einerseits, dazu aber noch eine ganz andere Organisation, die auf Erscheinung gerichtet ist. Der Organismus setzt beträchtliche Prozesse in Gang, die von vornherein gar nicht dem Erhaltungstrieb zugeordnet sind. Diese besonderen Reihen von chemischen Geschehnissen geben nicht nebenbei irgendwelche Abfälle, als unvermeidliche Endprodukte, sie sind von vornherein dem Sonderziel des Erscheinens zugeordnet, sie sind durch erbliche Prozesse auf dieses Ergebnis hin gruppiert und genau so von komplizierten Gesetzen geregelt wie die Vorgänge, die ein Auge, eine Niere erzeugen. Wie die Entwicklung des Nervensystems eine Struktur aufbaut, welche Vorgänge der Außenwelt wahrnimmt, so baut derselbe Organismus sich selbst zu einem Gebilde aus, das als Schaubares gestaltet ist, das eine ‚Augenweide' darbietet." (Portmann 1958, S. 55)

Wie sich aus dem oben diskutierten Phänomen von Neuro- und Bioplastizität ergibt, sind auch Auge und Nervensystem auf die seelische Benutzbarkeit hin organisiert, und auch scheinbar bloß dem lebenserhaltenden Stoffwechsel hin gebildete Organe wie die Niere existieren nur in tierischen und menschlichen, d.h. beseelten Organismen, ihre Bildung ist somit nicht ohne gesetzmäßigen Bezug auf die Beseeltheit dieser Organismen zu denken. Mit anderen Worten: der *ganze* Organismus von Tier und Mensch ist in seinem Aufbau nicht nur ein Produkt von physisch-chemischen und organischen Gesetzen, sondern auch des seelischen Selbstes des Tieres bzw. der seelisch-geistigen Individualität des Menschen. Die Gen-Expression und die molekularbiologischen Vorgänge nehmen eine Richtung, die ihren inhärenten seelisch-geistigen Gesetzen folgen und so bioplastisch „Innerlichkeit" zur leiblichen Manifestation bringen. So z.B. wenn Fragmente von experimentell entzwei geschnittenen Strudelwürmern (Planarien) sich völlig neu regenerieren können:

> „Sehen wir dieses sich regenerierende hintere Wurmstück genauer an: Nachdem die Wunde verschlossen worden ist, formt sich in lebhafter Zellvermehrung ein embryonales neues Vorderende. In kurzer Zeit organisieren sich in dieser Zone ein völlig neues Gehirn und ein neues Augenpaar mit neuen Fühlern. Das Wurmstück baut sich selbst ein neues Führungssystem auf! […]. Wer ist ‚es', das da organisiert? Wer ist dieses Selbst, das ‚sich' da ‚selber' ein Gehirn macht? Ein Gehirn, das dann später doch dazu bestimmt ist, den wieder heil und ganz gewordenen Wurm in seinem Alltagsleben zu lenken? […]
>
> Sehen wir uns unseren eigenen Werdegang an – die Ausformung eines Menschen im Mutterleibe. Der Keim, der zu Beginn dieser Entwicklung einen Zehntelmillimeter misst, leistet ein einziges Mal, was wir eben den Wurm in seiner Regeneration leisten sahen:

auch er baut sich selber ein Gehirn mit allen Sinnesorganen auf. Dieser Aufbau ermöglicht es, dass in dieser Grundstruktur ein bewusstes Ich sich formen kann. Wir sind uns aber alle darüber einig, dass *dieses* Ich nicht das Aufbauende ist – das Ich ist eine Möglichkeit, die auf der Wirklichkeit des Selbst beruht." (Portmann 1960, S. 69-70, Hervorhebung PH)

Nicht der Leib und nicht das Gehirn erzeugen also das bewusste Ich des Menschen, sondern umgekehrt: Das innerste Selbst des Menschen schafft sich selbst seinen Leib und sein Gehirn, um sich durch diese dann betätigen zu können, allerdings nicht in seiner im Unbewussten bleibenden Vollheit, aber seiner bewussten Verwirklichungsform. Damit erweisen sich auch Neuro- und Bioplastizität als ein weiterer Grund dafür, dass die Neurobiologie keine Widerlegung der Existenz der geistigen Individualität des Menschen liefern kann. *Die Neurobiologie setzt im Gegenteil für ihre Existenz die Existenz und Wirksamkeit der tieferen geistigen Individualität des Menschen voraus.*

Zusammenfassung: Fünf Gründe, warum die Existenz der geistigen Individualität des Menschen durch die Neurobiologie nicht widerlegt ist

Zusammenfassend sprechen fünf Tatsachen gegen die Auffassung, dass durch die Prozesse der Neurobiologie die Existenz der seelisch-geistigen Individualität des Menschen widerlegt sei. In rückwärtiger Reihenfolge lassen sich die Argumente wie folgt zusammenfassen.

Erstens wird anhand der *Neuro- und Bioplastizität* gezeigt, dass nicht das Gehirn die geistige Individualität produziert, sondern umgekehrt, dass sich diese dem Menschen ureigenste „Innerlichkeit" ihr selbsteigenes Gehirn *erst schafft*. Dabei wird deutlich, dass diese Individualität als eine im Biologischen schaffende unbewusst bleibt, um die Strukturen und Funktionspotenziale zu bilden, aufgrund derer sie Bewusstsein entwickeln und seelisch-geistige Funktion erst ausüben kann. Was im Bewusstsein als seelisch-geistige Individualität oder „Ich" erlebt wird ist „nur" eine als Seelisch-Geistiges wirkende Ausdrucksform der tieferen Individualität des Menschen.

Zweitens: Dieses zum Bewusstsein und Selbstbewusstsein kommende seelisch-geistig wirkende Ich ist klar an Gehirn- und weitere Leibfunktionen und -strukturen gebunden und hängt von diesen ab, aber diese Tatsache ergibt keine Widerlegung der Existenz des Ich, da sich dessen Tätigkeit nicht „durch", sondern *„gegen" das Gehirn* entfaltet; *Bewusstheit und Selbstbewusstheit beruhen auf Abbau*, nicht auf aufbauenden Produktionsvorgängen des Gehirns.

Drittens: Die epistemologisch begründbare Empirie des Selbstbewusstseins zeigt, dass die seelisch-geistige Individualität des Menschen zwar auf *andere, nämlich innerliche, Weise* erlebt wird als ihre organisch-physische Leiblichkeit, dass sie aber *mitnichten weniger real* ist als diese. Damit ist es auch nicht statthaft, den Geist in ontologischer Perspektive für weniger wirklich zu halten als das Gehirn. Die innere Empirie zeigt deutlich, dass der Geist *ist,* und damit ist auch der Blick auf eine andere *Seins*-dimension eröffnet als die physische.

Viertens: Die berühmte „*Erklärungslücke*" zeigt, dass die oft behauptete „Erzeugung" des Bewusstseins durch das Gehirn durch keine Beobachtung belegt ist. Denn wie der Übergang zwischen den *physischen* Prozessen des Gehirns und *psychischen* Vorgängen des Seelenlebens zustande kommt, ist in neurowissenschaftlicher und psychologischer Hinsicht völlig unbeobachtet, ja in gewisser Hinsicht unbeobachtbar, und ungeklärt. Deshalb können die für das Auftreten von Bewusstseinserscheinungen und des tätigen Geistes des Menschen notwendigen neurophysiologischen Prozesse nicht als deren Ursachen, sondern lediglich als deren *Bedingungen* anerkannt werden. Dadurch wird deutlich, dass der Geist dem Gehirn zwar nicht das Sein, aber das Bewusstsein und Selbstbewusstsein verdankt.

Fünftens: Die Tatsache der „*Emergenz*" zeigt, dass die Naturdinge und Organismen wie auch die menschliche Gesamtorganisation Systeme hierarchisch geordneter Funktions- und Strukturebenen bildet; beim Menschen können diesbezüglich die Hauptebenen von physischem Körper, organischem Leben, seelischem Bewusstsein und geistiger Selbstbewusstheit unterschieden werden. Diese Ebenen treten bei intakter Organisation nicht getrennt, aber empirisch unterscheidbar auf. Dieses Auftreten ist „emergent", d.h. die Eigenschaften der übergeordneten Ebenen sind nicht aus denjenigen der untergeordneten Ebenen ableitbar, sondern, „tauchen" aus dieser einfach „auf" (emergere = lat. für auftauchen), wobei sie diese und deren Funktionen voraussetzen. Die Eigenschaften, Gesetze und Kräfte der untergeordneten Ebenen sind dann nicht die *Ursache,* wohl aber die *Bedingung* für das Auftreten der übergeordneten Ebenen. Diese machen ihre Eigenschaften, Gesetze und Kräfte gewissermaßen auf dem „Boden", aber unter Zurückbindung der untergeordneten Eigenschaften, Kräfte und Gesetze geltend, im Sinne einer „Top-down" Kausation. Da nun Bewusstheit und seelisch-geistige Tätigkeit emergent sind gegenüber dem Gehirn, können sie aus diesem nicht abgeleitet werden. Die Emergenz spricht im Gegenteil *für* die eigenständige, wenn auch in seinem „Auftauchen" vom Gehirn abhängige Existenz der seelisch-geistigen Individualität des Menschen.

Literatur

Anderson PW. 1995. Physics: The opening to complexity. *Proc. Natl. Acad. Sci. USA 92:* 6653-6654.

Von Aquin T. 1977. *Die Philosophie des Thomas von Aquin (d. an. 2, I. 412 a 27)*, S. 57. 2. Aufl. Meiner, Hamburg.

Benasich AA, Choudhury NA, Realpe-Bonilla T, Roesler CP. 2014. Plasticity in the developing brain: Active auditory exposure impacts prelinguistic acoustic mapping. *J. Neurosci. 34(40):* 13349-13363.

Brentano F. 1911. *Von der Klassifikation der psychischen Phänomene.* Duncker & Humblot, Leipzig.

Chalmers D. 1996. *The conscious mind.* Oxford University Press, New York.

Churchland PM. 1995. *The Engine of Reason, the Seat of the Soul.* MIT Press, Cambridge, MA.

Danzer G. 2012. *Personale Medizin.* Huber, Bern.

Descartes R. 1996. *Philosophische Schriften in einem Band (Discours de la methode).* Meiner, Hamburg.

Eccles JC, Popper KR. 1982. *Das Ich und sein Gehirn.* Piper, München.

Ellis GFR. 2005. Physics and the real world. *Physics Today 7:* 49-54.

English AW. 2003. Cytokines, growth factors and sprouting at the neuromuscular junction. *J. Neurocytol. 32(5-8):* 943-960.

Fichte JG, Fichte IH (Hrsg). 1871. *Werke*, S. 463. De Gruyter, Berlin.

Fortlage K. 1869. *Acht psychologische Vorträge*, S. 35. Mauke, Jena.

Freund J, Brandmaier AM, Lewejohann L, Kirste I, Kritzler M, Krüger A, Sachser N, Lindenberger U, Kempermann G. 2013. Emergence of individuality in genetically identical mice. *Science 340:* 756-759.

Frostig RD, Lieke EF, Grinvald A. 1990. Cortical functional architecture and local coupling between neuronal activity and the microcirculation revealed by in vivo high-resolution optical imaging of intrinsic signals. *Proc. Natl. Acad. Sci. USA, 87(16):* 6082-6086.

Fuchs T. 2013. Embodiment: Das verkörperte Selbst. *In:* Heusser P, Weinzirl J. *Medizin und die Frage nach dem Menschen*, S. 71-85. Königshausen & Neumann, Würzburg.

Gazzaniga M. 2012. *Die Ich-Illusion. Wie Bewusstsein und freier Wille entstehen.* Hanser, München.

Heusser P. 2011a. *Anthroposophische Medizin und Wissenschaft. Beiträge zu einer integrativen medizinischen Anthropologie.* Schattauer, Stuttgart.

Heusser P. 2011b. Der wissenschaftstheoretische Ansatz der anthroposophischen Medizin und das Leib-Seele-Problem. *In:* Heusser P, Selg P. *Das Leib-Seele-*

Problem. Zur Entwicklung eines geistgemäßen Menschenbildes in der Medizin des 20. Jahrhunderts, S. 11-33. Verlag des Ita Wegman Instituts, Arlesheim.

Heusser P. 2013. Emergenz und Kausalität: systemische Interaktion von Köper, Leben, Seele und Geist des Menschen. *In:* Heusser P, Weinzirl J. *Medizin und die Frage nach dem Menschen*, S. 35-50. Königshausen & Neumann, Würzburg.

Hössle V. 2013. *Eine kurze Geschichte der deutschen Philosophie. Rückblick auf den deutschen Geist*, S. 245. Beck, München.

Kiefer B. 2007. Das Prinzip der Emergenz. *Schweizerischer Nationalfonds. Horizonte 33:* 13.

La Mettrie JO, Becker C (Hrsg). 1748/2009. *L'homme machine/Die Maschine Mensch*. Meiner, Hamburg.

Leopold DA. 2009. Pre-emptive blood flow. *Nature 457(7228):* 387-388.

Levine J. 1983. Materialism and Qualia: The Explanatory Gap. *Pacific Philosophical Quarterly 64(4):* 354-361.

Levine J. 1999. Conceivability, Identity, and the Explanatory Gap. *In:* Hameroff SR, Kaszniak AW, Chalmers DJ. *Toward a Science of Consciousness III. The Third Tucson Discussion and Debates*, S. 3-13. MIT Press, Cambridge MA.

Lewes GH. 1879. *Problems of life and mind. Third Series.* Trübner & Co., London.

Maddox J. 1988. Crystals from first principles. *Nature 335:* 201.

Mayr E. 2002. *Die Entwicklung der biologischen Gedankenwelt.* Springer, Berlin, Heidelberg.

Metzinger T (Hrsg). 1996. *Bewußtsein. Beiträge aus der Gegenwartsphilosophie.* Schöningh, Paderborn.

Metzinger T. 2012a. „Das Gehirn ist eine ontologische Maschine". Interview von Reinhard Jelling mit Thomas Metzinger. *TELEPOLIS, 02/2012.* http://www.heise.de/tp/artikel/36/36357/1.html (zuletzt heruntergeladen 9.1.2015)

Metzinger T. 2012b. „Das Selbst ist nur ein Modell". Interview von Christian Heinrich mit Thomas Metzinger. *ZEIT ONLINE, Campus* 02/2012. http://www.zeit.de/campus/2012/02/sprechstunde-thomas-metzinger (zuletzt heruntergeladen 9.1.2015)

Murgia M, Serrano AL, Calabria E, Pallafacchina G, Lomo T, Schiaffino S. 2000. Ras is involved in nerve-activity-dependent regulation of muscle genes. *Nature Cell Biology 2:* 142-147.

Nudo RJ. 2013. Recovery after brain injury: mechanisms and principles. *Frontiers in Human Neuroscience. 7(887):* 1-14.

Paulus W. 2001. Neuroplastizität bei neurologischen Erkrankungen. *In:* Elsner N, Lüer G. *Das Gehirn und sein Geist*, S. 123. 3. Aufl. Wallstein, Göttingen.

Portmann A. 1958/2006. Meerestiere und ihre Geheimnisse. *In:* Portmann A, Senn DG (Hrsg). *Lebensforschung und Tiergestalt,* S. 49-57. Schwabe, Basel.

Portmann A. 1960/2006. Die Innerlichkeit – Die Weltbeziehung und das Erleben. *In:* Portmann A, Senn DG (Hrsg). *Lebensforschung und Tiergestalt,* S. 59-73. Schwabe, Basel.

Portmann A. 1974. *An den Grenzen des Wissens.* Econ, Wien.

Primas H. 1991. Reductionism without Precedent. *In:* Agazzi E (Hrsg). *The Problem of Reductionism in Science,* S. 161-172. Kluwer, Dordrecht, Boston, London.

Roth G. 2001. Neurobiologische Grundlagen des Bewusstseins. *In:* Pauen M, Roth G. *Neurowissenschaften und Philosophie,* S. 204. Fink, München.

Schneider N. 1998. *Erkenntnistheorie des 20. Jahrhunderts.* Reclam, Stuttgart.

Singer W. 2001. Vom Gehirn zum Bewusstsein. *In:* Elsner N, Lüer G. *Das Gehirn und sein Geist,* S. 200. 3. Aufl. Wallstein, Göttingen.

Singer W. 2004. Verschaltungen legen uns fest: Wir sollten aufhören, von Freiheit zu sprechen. *In:* Geyer C (Hrsg). *Hirnforschung und Willensfreiheit,* S. 30-65. Suhrkamp, Frankfurt am Main.

Steiner R. 1978. *Die Philosophie der Freiheit. Grundzüge einer modernen Weltanschauung. Seelische Beobachtungsresultate nach naturwissenschaftlicher Methode.* 14. Aufl. Rudolf Steiner Verlag, Dornach.

Steiner R. 1983. *Von Seelenrätseln.* 5 Aufl. Rudolf Steiner Verlag, Dornach.

Steiner R, Wegman I. 1991. *Grundlegendes für eine Erweiterung der Heilkunst nach geisteswissenschaftlichen Erkenntnissen,* S. 17. 7. Aufl. Rudolf Steiner Verlag, Dornach.

Steiner R. 2003. *Grundlinien einer Erkenntnistheorie der Goetheschen Weltanschauung.* 8. Aufl. Rudolf Steiner Verlag, Dornach.

Suddendorf T. 2013. *The Gap. The Science of what separates us from other animals.* Basic Books, New York.

Syrontin YB, Das A. 2009. Anticipatory haemodynamic signals in sensory cortex not predicted by local neural activity. *Nature 457:* 475-479.

Welsch W. 2011. Anthropologie im Umbruch. *Information Philosophie,* 2/2011 http://www.information-philosophie.de/ (zuletzt heruntergeladen 9.1.2015)

Psychologie ohne Seele und Geist?
Das Seelenleben des Menschen als Ausdruck seiner geistigen Individualität

Ulrich Weger, Johannes Wagemann

Der Titel dieses Kapitels – vor allem der Untertitel – wird von vielen Kolleginnen und Kollegen innerhalb der akademischen Profession sicherlich als Provokation erlebt. Die Anmerkung ist häufig: Seele und Geist lassen sich nicht feststellen und beobachten – warum sie dann als Konzepte in die Psychologie einführen? Diese Anmerkung enthält eine Wahrheit und eine Unwahrheit. Richtig ist, dass sich Seele und Geist nicht feststellen und beobachten lassen mit den Methoden, die in der Psychologie heute als maßgeblich gelten und angewendet werden (sowohl in der Kognitiven Psychologie, der Heimatdisziplin des ersten Autors, als auch in der Neurophilosophie, mit der sich der zweite Autor eingehend befasst hat). Unrichtig ist es dagegen zu implizieren, dass diese Methoden der angemessene Geltungsmaßstab bei dieser Frage seien. Denn wer hätte ihn als solchen bestellt? Dieser Geltungsmaßstab hat sich vielmehr als allgemeine Konvention entwickelt und etabliert und ist heute als verallgemeinertes Paradigma kaum hinterfragbar. Tatsächlich handelt es sich aber nur um einen epochenspezifischen Denkstil (Fleck 1980).

Über diesen hinauszuwachsen würde allerdings einen wesentlichen Paradigmenwechsel erfordern, der in seinem Folgenreichtum kaum zu unterschätzen wäre. Schließlich wäre auch die aus den naturwissenschaftlichen Leitdisziplinen (Physik, Chemie) übernommene Gewohnheit zu hinterfragen, vom Anwendungserfolg einer Methode innerhalb eines bestimmten Gegenstandsbereichs auf eine zu Grunde liegende Ontologie zu schließen – das hieße in unserem Fall: Aus der Bewährung der naturwissenschaftlichen Methode in der Psychologie unmittelbar die Nichtexistenz von Seele und Geist zu folgern.

Als kleiner Junge habe ich (U.W.) oft über Regenbögen gestaunt – und habe dann gedacht: Wenn der Regenbogen schon aus der äußerlichen Betrachtung so erhaben anzuschauen ist, wie muss es dann erst sein, wenn man genau im Zentrum, sozusagen am Fuße des Regenbogens steht und von dem Licht und den Farben überall umgeben wird. Es erforderte einen ungeheuerlichen inneren Entwicklungsschub und Paradigmenwechsel bis ich erkannte, dass diese Form der Begegnung mit einem Regenbogen unter den normalen Umständen einer äußerlichen Beobachtung niemals möglich sein würde – dass die Begegnung im Wesentlichen nur innerlich, als gedankliche Intuition im eigenen Erleben sich kundtun kann (wie ich sie ja in meiner Phantasie bereits vollzogen hatte). Diese Erfahrung war eine frühe Begegnung mit der Unterscheidung dessen, was ich in der Psychologie später als Erste- und als Dritte-Person-Perspektive kennenlernte – die Betrachtung von innen und von außen.

Viele Jahre später, zu Beginn meines Studiums, ist mir dann eine vielversprechende Definition der Psychologie begegnet: Psychologie als die Wissenschaft vom Erleben und Verhalten des Menschen (Zimbardo 1996). Diese Definition eröffnet die Blickrichtung in zwei Erfahrungsbereiche – jenen der äußeren Sinnesbeobachtung und jenen der Beobachtung innerer, nicht-sinnlicher Ereignisse. Psychologische Phänomene haben in der Regel beide Anteile. Wir können das Denken etwa im Rahmen einer Verhaltensbeobachtung studieren – und dann z.B. untersuchen, wie lange wir für die Lösung einer Aufgabe aus dem Bereich der Logik benötigen (Reaktionszeitmessungen). Weitere Verhaltensmessungen ergeben sich etwa anhand von Fehlerraten, Blickbewegungsdaten, physiologischen Daten usw. – kurz aus all dem, was anhand der sog. Dritte-Person-Perspektive (ein anderes Wort für Verhaltensbeobachtung) erfasst werden kann. Das Erleben des Denkens – sowohl seines Inhalts als auch seiner inneren Aktivität – lässt sich daran jedoch nicht ablesen. Dort kommt es vielmehr darauf an zu fragen, wie es sich anfühlt, etwa einen Gedanken zu Ende zu denken. Das Gleiche gilt für andere psychologische Phänomene wie Aufmerksamkeit, Erinnerung, Bewusstsein und viele mehr. Auch wenn das eigene Erleben eines psychologischen Phänomens in vielen Teilbereichen der Psychologie als Forschungsdimension kaum eine Rolle spielt, so steht es doch in allen Bereichen am Ausgangspunkt der Forschung und bleibt auch darüber hinaus ihr eigentliches Gravitationszentrum. Denn angenommen, ein Forscher würde eine bahnbrechende neue Beobachtung über das Denken machen, die an Verhaltensdaten gewonnen wurde: Wir würden überhaupt nicht wissen und verstehen, was sie bedeutet, wovon sie handelt, wenn wir uns nicht ein Verständnis davon gebildet hätten, wie sich Denken im innerlichen Erleben kundtut – und wenn wir dieses Verständnis nicht stets und erneut uns weiter vor Augen halten würden. Ohne das originäre Erleben haben wir es nur mit Beobachtungsinhalten bzw. Daten (d.h. Symbolen) zu tun, die wir erst wiederum in uns nachvollziehen und lebendig machen müssen, um zu verstehen, wovon sie erzählen und was sie bedeuten.

Wir plädieren hier nicht nur für eine neue Wertschätzung von Erlebensdaten, sondern ganz gezielt auch für eine methodische Integration der Ersten-Person-Perspektive in die psychologische Grundlagenforschung, um diese unverzichtbare Seite psychologischer Phänomene, das eigentliche Erleben, nicht aus dem Blick zu verlieren. Oft ertönt an dieser Stelle der Einwand, dass wir doch in dieser Richtung bereits alles versucht haben – dass die Geschichte der Psychologie aber gezeigt habe, dass die Erforschung des eigenen Erlebens (in etwas anderem Sinne auch als

Introspektion bezeichnet) einfach keine objektive Methode wissenschaftlicher Erkenntnisgewinnung sei.

Wenn man genauer nachforscht, was eigentlich mit einer objektiven Methode gemeint sei, so stellt sich schnell heraus, dass darunter eine Arbeits- und Forschungsweise verstanden wird, die den Erhebungsprozess möglichst umfangreich von der Perspektive des Versuchführers entfernt, bei welcher der Versuchsleiter also eine möglichst geringe Rolle spielt. Das kann auch kaum verwundern bei all den Faktoren, welche die Brille des Experimentators trüben können. Goethe hat einige von Ihnen zusammengefasst:

> *„Einbildungskraft, Ungeduld, Vorschnelligkeit, Selbstzufriedenheit, Steifheit, Gedankenform, vorgefasste Meinung, Bequemlichkeit, Leichtsinn, Veränderlichkeit und wie die ganze Schar mit ihrem Gefolge heißen mag, alle liegen hier im Hinterhalte und überwältigen unversehens sowohl den handelnden Weltmann als auch den stillen, vor allen Leidenschaften gesichert scheinenden Beobachter."*
> (Goethe 1999)

Und dennoch, auch wenn diese Probleme entstehen, ist auf der anderen Seite das Zurücknehmen der Innensicht unausweichlich mit einer Distanzierung von qualitativen Erfahrungsaspekten verbunden. Diese Letzteren sind jedoch Voraussetzung, um ein Verständnis von Seelischem und Geistigem auszubilden. Genau genommen ist die Signatur von Seelisch-Geistigem bereits schon in der Sinneswelt (des Psychologen) beobachtbar – sie erscheint nämlich als innerer Zusammenhang von Verhaltensäußerungen; aber indem wir uns nur mit diesen beschäftigen, denken und argumentieren wir auf der Ebene der Wirkungen. Wenn wir dann auf der Ebene der Wirkungen eine Beschreibung vornehmen, so gibt es hinsichtlich der bedingenden Auslöser immer einen Interpretationsspielraum. Diesen macht sich übrigens auch eine einseitig materialistische Auffassung zunutze, wenn sie andere Sinnesereignisse als Auslöser versteht.

Sofern wir uns jedoch nicht mit den sinnlichen Ausdrucksformen, also den Verhaltensäußerungen von Seelisch-Geistigem und einer sich in abstrakten Konstrukten erschöpfenden Modellbildung zufrieden geben wollen, müssen wir übergehen zu einer Betrachtung des eigenen Erlebens. Die von Goethe zitierten Feinde der genauen Beobachtung spielen dabei unwillkürlich eine große Rolle – es lässt sich die Methode der äußeren Beobachtung nicht einfach eins zu eins auf die Erforschung des inneren Erlebens übertragen. Es müsste eigentlich darum gehen, wie diese nach innen gewendete Beobachtung geschult und verfeinert werden kann, sodass sie im Umgang mit diesen „Feinden" bestehen kann. Stattdessen ist die wissenschaftshistorische Entwicklung bisher so verlaufen, dass mit der Skepsis gegenüber der Beobachtungsfähigkeit nach Innen auch die Skepsis gegenüber diesen inneren Erlebnissen überhaupt gewachsen ist – und die

Bedeutung des inneren Erfahrungsraumes immer mehr aus dem wissenschaftlichen Diskurs und sogar aus der Definition der Psychologie in den Lehrbüchern für die Studierenden zurückgedrängt wurde („Psychology is the science of behaviour"; Martin et al. 2007[1]). Damit sind die äußeren Rahmenbedingungen zu einer sachgemäßen Erforschung des Seelischen und Geistigen zunächst außerordentlich unvorteilhaft.

Dabei gab es für eine prinzipielle und kategorische Zurückweisung introspektiver Forschung und Erfahrungen keinen substantiellen Grund – der aufkommende Behaviorismus als neue Schulmeinung versprach mit seinen sinnenfällig vor Augen führbaren Ergebnissen schlichtweg leichteren und schnelleren Erfolg (Danziger 1980). Die Erforschung adäquater Methoden zur Beschreibung innerer Erlebnisse machte daher unverhältnismäßig langsame Fortschritte gegenüber der Entwicklung von Methoden zur Verhaltenserfassung.

Und trotz dieser „offiziellen" Vernachlässigung kommt die Psychologie kaum ohne die Berücksichtigung innerer Erlebnisse aus – und wurde auch kontinuierlich in diesem Sinne praktiziert – sowohl was die Erhebung von introspektiven Daten an Versuchsteilnehmern anbelangt, als auch was die eigene methodische Herangehensweise an Fragestellungen der jeweiligen Forscher betrifft. Da jedoch keine adäquaten Methoden zur Erforschung dieser Innensicht entwickelt waren, blieben diese Umgangsformen unprofessionell und führten sogar zu irreführenden Ergebnissen.

Auf Seiten der Versuchsteilnehmer erfordert in Wirklichkeit bereits die elementarste Stimulus-Unterscheidung in einem psychophysischen Reaktionszeit-Experiment (etwa die Unterscheidung rot – grün) eine introspektive Erforschung des eigenen Erlebens. Die Antwort wird auf einer kategorialen Skala gegeben. Um einen entsprechenden Versuchsaufbau durchdenken und dann methodisch vorbereiten zu können, muss auch die Wissenschaftlerin/der Wissenschaftler – und das wird leider oft übersehen – Introspektion betreiben, nämlich in folgender Hinsicht: Mit welcher Vermutung/Hypothese gehe ich an die praktische Durchführung des Versuchs heran; wie gehe ich mit den Daten um? Und vor allem: Wodurch weiß ich, wie das Ergebnis, das ja in der Regel symbolisch als Zahlenwert ausgedrückt wird, inhaltlich zu verstehen ist? So befremdlich es klingen mag: Alle diese Vorgänge erfordern eine systematische Erkundung des

---

[1] Oft wird noch von der Psychologie als Wissenschaft vom Verhalten und von mentalen Prozessen gesprochen – aber die Definition der mentalen Prozesse ist wiederum ihrerseits auf das beschränkt, was durch Verhaltensbeobachtung erschließbar ist, etwa: „The term behaviour refers to actions and responses that we can directly observe, whereas the term mind refers to internal states and processes – such as thoughts and feelings – that cannot be seen directly and that must be inferred from observable, measurable responses." (Passer et al. 2009)

inneren Erlebens, denn wie wollten wir sonst Sicherheit darüber erlangen, wie ein bestimmter Datenoutput tatsächlich zu verstehen ist?

Weiterhin stützen sich Akademiker vor allem dann auf introspektive Betrachtungen innerer Erfahrungen, wenn wissenschaftliches Neuland betreten wird und die empirische Datenlage noch zu dünn ist, um überhaupt einen ersten Anhaltspunkt für Hypothesen zur weiteren Forschung abzuleiten. Auch bei der Begutachtung wissenschaftlicher Arbeiten von Kollegen ist das Hinzuziehen innerer Gefühle und Intuitionen über die Interpretation des Versuchsaufbaus und das Verständnis der Ergebnisse eine weit verbreitete und im Grunde genommen selbstverständliche und unverzichtbare Praxis. Da es jedoch verhältnismäßig wenig systematische Forschungen und Anleitungen zur Erforschung des inneren Erlebens gibt (für Ausnahmen in dieser Richtung siehe z.B. Assaglioli 1976, Petitmengin & Bitbol 2009, Steiner 1894, Varela & Shear 1999, Witzenmann 1983 und andere) sind solche introspektiven Erkundungen oft unsystematisch – beeinflussen jedoch die sich anschließende empirische Untermauerung und können insofern einen fundamental irreführenden Einfluss auf die weitere Ausrichtung des sich neu entwickelnden Forschungsfeldes nehmen. Reisberg et al. (2003) beschreiben ein Beispiel für einen solchen Prozess, der die Forschungen zur Vorstellungsdebatte nahezu ein Vierteljahrhundert in Atem gehalten hat (Sind Vorstellungen eher propositional oder analog zu wirklichen Bildern zu verstehen?) und dabei unzählige Mittel und Ressourcen in den beiden Lagern vereinnahmte. Einseitige Introspektionen und Intuitionen standen am Anfang dieses Forschungsprozesses.

Die Frage, die sich in Folge stellt, ist, wie ein Prozess innerer Forschung aussehen könnte, um in dieser Richtung strukturierter und methodisch nachvollziehbarer vorgehen zu können. Im Folgenden möchten wir einige wichtige Aspekte skizzieren, die in Anlehnung an die Schritte von Weger & Wagemann (2014) hier weiter ausgearbeitet werden.

Goethe hat in der oben zitierten Passage die Herausforderungen zusammengefasst, die den Beobachter innerer Erlebnisse „aus dem Hinterhalt überwältigen". Im Wesentlichen wird ein erster Schritt darin bestehen, sich die Umstände zu vergegenwärtigen, die das Auftreten solcher Einwirkungen begünstigen. Sie spielen übrigens nicht nur bei introspektiver Forschung eine Rolle, denn auch die Ausrichtung an äußerlich messbarem Verhalten und die Anordnung entsprechender Beobachtungsbedingungen ist selbstverständlich beeinflussbar durch Erwartungshaltungen, Einbildungskraft, Ungeduld etc. – Das Vergegenwärtigen dieser Umstände kann die entsprechenden inneren Verzerrungsursachen wohl nicht prinzipiell aus der Welt schaffen; aber es kann als Reflexionsbasis und Korrektiv dienen, das methodische und konzeptionelle Unzulänglichkeiten bewusst macht und dadurch ihre negativen Auswirkungen einschränkt. Zum Beispiel können wir uns die Frage stellen, was übrig bleibt von unserer Motivation für eine bestimmte Forschungstätigkeit, wenn die entsprechenden Umstände wegfallen würden (akademische Belohnungssysteme, Anerkennung durch Kollegen und Vorgesetzte etc.). Dadurch lässt sich gewissermaßen das Wesentliche von dem Unwesentlichen unterscheiden und eine Urteilsgrundlage für die wirkliche Bedeutung der aktuellen Arbeit ermöglichen, deren Einschätzung ansonsten vom Kraftfeld der akademischen Sachzwänge dominiert wird.

Ein zweiter wichtiger Schritt ist eine ausführliche Immersion in die Beobachtungsinhalte, ein vorläufiger Verzicht auf Schlüsse und Antworten, so lange es eben möglich ist. Dadurch kann sich der Forscher besser mit den vorliegenden Gegebenheiten vertraut machen, bevor ein Urteil am Ende auf ausschnittsmäßigen Teilwahrheiten fußt. Um in einem Bilde zu sprechen: Das Denken ergießt sich wie eine Flüssigkeit möglichst ohne Eigenform (Eigeninteresse) in die Zwischenräume des Mosaiks der Beobachtungsfragmente, erhält dafür so lange Zeit, bis es auch in die feinsten Zwischenräume vorgedrungen ist und verfestigt sich dann erst zu einer Vorstellung, welche die Substanz für den weiteren Denk- und Forschungsprozess darstellt[2].

Im weiteren Verlauf ist es wichtig, alternative und sogar entgegengesetzte Vorstellungen/Hypothesen im Hinblick auf das innere Forschen zu verfolgen, um auf diese Weise das Risiko eines Tunnelblicks zu vermeiden – idealerweise wird dieser Prozess mehrfach und zu verschiedenen Punkten durchlaufen, da das Risiko nicht zu einem Zeitpunkt abgehakt und dann für den Rest des Forschungsprozesses aus der Welt geschafft wird, sondern kontinuierlich im Hintergrund schwingt (Weger & Wagemann 2014, Wagemann & Weger i.V.).

Am Ende dieses Prozesses steht nicht ein allgemeingültiges Ergebnis, sondern eine Wegbeschreibung, die auf jene wesentlichen Stufen beschränkt ist, welche der Forscher nachvollziehbar dokumentieren kann und für sich verifiziert hat; und die gleichzeitig so ausführlich ist, dass andere Kollegen diese Beschreibung nachvollziehen und dann für sich Entsprechendes reproduzieren können.

In einer kürzlich durchgeführten Studie haben wir diese Schritte umzusetzen versucht – anhand einer Achtsamkeitsstudie, die in der Literatur oft in diesem Zusammenhang verwendet wird: Es ging um die sogenannte „raisin-task" (Rosinenaufgabe), bei welcher man die Aufmerksamkeit auf verschiedene Sinneserlebnisse lenkt, die man im Umgang mit einer Rosine hat. In dieser Studie machten wir eine Reihe

---

[2] Diese Form der experimentellen Urteilsbildung hat Goethe in seinen Naturwissenschaftlichen Schriften angewendet; später ist sie von Steiner und Witzenmann auf das Gebiet des menschlichen Erkennens erweitert worden (siehe Steiner 1894 und 1920, siehe auch: Witzenmann 1983).

von Beobachtungen (für Details siehe Weger & Wagemann 2014, Wagemann & Weger i.V.): Es trat eine deutlich erlebbare Verwunderung gegenüber der Intensität dieser Erlebnisse auf und gegenüber der Vielseitigkeit dieses kleinen Objektes, das ansonsten schnell in der Flut von Wahrnehmungseindrücken untergeht. Vor allem die besondere Süße einer einzelnen Rosine in ihrer ansonsten unscheinbaren äußeren Gestalt überraschte. Diese und weitere Erfahrungen waren in ihrer unmittelbaren Aktualität erlebbar, sie gehören sowohl zur Sache (zum Objekt) als auch zum eigenen Selbsterleben. In Analogie zu den Charakterisierungen Rudolf Steiners möchten wir die subjektive Seite dieser Erfahrungen bzw. inneren Aktivität als (bewusst bzw. potenziell bewusst) Seelisches bezeichnen: Eigenerleben und mentale Eigentätigkeit (Erste-Person-Perspektive), die ihrer inneren Natur und Originalität nach prinzipiell nur von erfahrenden Individuen selbst nachvollzogen werden können, nicht aber aus einer Außensicht (eben der Dimension des Erlebens im Gegensatz zur Dimension äußerlich messbaren Verhaltens, siehe oben). Aber es zeigte sich noch etwas: Zusätzlich zu den inneren Verrichtungen, den Erfahrungsqualitäten des Staunens, der Sympathie für die Rosine etc. stellt sich noch etwas anderes ein. Es ergaben sich Erkenntnisse über die inneren Zusammenhänge und Gesetzmäßigkeiten der Phänomene und unseren Umgang mit ihnen – z.B. eine Anreicherung und Vertiefung unseres Rosinenbegriffs sowie das Bemerken verschiedener Phasen der Aufmerksamkeit. Idealerweise lassen sich diese Einsichten in Theorien oder Lehrsätzen formulieren. Solche logischen sowie prozess- oder gegenstandsbezogenen Eigengesetzlichkeiten treten zwar im Kontext unserer individuellen mentalen Aktivität und unseres Erlebens in Erscheinung, sind aber in ihrem Gehalt nicht von ihren subjektseitigen Erscheinungsbedingungen abhängig, sondern gehen über unser eigenes Erleben und Tätigsein hinaus – sind sozusagen überpersönlich bzw. übersubjektiv. Diese Ebene würden wir – wiederum in Analogie zu den Charakterisierungen Rudolf Steiners – als geistige Ebene bezeichnen. Der Teil in uns, der diesen übergeordneten Zusammenhang einsieht und versteht, muss von der gleichen Natur sein, wie das, was er erkennt – dies wäre das Geistige im Menschen[3]. Die Erkenntnisse leben nicht als isolierte Datensätze oder Verhaltensmuster in mir, sondern es geschieht durch sie etwas mit mir – es ändert sich meine

---

[3] „Der zeitliche Akt bestimmt (aktualisiert) ein Teilelement des universellen Zusammenhangs als von ihm hervorgebracht und wird von diesem rückbestimmt. Dadurch wird der menschliche Aktualisierungsakt selbst zu einem Element des ideellen Zusammenhangs. Dieser enthält jenes Element vor der vollzogenen Aktualisierung nicht, doch gehört es nunmehr zu seinen inhaltlichen Merkmalen. Die Aktualisierbarkeit der evidenten Begriffe durch menschliche Akte kann dann als rein begriffliche Bestimmung erfasst und angesprochen werden." (Witzenmann 1983, S. 52/53).

Haltung, meine Wertschätzung und mein Empfinden gegenüber den Phänomenen, kurz: Das Seelische nimmt eine andere Gestalt an, es verwandelt und entwickelt sich. Insofern erscheint das Seelische des Menschen tatsächlich als Ausdruck seiner geistigen, auf universelle Gesetzmäßigkeiten bezogenen Individualität. Bei Tieren ist dies übrigens grundsätzlich anders. Sie erleben und verhalten sich ebenfalls nach Gesetzmäßigkeiten, aber sie können sich nicht zu einem allgemeinen und reflexiven Verständnis dieser Gesetzmäßigkeiten aufschwingen, sondern stehen artspezifisch unter ihrem Einfluss und erleben sie situationsgebunden und in Abhängigkeit von ihren Bedürfnissen.

Die beschriebenen Eckpunkte der Erforschung innerer Erlebnisse, wie sie hier charakterisiert sind, sind von eher elementarer oder vielmehr: anfänglicher Art. Sie sollen nicht einen erschöpfenden Reiseplan skizzieren, sondern sind vielmehr zu verstehen als Erinnerung an die Möglichkeit und Notwendigkeit der Erforschung solcher nach innen sich richtender Forschung – in einer Zeit, in der diese Vorgehensweise in vielen Teilbereichen der Psychologie auf Unverständnis trifft. Wir sind überzeugt, dass wir als Forschende auch weitere Schritte in dieser Richtung unternehmen können (auch im Hinblick auf die Frage nach Seele und Geist), wenn zunächst die Offenheit für das menschliche Erleben und die Möglichkeit seiner Erforschung wieder erwacht. Deshalb scheint uns die hier vorgenommene basale Betrachtung gerechtfertigt und notwendig.

Um abschließend nochmals auf den oben beschriebenen Paradigmenwechsel zu sprechen zu kommen: Er ist besonders schön dargestellt in einem frühen Holzschnitte, der in dem Buch des Astronomen Camille Flammarion dargestellt ist – und äußerlich abgebildet das innere Erlebnis eines Menschen zeigt, der sozusagen inmitten des Regenbogens steht und zu ganz neuen Begriffs- und Erfahrungsdimensionen vordringt. Diese zeichnen sich offenbar gegenüber jenen der „irdischen Welt", in denen Seelisch-Geistiges – auch heute noch – zumeist in subjektiven Formen vorgestellt wird (siehe das Gesicht in Sonne und Mond) durch eine größere Objektivität und Reichweite aus. Zu solch einem Durchstoß in eine neue methodische Sphäre psychologischer Forschung und Begriffsbildung – der sich thematisch nun freilich nach innen wendet – sollte durch diese Betrachtungen angeregt werden.

Camille Flammarion, 1888. L'atmosphere: meteorologie populaire, S. 163.
(aus WikiMedia entnommen)

Literatur

Assaglioli R. 1976. Psychological mountain-climbing (part II). *Psychosynthesis Research Foundation (reprint) Issue no. 36.* Available at: www.psykosyntese.dk [Retrieved 2 Nov. 2011].

Danziger K. 1980. The History of Introspection Reconsidered. *Journal of the History of the Behavioral Sciences 16:* 241-262.

Fleck L. (1980). *Entstehung und Entwicklung einer wissenschaftlichen Tatsache.* Suhrkamp, Frankfurt am Main.

Goethe JW. 1999. *Goethes Werke. Der Versuch als Vermittler von Objekt und Subjekt.* Bd. 13. München.

Martin GN, Carlson NR, Buskist W. 2007. *Psychology.* Pearson, Harlow.

Passer M, Smith R, Holt N, Bremner A, Sutherland E, Vliek M. 2009. *Psychology. The Science of Mind and Behaviour.* McGrawHill, Berkshire.

Petitmengin C, Bitbol M. 2009. The validity of first-person descriptions as authenticity and coherence. *Journal of Consciousness Studies 16:* 363-404.

Reisberg D, Pearson DG, Kosslyn SM. 2003. Intuitions and introspections about imagery: the role of imagery experience in shaping an investigator's theoretical views. *Applied Cognitive Psychology 17*: 147-160.

Steiner R. 1894. *Die Philosophie der Freiheit.* GA 4. Rudolf Steiner Verlag, Dornach.

Steiner R. 1920. *Grenzen der Naturerkenntnis. Vorträge vom 2. und 3. Oktober 1920.* GA 322. Rudolf Steiner Verlag, Dornach.

Varela FJ, Shear J. 1999. First-person Methodologies: What, Why, How? *Journal of Consciousness Studies 6:* 1-14.

Wagemann J, Weger UW. Bedingungen und Möglichkeiten einer Phänopraxie der Ersten Person im Kontext psychologischer Forschung. *In Vorbereitung.*

Weger UW, Wagemann J. 2014. The challenges and opportunities of first person research in psychology. *Under review.*

Witzenmann H. 1983. *Strukturphänomenologie.* Spicker, Dornach.

Zimbardo P. 1996. *Psychologie.* Springer Verlag, Berlin.

Verlust und Wiedergewinnung der menschlichen Individualität in Medizin und Kultur des 19. und 20. Jahrhunderts – am Beispiel Viktor von Weizsäckers

Peter Selg

1. Einleitung

Forschungen „über Wesen, Sinn und Möglichkeiten des Menschseins" wurden im 20. Jahrhundert in reicher Fülle angestellt, wie Gerhard Danzer in einer umfänglichen Publikation mit dem Titel „Wer sind wir? Anthropologie im 20. Jahrhundert. Ideen und Theorien für die Formel des Menschen" aufgezeigt hat (Danzer 2011) – und man kann sich fragen, womit dieses dynamische Drängen in Richtung einer „neuen Anthropologie" (Gadamer & Vogler 1972-1975) eigentlich zusammenhängt. Handelt es sich hier um eine wissenschaftsimmanente Entwicklung, deren Ausgangspunkt in der Insuffizienz der vorausgehenden Modellvorstellungen lag, der „alten" Anthropologie[1] im Zeitalter des „iatrotechnischen Konzeptes" (Rothschuh 1978)? Hat sich die Wissenschaft – wie nicht selten in ihrer Geschichte – selbst korrigiert, und dies im Wesentlichen durch neue Forschungsergebnisse und die durch sie eröffneten Perspektiven, die die engen Grenzen des Bisherigen überwanden und das zuvor scheinbar eindeutig Festgefügte ins Wanken brachten? Oder waren es vielmehr die lebensweltlichen Folgen der vorbestehenden Paradigmen, die inmitten der Katastrophengeschichte des 20. Jahrhunderts, einem „Zeitalter der Extreme" (Hobsbawm 2002), zum „Umdenken" nachgerade zwangen?

Die Viten der beteiligten Philosophen, Mediziner und Psychologen zeigen auf, dass die neuen „Theorien für die Formel des Menschen" ganz überwiegend von Persönlichkeiten erarbeitet wurden, die krisengeprägt und krisenerfahren waren. Sie durchliefen in ihrem Bewusstsein Wandlungen, die offenbar zur Voraussetzung ihrer besonderen Produktivität im Sinne des Humanen wurden. Die Anlässe ihres Nachforschens und Revidierens waren verschieden, doch die sich immer weiter manifestierende „Unmenschlichkeit" der modernen Zivilisation, unter Einschluss der Medizin, spielte eine wesentliche, nicht zu unterschätzende Rolle für den hier zur Rede stehenden Gesamtvorgang. Das Dasein des Menschen wurde innerhalb und außerhalb der Medizin im 20. Jahrhundert neu erkundet und neu erschlossen – in einer „totalitären" Epoche, in der die Existenz des Individuums so instrumentalisiert und gefährdet wie nie zuvor in der gesamten Zivilisationsgeschichte war, aber auch in einem hochtechnisierten

---

[1] Zur Geschichte des „Anthropologie"-Begriffes in der Medizin vgl. Seidler 1984

naturwissenschaftlichen Zeitalter, das zu Beginn des 20. Jahrhunderts die Realexistenz des Seelisch-Geistigen kategorisch leugnete und nur noch geneigt war, physikalisch-chemische Realitäten anzuerkennen, was weitreichende Folgen zeitigte.[2] Auf die „radikale Wendung der empirischen Heilkunst zu einer Naturwissenschaft" im 19. Jahrhundert folgte, so der Medizinhistoriker Heinrich Schipperges, „die nicht minder entschiedene Kehre zur Anthropologie" (Schipperges 1990, S. 8) – im Durchgang durch Krisen des Einzelnen und der Gesellschaft.

Was für die epochale, medizinisch-anthropologische Entwicklung in dieser Hinsicht kennzeichnend ist, wiederholt sich auf anderer Ebene im „Alltag" der Heilkunst. Die Forderungen nach einer Erweiterung der naturwissenschaftlichen Hochschulmedizin, nach einer „integrativen" oder „ganzheitlichen", die Individualität des Menschen berücksichtigenden Medizin, sind in der Gegenwart omnipräsent. Wenig spricht jedoch dafür, dass die dafür bestimmenden Kräfte in erster Linie ein Ergebnis der medizintheoretischen Diskussion als solcher sind. Zwar ist nicht in Abrede zu stellen, dass sich aus der immer deutlicher werdenden Komplexität der menschlichen Humanphysiologie und -pathologie Systemvorstellungen ergeben, die sich nicht in die Reduktionismen des 19. Jahrhunderts einfangen lassen[3], und daher eine breiter und tiefer angelegte Zugangsweise erfordern; dennoch zeigt die Analyse der Situation, dass der entscheidende Impuls zu einer kritischen Hinterfragung der naturwissenschaftlich bestimmten Medizin bzw. zu einer „Erweiterung der Heilkunst nach geisteswissenschaftlichen Erkenntnissen" (Steiner & Wegman 1925) mehrheitlich aus der praktischen Medizin und den an ihr Beteiligten erfolgte und erfolgt, und dies zumeist auf dem Boden von existentiellen Erfahrungen. Es sind – nach wie vor – nicht die führenden Medizintheoretiker, sondern im Wesentlichen die Patienten, die aufgrund ihrer persönlichen Erlebnisse im medizinischen Feld auf eine Veränderung in Richtung einer integrativen oder personalen Medizin drängen, einer Veränderung oder „Erweiterung", die letztlich eine neue Anthropologie erfordert und in eine solche mündet. Im Bewusstsein des Einzelnen aktualisieren und artikulieren sich offenbar wissenschaftsimmanent-anthropologische Herausforderungen und Fragestellungen – und sie aktualisieren sich im Durchgang durch Krisen, die zugleich Krisen des Paradigmas sind. Diese Krisen – nach Jacob und Wilhelm Grimm „Entscheidung[en] in einem Zustande, in dem Altes und Neues [...] miteinander streiten" (Grimm & Grimm 1873) – ereignen sich nicht selten in Lebensläufen von Menschen, die die alten paradigmatischen Inhalte und Voraussetzungen zuvor selbst – bewusst oder unbewusst – vertreten und praktiziert hatten. Nicht wenige

---

[2]   vgl. Selg 2011, S. 35-113
[3]   vgl. bereits die frühe Publikation von Rothschuh 1959

von ihnen suchen daraufhin mehr und anderes als das, das ihnen bis dahin im medizinischen Feld begegnet ist, wobei es sich nicht in erster Linie – oder zumindest keineswegs ausschließlich – um neue und andere Heilmittel und Heilverfahren handelt, sondern um das spezifisch Menschliche, um die Anerkenntnis des Personseins, der Individualität und ichhaften Menschenwürde, die von einer alleinigen „Körpermedizin" methodisch missachtet und oft genug (wenn auch keineswegs immer) praktisch misshandelt wird. Die Patienten erleben nicht nur ihre eigenen Krankheitskrisen und Unzulänglichkeiten, sondern auch diejenigen des medizinischen Denkens und Handelns.

Damit aber stehen sie nicht allein. Ohne Zweifel wies die Geschichte des 20. Jahrhunderts auch manifeste Krisen der Ärzte und des ärztlichen Bewusstseins auf – im Ringen um die Anerkenntnis der Individualität im Gegenüber des Kranken; darüber hinaus jedoch auch im Eigensein innerhalb des ärztlichen Berufes selbst. Man kann die begründete Auffassung vertreten, dass den Ärzten mit der radikalen Anwendung der Naturwissenschaft auf die Medizin, ja in der versuchten Transformation der ehemaligen Heilkunst in eine angewandte Naturwissenschaft und Technik, nicht nur die Individualität des Patienten verloren ging, sondern auch die personale Seite ihrer eigenen Berufsausübung, ihrer professionellen Existenz als Ärzte – ein Vorgang, der keineswegs nur die Wissenschaft betraf und betrifft, sondern auch das soziale Leben und damit die Kultur. „Verlust und Wiedergewinnung der menschlichen Individualität" – als zentrale Herausforderung einer neuen anthropologischen Medizin – meint den Patient *und* Arzt sowie die Gesellschaft im Ganzen.

Die ärztliche Biographie Viktor von Weizsäckers (1886-1957), die nachfolgend in einigen, nur skizzenhaft erfassten Aspekten betrachtet werden soll (Henkelmann 1986, Wein 1988, Benzenhöfer 2007), hat innerhalb der medizinisch-anthropologischen Entwicklungen des 20. Jahrhunderts einen besonderen Stellenwert und ein besonderes Gewicht. Von Weizsäcker war nicht nur der „Protagonist" der sogenannten „anthropologischen Wende in der Medizin" und ihr sprachmächtigster „Repräsentant" von hohem wissenschaftlichen wie kulturellem Format, sondern durchlief und durchlitt die mit ihr verbundenen Veränderungen in überaus markanter Weise. Er bezeichnete sich als einen „konservativen Revolutionär"[4], womit nicht lediglich eine soziale Status-Gebundenheit umschrieben war, die den selbstintendierten Umsturz insgesamt in Grenzen hielt, sondern auch die Tatsache, dass von Weizsäcker – im Unterschied zu Paracelsus, dem von ihm geschätzten Vertreter einer radikalen medizinischen Reform[5] – stets innerhalb des etablierten akademischen Rahmens

---

[4] von Weizsäcker. „Begegnungen und Entscheidungen". *Ges. Schr. 1*, S. 227.
[5] Zu von Weizsäckers Paracelsus-Rezeption vgl. u.a. seinen Aufsatz: „Bilden und Helfen (Hippokrates und Paracelsus)". *Ges. Schr. 5*, S. 143-160.

blieb und als Professor und später als Ordinarius zu wirken versuchte: „…mein Beitrag [zur anthropologischen Wendung] lässt sich so bestimmen, dass ich als Grenzfall auftrat, so dass man mich weder ganz zur Zunft noch ganz zu den Aussenseitern zählen konnte."[6] Die „Erweiterung" der Medizin um ihre geisteswissenschaftliche Dimension wollte von Weizsäcker an der Universität verankern, auch, weil sie sich für ihn aus der „Sache" selbst – dem Menschen als dem „Gegenstand" der Medizin – wissenschaftlich ergab, und von daher nicht in das Gebiet alternativer Reformbewegungen, sondern in das „Establishment" bzw. den bestehenden Hochschulrahmen von Forschung und Lehre gehörte. Humanmedizin war und ist nach von Weizsäcker nie angewandte Naturwissenschaft, weil der Mensch nicht in den Grenzen des reinen „Bios" aufzufinden ist, wie jede tiefergehende Reflexion lehre. Die Medizin stehe keinesfalls der „Natur", sondern dem Menschen gegenüber: „Will man das Wesen des Menschen begreifen, dann genügt es nicht, seine Natur zu betrachten. Der Mensch ist ein Objekt, welches ein Subjekt enthält, und es ist erforderlich, das Subjekt in die Wissenschaft vom Menschen einzuführen, oder richtiger, es anzuerkennen, denn man braucht nichts einzuführen, was schon enthalten ist."[7]

Diese versuchte Wiedergewinnung – oder „Wiedereinführung" – des „Subjekts" in die medizinische Wissenschaft und Lehre vom Menschen war im Sinne des bisher Gesagten zu weiten Teilen das Ergebnis und Resultat einer Krise, die von Weizsäcker in eigener Person durchlaufen hatte und in seinen autobiographischen Schriften auch retrospektiv dokumentierte. Er verfasste und vollendete seinen Lebens- und Arbeitsrückblick nicht von ungefähr inmitten zeitgeschichtlicher Zusammenbrüche – und schloss die Arbeit an *„Natur und Geist"* im Januar 1945 ab, kurz bevor er vor der anrückenden russischen Armee aus Breslau fliehen musste. Er hatte das Manuskript in dem Koffer, mit dem er die Bombennacht von Dresden im Keller eines Krankenhauses überlebte, und begann seine zweite autobiographische Darstellung *„Begegnungen und Entscheidungen"* in amerikanischer Kriegsgefangenschaft in Kassel. Von Weizsäcker sah dies keinesfalls als einen Zufall an; er zog vielmehr die Verbindungslinie zwischen dem Verlust der menschlichen Individualität in der Medizin und Kultur und katastrophalen Ereignissen, die nicht lediglich einzelnen, amoralischen „Kriegsverbrechern" oder politischen Konstellationen anzulasten waren, sondern mit dem Denken des Menschen (und dem Denken *über* den Menschen) in Zusammenhang standen. In einer Stellungnahme schrieb er ein Jahr nach Kriegsende über die Verbrechen der SS-Ärzte: „Wie, wenn das Weltbild der Naturwissenschaft, seine Vorherrschaft in der Medizin *eine* Ursache einer entmenschten ärztlichen Tätigkeit werden

---

[6] von Weizsäcker. „Natur und Geist". *Ges. Schr. 1*, S. 45.
[7] von Weizsäcker. „Begegnungen und Entscheidungen". *Ges. Schr. 1*, S. 293.

könnte, ja geworden ist? Ich behaupte dies. Man kann es ablehnen und sagen, Naturwissenschaft und Technik dürften eben nicht missbraucht werden; die Hemmungslosigkeit komme nur von einer Schwäche der humanen Sittlichkeit. Ist das aber auch gewiss? Nach meiner Überzeugung ist das Gegenteil gewiss." (Henkelmann 1986, S. 170). In seinem Aufsatz über „,Euthanasie' und Menschenversuche" führte er dann wenig später (1947) aus, dass die im Nürnberger Ärzteprozess Angeklagten Ausdruck einer „Selbstentfremdung" der Medizin oder einer *„überlebten Art von Medizin"* seien, und betonte: „[...] Es kann wirklich kein Zweifel darüber bestehen, dass die moralische Anästhesie gegenüber den Leiden der zu Euthanasie und Experimenten Ausgewählten *begünstigt* war durch die Denkweise einer Medizin, welche den Menschen betrachtet wie ein chemisches Molekül oder einen Frosch oder ein Versuchskaninchen."[8] Es gehe darum, den „Geist der Medizin" zu prüfen: „Dieser unsichtbar auf der Nürnberger Anklagebank sitzende Geist – der Geist, der den Menschen nur als Objekt nimmt – ist nicht nur in Nürnberg im Spiele, er durchsetzt die ganze Welt in fein verteilter Form [...]."[9] Der „überlebten Art von Medizin" aber war Weizsäcker selbst lange Zeit ausgesprochen nahe gestanden und hatte sie von innen erfahren, ehe er eine krisenhafte Wendung oder Wandlung durchlief.

2. Der „konservative" Anfang

Viktor von Weizsäcker war *„Enkel und Urenkel protestantischer Pfarrer und schwäbischer Theologen"*[10] und wurde am 21. April 1886 in Stuttgart geboren. Sein Großvater Carl Heinrich von Weizsäcker war Absolvent des Tübinger Stiftes gewesen und ab 1861 Professor für Kirchen- und Dogmengeschichte an der Universität Tübingen, später Rektor und Kanzler der Universität, darüber hinaus auch Mitglied der Abgeordnetenkammer des Landtags. Viktor von Weizsäckers Vater machte als Jurist in Stuttgart Karriere und wurde schließlich Kultusminister und ab 1912 Ministerpräsident – mit Zustimmung der Opposition. Er sprach sich während des Ersten Weltkriegs gegen den U-Boot-Krieg aus, vertrat ausgesprochen eigenständige Positionen und die „geistige, süddeutsche Liberalität"[11].

In seiner Autobiographie räumte Viktor von Weizsäcker ein, das Medizinstudium nicht aus therapeutischen Motiven begonnen zu haben und beschrieb seine vorrangig geistig-philosophischen Interessen: „Nun

---

[8] von Weizsäcker. „,Euthanasie' und Menschenversuche". *Ges. Schr. 7*, S. 134.
[9] Ebd., S. 91.
[10] von Weizsäcker. „Natur und Geist". *Ges. Schr. 1*, S. 49.
[11] von Weizsäcker. „Begegnungen und Entscheidungen". *Ges. Schr. 1*, S. 264.

war ich, was die ärztliche Haltung betrifft, wie die meisten, nicht Mediziner geworden, um kranke Menschen zu heilen."[12] Seine mit Abstand bedeutendsten medizinischen Lehrer und Förderer Johannes von Kries und Ludolf von Krehl, die beide aus der Schule der großen Physiologen Johannes Müller und Carl Ludwig kamen, lernte von Weizsäcker durch seine familiären Verbindungen näher kennen. Er arbeitete bereits nach dem Physikum mit einundzwanzig Jahren im Freiburger Labor von Kries' an sinnesphysiologischen Fragestellungen. Von Kries war trotz seiner bahnbrechenden naturwissenschaftlichen Arbeiten (insbesondere im Bereich der Sehphysiologie) kein Reduktionist im Geist Emil Du-Bois Reymonds, sondern ein philosophisch geschulter Kopf, der u.a. über Urteilslehre und Logik publizierte: „Von Anfang an sammelt er nicht nur die Beobachtungen, sondern analysiert das Beobachten als solches. Er denkt nicht nur den Erscheinungen nach, sondern er denkt auch über das Denken."[13] Von Kries sprach sich in den zeitgenössischen medizinischen Debatten ebenso gegen die Existenz eines „reinen Mechanismus" in der Humanphysiologie wie gegen den leidenschaftlich vertretenen Vitalismus aus, und wandte sich früh – ein Jahrhundert vor Thomas Fuchs – gegen die „geistige Barbarei der Gehirnphysiologen"[14] bzw. die methodische Überbewertung neurobiologischer Vorgänge für ein Verständnis der menschlichen Geistigkeit.[15] Insofern wurde Viktor von Weizsäcker bereits in seiner ersten Studienzeit mit einem reflexiv-kritischen Umgang im Hinblick auf physiologische Fragestellungen und ihre Relevanz für die Anthropologie bekannt – und ging seinen philosophischen Interessen weiter nach. Auch Ludolf von Krehl, der Direktor der medizinischen Klinik der Universität Heidelberg, der seinen Vater verehrte (dem er mehrere Auflagen seiner „Pathologischen Physiologie" widmete) und ihn einlud, nach Heidelberg zu kommen, war ein bemerkenswerter, ebenfalls ausgesprochen eigenständiger und weitsichtiger Arzt und Wissenschaftler. Die paradigmatischen Sätze seines Lehrers Carl Ludwig (aus dessen „Lehrbuch der Physiologie" von 1852) hatten für ihn jedoch – zumindest vorläufig – noch Gültigkeit: „Die wissenschaftliche Physiologie hat die Aufgabe, die Leistungen des Thierleibes festzustellen und sie aus den elementaren Bedingungen desselben mit Nothwendigkeit herzuleiten."(Ludwig 1852, S. 1). Die an der animalischen Physiologie gewonnenen Erkenntnisse galt es auf den Menschen zu übertragen und mit ihrer Hilfe, so Ludwig, „den Gang des leiblichen Lebens nach dem Belieben der menschlichen Vernunft zu lenken" (ebd.). Viktor von Weizsäcker promovierte bei von Krehl über die Blutgeschwindigkeit anämisch gemachter Hunde und fertigte eine „an

---

[12] von Weizsäcker. „Natur und Geist". *Ges. Schr. 1*, S. 50.
[13] von Weizsäcker. „Johannes von Kries". *Ges. Schr. 1*, S. 407.
[14] Ebd., S. 409.
[15] vgl. u.a. Fuchs 2006 und 2008, S. 25-50.

keinem Punkte von den traditionellen Regeln experimenteller Forschung abweichende Arbeit" an (Henkelmann 1986, S. 29), d.h. bewegte sich auf den Bahnen der klassischen Physiologie des 19. Jahrhunderts. Er hielt auch den Kontakt zu von Kries weiter aufrecht, und war in der Folgezeit – während seines „Praktischen Jahres" – wieder teilweise an dessen physiologischem Institut in Freiburg tätig, wo er nach dem Willen von Krehls das „Herz als Wärmemaschine" bearbeitete. Von Weizsäckers autobiographischem Bericht zufolge äußerte Ludolf von Krehl jedoch Zweifel, ob die physiologische Forschung wirklich auf dem Lebens- und Begabungsweg seines Assistenten liege: „[...] Er erklärte, dass die Klinik für mich wohl doch ratsamer sei; denn die Bewältigung der technischen Aufgaben der Experimentalphysiologie läge mir doch nicht im wünschenswerten Grade. ‚Sie machen es auch; aber doch nicht so, wie es eigentlich dazu gehört.' Dies war die Wahrheit. Aber ich hörte sie nicht gerne, weil ich die reine Forschung im Grunde schmeichelhafter für meinen geistigen Stolz hielt als die ‚Praxis', und obwohl eine hartnäckige Stimme meines Innern mir längst gesagt hatte, dass meine Bestimmung der lebendige Mensch und nicht nur die physiologische Theorie sei."[16] Seiner – später so benannten – „Bestimmung" arbeitete von Weizsäcker vorläufig entgegen, er blieb in der mechanischen Physiologie, forschte und publizierte mit Intensität und einem entsprechenden Selbstverständnis. Er intendierte zumindest zeitweise, einmal von Kries' Nachfolger als Ordinarius für Physiologie in Freiburg zu werden, wandte sich gegen alle Vitalismus-Postulate und gegen die Annahme „psychophysischer" Kausalitäten, und plädierte für die Fortführung streng empirisch-physiologischer Forschung und ihrer Fokussierung auf das „mechanische Naturgesetz". Seine philosophischen Studien, die er ebenfalls fortführte, hatten dabei keinen erkennbaren Bezug zu seinen physiologischen Arbeiten und Strebungen. Er habe zu dieser Zeit ein „Doppelleben als Mediziner und Philosophie-Student" geführt, resümierte er später.[17] Von Weizsäcker beschäftigte sich mit der Thermodynamik des Herzmuskels und dem Gasstoffwechsel des Froschherzens, und ging sogar nach England an die Universität Cambridge, wo er im physiologischen Labor mit dem späteren Nobelpreisträger Hill zusammenarbeitete. Er war im holländischen Utrecht und am chemischen Labor der Universität Göttingen als ein *„gläubiger Physiologe der Muskelmaschine"* tätig[18] – und dies ungeachtet der Tatsache, dass die Maschinendeutung des zentralen menschlichen Leibesorgans „in vollem Widerspruch zu dem stand, was die naturphilosophische Spekulation, meine frühwache Kritik an der mechanistischen Auffassung mir sagte."[19] Sein

---

[16] von Weizsäcker. „Natur und Geist". *Ges. Schr. 1*, S. 14.
[17] Ebd., S. 16.
[18] Ebd., S. 37f.
[19] Ebd., S. 38.

philosophischer Freund Franz Rosenzweig widersprach von Weizsäckers physiologischer Gleichsetzung des Menschen- und Tierherzens, was jedoch – wie vieles andere – weitgehend wirkungslos blieb.

Obschon Viktor von Weizsäcker auch in der Klinik in Heidelberg unter Ludolf von Krehl nach seinem Staatsexamen (im Jahr 1910) arbeitete, lag sein wissenschaftlich-ärztlicher Schwerpunkt im Labor, was ihn mit vielen, wenn nicht allen Assistenten der Heidelberger Universitätsklinik verband. Man habe, so schrieb er später, von ihr als einer „Kaninchenklinik" gesprochen, weil die Zuwendung zu den Patienten in den Krankensälen hinter der experimentell bestimmten Laborarbeit der Ärzte, ihrer wissenschaftlichen Grundlagenforschung, weit zurückstand. In diese Richtung war von Weizsäcker vollgültig einbezogen, ja auf dem besten Wege, sich in ihr erfolgreich zu positionieren, wenn auch mit einem, wie er später betonte, „ganz aufrichtigen Unbehagen in der Ausübung unseres [ärztlichen] Berufes."[20] Ausgesprochen kritisch schrieb er an anderer Stelle über die von ihm und anderen praktizierte Forschung dieser Zeit: „Die Natur war in meinen Lehrjahren die verstandene Welt, aber in meinen Wanderjahren wurde sie die missverstandene, die eigentlich von der Naturwissenschaft verfälschte Welt."[21] Im Lebensrückblick bezeichnete er sich als in diesen Jahren noch nicht eigentlich „erwacht"; sein Leben in dieser Zeit sei ihm „überhaupt nicht recht klar". „Erst damals haben, soviel ich noch weiss, die Erschütterungen eingesetzt, durch die ein Mensch bewusst zu leben beginnt."[22] Bis dahin war es der Weg einer zielstrebigen naturwissenschaftlich-ärztlichen Karriere eines hochbegabten Menschen aus angesehener Familie in Richtung einer Privatdozentur, einer Professur und eines angesehenen medizinischen Ordinariats gewesen – wenn auch von selbstreflexiven Zweifeln durchsetzt und auf dem Boden eines labilen oder „taumelnden Kontinents" (Blom 2009).

3. Die „Erschütterungen" und die „Wiedereinführung des Subjekts"

Von Weizsäcker, der bereits kurz nach Beginn des Ersten Weltkriegs eingezogen wurde und als Truppenarzt an verschiedenen Fronten Verwendung fand, darunter in einem Seuchenlazarett an der Maas, führte seine „konventionell"-wissenschaftliche Karriere vorerst auch unter den veränderten Bedingungen ehrgeizig fort. Er habilitierte sich 1916, dreißigjährig, in Heidelberg mit einer experimentellen Arbeit zur Muskelenergetik mit besonderer Berücksichtigung des Herzmuskels, und hatte dabei hochran-

---

[20] Ebd., S. 46.
[21] Ebd., S. 242.
[22] von Weizsäcker. „Begegnungen und Entscheidungen". *Ges. Schr. 1*, S. 230.

gige Gutachter, darunter den Nobelpreisträger Albrecht Kossel, der das physiologische Institut der Universität leitete. Im Januar 1917 hielt er seine Probevorlesung über „Nährwert und Muskelmaschine in Beziehung auf den zweiten Hauptsatz der Thermodynamik", und führte nach wie vor experimentelle Untersuchungen durch – darunter eine zur Blutsenkungsgeschwindigkeit bei Nierenentzündungen. Zunehmend aber erschütterten ihn die Realität des Krieges und die in ihm immer deutlicher aufscheinende Realität der Medizin als soziale Hilfeleistung für den kranken Menschen. Zusammen mit Ludolf von Krehl war er in der Krankenabteilung der Festung Montmédy an der französischen Westfront in der Inneren Medizin tätig (ca. 50 km nördlich von Verdun), und bewunderte dort von Krehls ärztlichen Einsatz – „unermüdlich ist sein Gang durch die Lazarette; bei Tag und Nacht erscheint er, oft unvermutet, helfend oder fordernd."[23] Es ging von Krehl ohne Zweifel um die Behandlung der Kranken – und tatsächlich, so betonte von Weizsäcker in seinem Lebensrückblick, sei die „Wendung" der Inneren Medizin „zur Therapie" erst durch den Weltkrieg realiter in Gang gekommen. Das Primärmotiv der wissenschaftlichen Grundlagenforschung, die sich der klinisch Kranken bediente, sei in den Hintergrund getreten – das eigentlich Medizinische dagegen hervorgekommen. Von seinen eigenen Erfahrungen abstrahierend, und doch (auch) wesentlich über sich selbst sprechend, schrieb von Weizsäcker: „Während vor dem Weltkriege für den Mediziner das Suchen nach Philosophie und Religion Privatsache einzelner Gebildeter oder Interessierter und eigentlich eine Nebenbeschäftigung war, brachte der Weltkrieg selbst die tiefste Erschütterung der Seele und das, was man das Kriegserlebnis nannte. Die Ausübung der Medizin unter den Bedingungen, die der Arzt bei Truppe, Feld- und Kriegslazarett vorfindet, zeigte uns deutlich, was lebenswichtig ist und was nicht. Man lernte, dass man eine Appendizitis auch konservativ behandeln kann. Man sah, dass die Therapie nur zur einen Hälfte in Operation, Medikament und Diät, zur anderen Hälfte aber im Besorgen von Transport, Lager, Wärme und Verpflegung besteht. Und man lernte die moralische Bedeutung des Kampfwillens, die seelische Grundlage des Gesundungswillens kennen. Die Neurose entpuppte sich als lebenswichtiges Problem, als kriegswichtiger Faktor. Es gab kein Laboratorium, aber manche Wochen und Monate des Abwartens und der furchtbaren Leere."[24] Weiter hob von Weizsäcker ein zentrales Erlebnis vom Sommer 1918, kurz vor Kriegsende, hervor, als er bei einer Patientenuntersuchung durch Professor Albrecht Fraenkel, den Entdecker der intravenösen Strophantin-Therapie, anwesend sein konnte: „Es war sein spielend-fühlendes Eingehen auf einen jungen Soldaten mit Gallenblasenbeschwerden. Vom zarten Abtasten der Bauchdecken glitt er unmerklich

---

[23] von Weizsäcker. „Ludolf von Krehl. Gedächtnisrede". *Ges. Schr. 1*, S. 418.
[24] von Weizsäcker. „Natur und Geist". *Ges. Schr. 1*, S. 47.

zur Erkundung der Art seiner Schmerzen, zu seinen beruflichen Wünschen, zu seiner persönlichen Problematik über und gelangte so zur einfühlenden Intuition eines ihm zuvor fremd gewesenen Menschen. [...] Fraenkel maß und beurteilte überhaupt nichts, sondern empfing ein Bild. So lebte auch in mir die Sehnsucht, in mir das Wesen des Anderen aufzunehmen, und von diesem Geschehen erwartete ich auch die Entdeckung der richtigen Form der Therapie. Ein Vorgang zwischenmenschlicher Art wäre damit eine eigentliche Substanz der Therapie. Es war kein weiter Weg, nun auch zu erkennen, dass diese ärztliche Haltung aus dem Wesen des Christentums fließen müsste, dessen gegen Heiden und Griechen unterscheidender Charakter die *Innerlichkeit* des Menschseins ist. Die Innerlichkeit aber, als Liebe begriffen, muss das Ich im Du, nicht in sich selbst erfahren. So bekam das Wort ‚Innere' Medizin einen Sinn, der in keinem Hörsaal oder Lehrbuch ausgesprochen wurde."[25] Ohne Zweifel ereigneten sich zu dieser Zeit folgenreiche Umbrüche in der inneren Situation von Weizsäckers, die eine existentielle Annäherung an den kranken Menschen und an das Wesen der Medizin als sozialer Hilfeleistung am Horizont erscheinen ließen. Nicht nur „die Welt von gestern" (Stefan Zweig) und unzählige Freunde waren im Verlauf des Ersten Weltkriegs für ihn untergegangen; unterbrochen oder gar zerstört war noch vieles andere, was zuvor als tragend und selbstverständlich erlebt worden war. Es entstand jedoch damit zugleich die – wie er später schrieb – krisenbestimmte oder krisenermöglichte Freiheit, „Verstand und Gefühl, Bewusstsein und Unbewusstes, Seele und Leib nach persönlichen Erlebnissen und Erfahrungen neu zu ordnen und zu mischen."[26]

Als Viktor von Weizsäcker mit dreiunddreißig Jahren im März 1919 wieder in der Heidelberger Klinik Ludolf von Krehls zu arbeiten begann (nach mehrmonatiger Kriegsgefangenschaft in einem Priesterseminar in Frankreich, wo er sich hauptsächlich mit den Schriften von Thomas von Aquin und Augustinus auseinandergesetzt hatte), war für ihn – aber keinesfalls *nur* für ihn – eine neue Zeit angebrochen. Er umriss später in eindrücklichen Skizzen die damalige Zeit- und Umbruchssituation, darunter in einem hervorragenden Porträt des Philosophen Max Schelers, der für ihn in archetypischer Weise – mit seinem Leben und Werk – für die Nachkriegsjahre stand. (Scheler M. 1919: „Vom Umsturz der Werte"; und Scheler M. 1921: „Vom Ewigen im Menschen", „Der Formalismus in der Ethik", „Wesen und Formen der Sympathie"). Es ereignete sich, so von Weizsäcker, der „Zusammenbruch jenes abgesonderten freischwebenden sogenannten geistigen Lebens."[27]

---

[25] Ebd., S. 50.
[26] Ebd., S. 32.
[27] Ebd.

Was für Viktor von Weizsäcker von nun an sehr viel konkreter wurde, und zugleich an Existentialität, Verbindlichkeit und Dringlichkeit gewann, war das Bild und die Bedeutung des Menschen inmitten der natürlichen Schöpfung. Seine philosophischen Studien bewegten sich zunehmend in eine naturphilosophisch-anthropologische Richtung; das „Geistige" sollte nun nicht mehr abgetrennt, in einer für sich stehenden, philosophischen Sphäre, sondern in geradezu „inkarnierter" Weise aufgefunden werden. Später schrieb er im Rückblick: „[…] Die philosophischen Reflexionen über die Wissenschaft erwiesen sich […] als bloßes Vorspiel der Frage: was ist der Mensch, wie begegnet der Mensch dem anderen Menschen? Diese Verlagerung des Schwerpunktes hat meine Lebenslinie überhaupt von der Universitäts-Philosophie mit aller Entschiedenheit abgelenkt. […] Mein Weg ging zur Medizin und in ihr zur medizinischen Anthropologie."[28] Im Wintersemester 1919/20 hielt er naturphilosophische Vorlesungen für Hörer aller Semester im großen Hörsaal des Pharmakologischen Instituts der Heidelberger Universität – ein Vorgang, der sechs Jahre zuvor vollkommen undenkbar gewesen wäre –, begann mit den sieben Schöpfungstagen und las aus der Genesis. Er trat damit jedoch keinesfalls in die theologische Ausrichtung seiner Herkunft ein – auch wenn er dem Christentum ausgesprochen nahe stand –, sondern wollte aufbauend für die Zukunft wirken: „Der Grundton der Vorträge war […] der, dass der moderne Naturbegriff aus dem Schöpfungsgedanken durch Entgottung, Entseelung und Entmenschung entstanden sei, und dass diese Beraubungen ein Unheil für unsre Erkenntnis, ja unser ganzes Sein wären. Ich sagte auch, dass an die Stelle der Offenbarung der Religion die Erkenntnistheorie der Philosophie getreten sei, dass aber nun die mechanistische Naturerklärung der Idee der Schöpfung wieder weichen müsse. […] Es war klar, dass diese Naturphilosophie eine religiöse sein sollte. Das war kaum misszuverstehen, wenn es auch nicht direkt ausgesprochen war und die Hörer durch die philosophierende Form und die literarische Einkleidung teilweise getäuscht wurden. Ich zeigte und interpretierte Michelangelos Schöpfungsbilder der Sixtina und die Melancholia Dürers, um zu beweisen, dass die Schöpfungsberichte zum Ebenbilde Gottes, die naturwissenschaftliche Analyse zur Verzweiflung führen. Ich sprach es nicht aus, aber ich weiß bestimmt, dass ich es dachte: die Frucht des Krieges wird sein, dass die Welt nun anfangen kann, christlich, das heißt durch und durch, in der Wissenschaft, in der Politik, im profanen Leben christlich zu werden; den Werktag zum Sonntag, die Arbeitswoche zum Gottesdienst zu machen. Eigentlich, so schien es mir, hat die Verwirklichung des Christentums noch gar nicht begonnen, denn bisher hat dieses die Natur des Menschen nur gespalten, nun beginnt erst die Durchdrin-

---

[28] Ebd., S. 118.

gung."²⁹ Ihm habe zu dieser Zeit „die Beseelung und Durchdringung des Alltags mit dem Ernste der letzten und hohen Bestimmung des Menschen"³⁰ vorgeschwebt, nüchterner: *„Das Kriegserleben verwies uns aufs Menschliche."*³¹

Nach eigenen Angaben tötete Viktor von Weizsäcker nach Kriegsende kein Versuchstier mehr („weder Kaninchen noch Frösche"³²), und litt immer mehr an den Rahmenbedingungen der klinischen Medizin, in denen er fast keinen Spielraum für einen Neuanfang sah – „der ganze Drang zur Verinnerlichung der Medizin konnte sich in den Verhältnissen einer Klinik überhaupt nicht auswirken."³³ „Die Hochschuldozenten sollen ja Ärzte ausbilden und hatten doch die wichtigsten eigenen Lehrjahre hinter dem Gitter der Forschungsklinik und im Laboratorium samt Tierstall zugebracht. Sie gingen da wahrhaftig mit Hunden und Katzen individueller um als mit kranken Menschen."³⁴ Die intendierte „Wiedereinführung" des „Subjekts" gestaltete sich vor diesem Hintergrund als überaus kompliziert, und schien angesichts der vorhandenen Strukturen zum Scheitern verurteilt, durch eine alleinige Neubesinnung auf die medizinische Ethik jedenfalls nicht zu leisten: „Da entstand immer krasser das Bild des Kassenarztes mit seiner Hundert-Patienten-Sprechstunde, seiner Abhängigkeit von der Bürokratie der Ortskrankenkasse einerseits, der Ärztlichen Vereinigung andererseits, die Senkung des ärztlichen Niveaus, das Verschwinden des Hausarztes, das Unwesen der alles und jedes operierenden Spezialisten, der Unfug der Spritzen- und Tablettenmedizin; in den Kliniken die Gleichgültigkeit gegen die sozialen Fragen, gegen die zur Volksseuche gewordenen Neurose, das Gutachter-Unwesen, der Missbrauch der wissenschaftlichen Arbeit zur Fabrikation einer Karriere, die zur sinnlosen Überproduktion von pseudoexakten Untersuchungen und einer Aufblähung des völlig unübersehbaren Schrifttums führten."³⁵

Trotz der großen Zahl entgegenstehender Hindernisse aber lebte der Veränderungsimpuls in von Weizsäcker – und in vielen seiner Kollegen nach Ende des Ersten Weltkriegs: „Man fühlte [...], dass die Krise der Medizin eingesetzt hatte."³⁶ Ludolf von Krehl betonte bei der Einweihung der neuen Medizinischen Klinik im Juli 1922 in Heidelberg, dass im Mittelpunkt der ärztlichen Arbeit und des Bewusstseins in Zukunft nicht mehr das Labor, sondern die Beobachtung des Kranken stehen werde, und

---

29   von Weizsäcker. „Begegnungen und Entscheidungen". *Ges. Schr. 1*, S. 196.
30   Ebd., S. 210.
31   von Weizsäcker. „Natur und Geist". *Ges. Schr. 1*, S. 151.
32   von Weizsäcker. „Begegnungen und Entscheidungen". *Ges. Schr. 1*, S. 235.
33   von Weizsäcker. „Natur und Geist". *Ges. Schr. 1*, S. 151.
34   Ebd., S. 151f.
35   Ebd., S. 51.
36   Ebd., S. 47.

sagte: „Das bedeutet aber die Wiedereinführung der Geisteswissenschaften und der Beziehung des ganzen Lebens als andere und mit der Naturwissenschaften gleichberechtigte Grundlage der Medizin." (Schipperges 1990, S. 21). Der Heidelberger Medizinhistoriker Heinrich Schipperges arbeitete viele Jahrzehnte später in einer medizinhistorischen Studie heraus, dass diese Schwerpunktverlagerung bzw. Neuakzentuierung sich bei von Krehl seit langem angebahnt hatte, jedoch erst im Gefolge des Weltkriegs zum endgültigen Durchbruch gekommen war (Schipperges 1990[37]). Er untersuchte den, wie er sagte, „Paradigmenwechsel" in den Vorworten von Krehls bedeutendem Lehrbuch der „Pathologischen Physiologie" zwischen 1893 und 1930, das ursprünglich ganz dem Denken seiner wissenschaftlichen Lehrer Carl Ludwig und Bernhard Naunyn sowie Rudolf Virchow und ihren Lehren vom „Ablauf der gestörten Funktionen" verpflichtet gewesen war. 1906, in der vierten Auflage seines Werkes, habe von Krehl dann erstmals die „Persönlichkeit des Arztes" erwähnt, von „Symptomen am kranken Menschen" gesprochen und betont, dass die rationale Entwicklungsrichtung der Medizin nicht vergessen dürfe, dass „immer das Persönliche, das Menschliche, das Künstlerische eine ausserordentlich wichtige Rolle [in den pathophysiologischen Prozessen] spiele; von der Wirkung des Menschen auf den Menschen gar nicht zu reden" (zitiert nach Schipperges 1990, S. 13). Es gehe darum, so von Krehl bereits 1906, den Menschen zu befragen und sein „Wesen" kennenzulernen: „Man erfährt, wie er selbst zu seiner Krankheit steht." (ebd.). Die ärztliche Empirie habe sich neben der rationalen Diagnostik in diesem Sinne zu behaupten. Gleichwohl war von Krehl zu dieser Zeit noch der unmissverständlichen Überzeugung, dass die Zukunft einer – so verstandenen – „ärztlichen Medizin" der „naturwissenschaftlichen Betrachtung" gehöre, und die Naturwissenschaft ihre „unerschütterliche Grundlage" sei (ebd., S. 20). Dann jedoch, insbesondere von 1910 an, so Schipperges, wurde von Krehls Wendung zum kranken Menschen immer eindeutiger, womit eine Relativierung der „naturwissenschaftlichen Betrachtung" einherging: „Die Unsicherheit wächst von Auflage zu Auflage, und auch die Ambivalenz, das Heraufdämmern eines neuen Paradigmas." (ebd., S. 13). 1910 schrieb von Krehl in der sechsten Auflage von der notwendigen Erfassung

---

[37] Viktor von Weizsäcker hatte bereits 1944 in seinen autobiographischen Erinnerungen („Natur und Geist") in einer Würdigung Ludolf von Krehls zutreffend darauf aufmerksam gemacht, dass dessen „Pathologische Physiologie" in Zukunft „eine Hauptquelle für ein geschichtliches Studium der Medizin im ersten Viertel unseres [zwanzigsten] Jahrhunderts bleiben wird" (vgl. von Weizsäcker. „Natur und Geist". *Ges. Schr. 1*, S. 42). Von Weizsäcker war es auch, der in seiner „Gedächtnisrede" für Ludolf von Krehl, die er am 18.6.1937 an der Universität Heidelberg hielt, die inneren Entwicklungsmomente und -motive transparent werden ließ, die für Krehls Weg früh kennzeichnend waren (vgl. von Weizsäcker. „Ludolf von Krehl. Gedächtnisrede". *Ges. Schr. 1*, S. 415-423).

einer „Physiologie der gesamten körperlichen Persönlichkeit", und vom „Organismus als Ganzem". Es sei unbedingt notwendig, darüber nachzudenken, „wie dieses wunderbare Leben sich am Kranken entwickelt", und zu berücksichtigen, dass jeder Mensch „*seine* Krankheit" habe (ebd., S. 21) – Positionen, die Carl Ludwig, Bernhard Naunyn und Rudolf Virchow nie vertreten, ja weit von sich gewiesen hätten. Krehl sah offensichtlich immer klarer, welche Schicht des Krankseins und des Kranken von der pathophysiologischen Betrachtung überhaupt nur erfasst werden konnte, und betonte 1912, sein Lehrbuch handele lediglich von der „Störung der einzelnen Werkzeuge", wohingegen für den Arzt von vorrangiger Bedeutung sein müsse, zu erkennen, was diese Werkzeug-Störungen für den Patienten und die „Leistungen der Persönlichkeit" überhaupt bedeuteten (ebd., S. 14). Im Juni 1918, ungefähr zum Zeitpunkt von Weizsäckers tiefem Eindruck an Fraenkels klinischer Untersuchung eines Soldaten, schrieb von Krehl dann im Vorwort einer abermaligen Neuausgabe, an der er unter anderem in der Krankenabteilung der Festung Montmédy, in von Weizsäckers nächster Nähe, gearbeitet hatte: „Krank ist nur der einzelne Mensch, die einzelne Persönlichkeit; jeder einzelne kranke Mensch muss als ein besonderes Phänomen betrachtet werden. Der Arzt hat es mit dem Individuellen zu tun, aber die Wissenschaft braucht die allgemeine Betrachtung, Übersichten, gewisse Schematisierungen, doch so, dass in das Allgemeine, in das Leben der Abstraktion die ausserordentlich verwickelten Bedingungen, unter denen die gesunden und krankhaften Lebensvorgänge des einzelnen Menschen ablaufen, sich richtig und zwanglos einordnen." (ebd., S. 15). Immer deutlicher versuchte von Krehl auch in den nachfolgenden Auflagen in seinen Vorworten herauszuarbeiten, dass sich die Medizin in diesem Sinne mit dem Allgemeinen wie dem Individuellen auseinanderzusetzen habe – d.h. im Sinne Windelbands nomothetisch und ideographisch orientiert sein müsse – und es darum gehe, herauszufinden, wie das Individuum sich innerhalb allgemeinnaturgesetzlicher Abläufe konkret geltend mache. 1929 sprach er in der 13. Auflage seiner „Pathologischen Physiologie" erstmals davon, dass es um kranke Menschen gehe, die ihre Krankheitsvorgänge selbst „gestalten" und nicht lediglich in ihrem subjektiven Sein von – letztlich – „allgemeinen" Krankheiten betroffen würden: „Der Mensch vermag seine Krankheitsvorgänge zu gestalten durch seinen körperlichen und seelischen, am besten gesagt menschlichen Einfluss auf eben diese Vorgänge." (ebd., S. 17). Er ist nicht nur Objekt, sondern zugleich stets *Subjekt* – „das ist es, was die nie sich erschöpfende Vielseitigkeit der krankhaften Vorgänge am Menschen erzeugt." (ebd.). Dadurch entstünden nicht nur ausgesprochen individuelle Krankheitserscheinungen oder -bilder („die nie da waren und nie wiederkommen werden"), sondern eröffne sich der Raum für eine Neudefinition der Medizin, die keinesfalls ausschließlich naturwissenschaftlich begründet sein könne, sondern zugleich „Lebenswissenschaft" und „Geisteswissenschaft" sein müsse, ohne jedoch in ihrer eigenen Aufgabe und Daseinsweise mit diesen „Hilfswissenschaften" identisch zu sein: „Sie braucht sie alle, sie steht zu allen in Beziehung, ja ist in mehr als einer Hinsicht auf sie begründet, sie muss sie verstehen – aber sie geht in keiner von ihnen auf, weil etwas Besonderes, ihr Eigenartiges und in ihrem Wesen Begründetes hinzukommt. Denn in dem Masse, wie sich der Gegenstand der belebten Natur von dem der unbelebten durch die Autonomie unterscheidet, die das Leben charakterisiert, in diesem Masse stellt die Erforschung des kranken Menschen etwas grundsätzlich Anderes dar, als die der übrigen lebenden Wesen. Sie bedeutet etwas für sich, indem der kranke Mensch die gleiche schaffende Welt ist, wie der Beobachter, der Arzt." (ebd., S. 17). Das sogenannte „Objekt der ärztlichen Tätigkeit" sei „der Mensch als Mensch"; spät habe er, Ludolf von Krehl, im Gang seiner beruflichen Tätigkeit erkannt, „wie das Ärztliche als etwas Neues und Bestimmendes in unsere Vorstellungen vom krankhaften Geschehen eintritt und damit Morphologisches und Funktionelles umgreift" (ebd., S. 24). „Ich bin Arzt und für den Arzt ist der Mensch alles." (ebd., S. 25).

In welchem Ausmaß Viktor von Weizsäckers Wendung zu einer „anthropologischen Medizin" in den Jahren nach dem Ersten Weltkrieg von der skizzierten Entwicklung von Krehls beeinflusst wurde – und inwieweit von Krehl umgekehrt von von Weizsäckers neuen Arbeiten und erscheinenden Publikationen seinerseits profitierte – ist medizingeschichtlich bisher nicht im Einzelnen untersucht und herausgearbeitet worden.[38] Offensichtlich ist jedoch, dass das „Maschinenmodell" des menschlichen Leibes und das mit ihm assoziierte „Evangelium der naturwissenschaftlichen Methode" nicht länger einen ungebrochenen Allgemeingeltungsanspruch in der Medizin erheben konnte, und eine neue Epoche des medizinischen Denkens angebrochen war – oder sich zumindest in einzelnen Protagonisten Gehör verschaffte. Von Krehls Vorworte waren ohne großen Einfluss auf den Duktus seiner pathophysiologischen Darstellungen; dennoch bildeten sie eine bemerkenswerte Bewegung und Wendung ab – „spätere Historiker", so schrieb Heinrich Schipperges, werden feststellen, „dass die Epoche nach dem Ersten Weltkrieg, das Jahrzehnt zwischen 1920 und 1930 [...] als der grosse Umbruch der modernen Medizin zu werten ist" (Schipperges 1990, S. 7).

Ganz im Sinne der Akzentuierungen von Krehls versuchte Viktor von Weizsäcker nach 1920 mit der Übernahme der neurologischen Abteilung der Heidelberger Klinik, die klinischen und pathophysiologischen Phänomene mit Hilfe von gesamtorganismischen Form- und Gestaltprinzipien genauer zu untersuchen und tiefer zu verstehen: „Ich gedachte, das

---

[38] Zu den Entwicklungen und zum Beziehungsgeflecht der „Heidelberger Schule" vgl. die Dissertation von Kütemeyer 1973.

Programm einer Pathologischen Physiologie im Sinne von Krehl in der Neurologie zu verwirklichen, und folgte dabei den Spuren, auf die ich von Joh. v. Kries geleitet war."[39] Anstatt anatomische Defekttheorien neuropathologischer Phänomene zu tradieren, bestrebte er sich, Forschungswege zu entwickeln und einzuschlagen, die das ganzheitliche Reagieren des Organismus auf umschriebene Läsionen aufzeigen sollten, und prägte 1923 den Begriff des „Funktionswandels" – „die nervöse Substanz funktioniert so, dass wir bei Substanzverlust nicht Torso werden, sondern ein *anderes* Ganzes: wir sind physiologisch unfähig, Fragment zu werden."[40] „Es handelt sich in den pathologischen Zuständen nicht um ein mehr oder weniger, sondern um ein ‚anders' […]."[41] Die in der Klinik vorfindbaren neurologischen Krankheitsbilder sollten nicht länger als „Minusvarianten" angesehen und verstanden werden; herausgearbeitet werden sollte im Sinne von Krehls vielmehr, wie sich in der Abwandlung des funktionellen und klinischen Geschehens – bis hin zur „Solidarität aller Funktionen" – eine aktive Leistung des Organismus und indirekt des Individuums zeige. Es ging von Weizsäcker um die wirksame Einheit des Organismus, der der Leib eines „Subjektes" ist, und um den Leistungscharakter des physiologischen Geschehens. Er unternahm und förderte in dieser Ausrichtung auch wissenschaftliche Arbeiten zur Sinnesphysiologie und Bewegung, die die Insuffizienz der klassischen Vorstellungen aufweisen sollten. Die „Wiedereinführung des Subjektes" in die Medizin betraf nicht lediglich die Krankheits- und Therapielehre, sondern bereits die Physiologie – und es war der Nachweis zu führen, dass das weltbezogene und welt*verbundene* „Subjekt" (im Sinne der Umweltlehre Jakob von Uexkülls) in der aktiven Sinneswahrnehmung ebenso wie in der willkürlichen Bewegung tätig ist. „Die Forschungen blühten, nicht trotz, sondern gerade weil die Bedingungen schwierig, ja primitiv waren: ‚Ich glaube, dass die dürftigen Improvisationen, die Elendigkeit der Hilfsmittel in der Nachkriegsperiode von 1920 bis 1930 die Bedingung dafür waren, dass wir nun doch auf neue Gedanken kamen'." (Henkelmann 1986, S. 145).

Weizsäcker intendierte eine „neue Grundlegung" der theoretischen Neurologie, deren große Relevanz für die medizinische Anthropologie ihm klar vor Augen stand. Wenn es auf der Basis konkreter Einzeluntersuchungen schrittweise gelingen würde, die Physiologie als Feld intentionaler Akte und Leistungen eines „Subjekts" neu zu erfassen, so waren – unter veränderten Vorzeichen – auch die pathophysiologischen Vorgänge anders begreif- und darstellbar. Sofern es richtig war, was von Krehl im

---

[39] von Weizsäcker. „Natur und Geist". Ges. Schr. 1, S. 56.
[40] von Weizsäcker. „Über den Funktionswandel, besonders des Drucksinnes, bei organisch Nervenkranken und über Beziehungen zur Ataxie". Ges. Schr. 3, S. 203.
[41] von Weizsäcker. „Natur und Geist". Ges. Schr. 1, S. 66.

Allgemeinen postulierte, nämlich dass der Mensch seine Krankheitsvorgänge selbst gestaltet, so musste der Nachweis dieser – dem Subjekt unterstehenden – „Gestaltung" bis in Einzelheiten der Physiologie und Pathophysiologie hinein geführt werden. Der Neurologie kam dabei insofern eine besondere Bedeutung zu, als in ihr die Bewusstseinsleistungen des Menschen in besonderer Weise zum Thema werden, mithin der geistig-intellektuelle Pol der menschlichen Existenz.

4. „Ich und Du" – personale Medizin

Wie in den Vorworten von von Krehls „Pathologischer Physiologie" bereits tendenziell angedeutet, forderte die „anthropologische Wende" in der Medizin nicht nur die „Wiedereinführung" des Subjektes in die Physiologie und Pathophysiologie des Menschen, der nicht länger als physikalisch-chemischer Mechanismus und (passiv-erleidender) Träger allgemeiner Krankheiten angesehen werden konnte, sondern auch in die Diagnosis und Therapie. Von Krehl hatte hervorgehoben, dass es darum gehe, auch den ärztlichen Beruf als solchen in seiner schöpferischen Kraft und Aufgabe neu zu bestimmen; Viktor von Weizsäckers diesbezüglicher Weg ging wesentlich über die Entdeckung der klinischen Psychotherapie in Gestalt der Psychoanalyse, der er sich ab 1925 zuwandte. Mit dankbarem Aufgriff zentraler Perspektiven, die von Freud in diagnostischer und therapeutischer Hinsicht eröffnet worden waren – dessen analytisches System er freilich nie in toto übernahm – intensivierte von Weizsäcker seine Zuwendung zum individuellen Patienten weiter. Eine Stellungnahme für die Psychoanalyse war zu dieser Zeit in medizinisch-akademischen Kreisen nicht opportun; dennoch stand von Weizsäcker für den weitgehend verfemten, dazu „jüdischen" wissenschaftlichen Außenseiter Sigmund Freud ein und war bereit, dafür krisenhafte Auseinandersetzungen in Kauf zu nehmen – *weil* die Realität der Seele nicht länger geleugnet werden konnte und weil Freud, trotz seines mechanistischen Ansatzes, etwas Wesentliches für die „Wiedereinführung des Subjektes" in die Anthropologie geleistet hatte. In der „Deutschen Zeitschrift für Nervenheilkunde" bezeichnete von Weizsäcker die Ergebnisse und die Verfahrensweise der Psychoanalyse 1925 – zum Erstaunen seiner Fachkollegen – als die „bedeutendste geistige Leistung der Medizin seit dem Höhepunkt ihrer anatomisch-physiologischen und bakteriologischen Periode."[42] Ludolf von Krehl, der seine Entwicklung freundschaftlich und kritisch begleitete, forderte konkrete Untersuchungen zu der von von Weizsäcker nunmehr behaupteten seelischen „Valenz" einzelner Leibesorgane. Im Unterschied

---

[42] von Weizsäcker. „Randbemerkungen über Aufgabe und Begriff der Nervenheilkunde". *Ges. Schr. 3*, S. 309.

zu Freud, der im Wesentlichen psychisch kranke und symptomatische Patienten analysierte und behandelte, verfolgte von Weizsäcker von Anfang an die seelische Dimension und Bedingtheit *organischer* Leiden; er blieb der Neurologie und Somatik treu und vertrat, dass es auch in diesem Feld durch die hingebungsvolle Versenkung in den Einzelfall, d.h. mit großem eigenen Einsatz möglich sein müsse, die tieferliegenden, seelisch-geistigen Wirkkräfte des pathologischen Geschehens aufzudecken. Auch erkannte von Weizsäcker früh, dass die Einsichten der Psychoanalyse Teil eines weit umfassenderen Entwurfes sein mussten, einer medizinischen Anthropologie als „allgemeine Lehre vom kranken Menschen"[43] und als „Grundwissenschaft der Heilkunde."[44]

„Jener Einbruch der Psychologie in die Medizin bedeutete [...] etwas ganz anderes als die aus der Geschichte bekannte Verschwisterung von Religion und Philosophie mit Medizin, wie sie uns etwa aus der griechischen Heilkunde oder aus Paracelsus oder aus der Medizin der Romantik bekannt ist. Diese medizinische Psychologie fragte nicht, wer oder was ist der Mensch, sondern sie fragte den Kranken, wer bist du? Und wer so fragte, musste zugleich fragen, wer bin ich? Es mag sein, dass auch die Psychoanalyse in ihren Anfängen sich über diese Folgerung nicht klar war. Aber die Art ihrer Ausbreitung bewies bald genug, dass sie, um objektiv zu sein, subjektiv werden musste."[45] Mit dieser Akzentuierung machte von Weizsäcker klar, dass es für ihn nicht länger um allgemeine Seinsbestimmungen des Menschen ging (wie in der philosophischen Ontologie und Anthropologie vor dem Ersten Weltkrieg), sondern um die Individualität des Einzelnen – um den einzelnen Patienten, damit zugleich aber auch um den einzelnen Arzt. Er beschäftigte sich nach seiner Auffindung der Psychoanalyse viel mit seiner Innenwelt, notierte seine Träume und Reflektionen über viele Jahre, und unterzog sich einer Selbstanalyse. Deutlich wurde ihm, dass der Arzt sich in hervorragender Weise selbst kennen und erkennen musste, um in den Behandlungsprozess wirksam und transparent eintreten zu können: „[...] Was in einem Menschen seelisch vor sich geht, das erfährt man aus seinem Verhältnis zu einem anderen Menschen, und wenn der erste der Kranke und der zweite der Arzt ist, dann ist die Wahrheit weder nur in einem, noch nur im anderen beheimatet, sondern in ihrer zweisamen Einheit."[46] Die Therapeutik sah er dabei in zunehmendem Maße als einen dialogischen Vorgang an, der von der Fähigkeit zur konkreten Hinwendung lebt, ohne sich in dieser zu verlieren – so, wie er dies bei Albrecht Fraenkels im Sommer 1918 erlebt hatte

---

[43] von Weizsäcker. „Der Begriff der Allgemeinen Medizin". *Ges. Schr. 7*, S. 47.
[44] von Weizsäcker. „Randbemerkungen über Aufgabe und Begriff der Nervenheilkunde". *Ges. Schr. 3*, S. 320.
[45] von Weizsäcker. „Natur und Geist". *Ges. Schr. 1*, S. 54.
[46] Ebd.

(„So lebte auch in mir die Sehnsucht, in mir das Wesen des Anderen aufzunehmen, und von diesem Geschehen erwartete ich auch die Entdeckung der richtigen Form der Therapie. Ein Vorgang zwischenmenschlicher Art wäre damit eine eigentliche Substanz der Therapie [...]"[47]). Er veröffentlichte erste wegweisende Aufsätze in der von ihm gemeinsam mit Martin Buber und Josef Wittig ab 1926 herausgegebenen Zeitschrift „Die Kreatur" (*Der Arzt und der Kranke*", *„Die Schmerzen"*, *„Krankengeschichte"*), und betonte bereits in seinem ersten Beitrag: „Es ist eine erstaunliche, aber nicht zu leugnende Tatsache, dass die gegenwärtige Medizin eine eigene Lehre vom kranken Menschen nicht kennt."[48] Weiter hieß es: „Wir erlernten die Zusammensetzung des menschlichen Körpers aus Geweben, die der Gewebe aus chemischen Substanzen. Wir lernten, dass all dieses bei Krankheiten sich ändert, nach Form und nach Zusammensetzung. Wir können jetzt urteilen: dieses ist krank. – Aber der Kranke kann sagen: ich bin krank. Kann eine Zelle ‚ich' sagen? Kann ein Molekül, ein Atom, ein Elektron ‚ich' sagen? Wer ist der, welcher ‚ich' sagt? Wir lernten nur von Dingen, die ‚etwas' sind, wir lernten nichts von Dingen, die ‚jemand' sind. Aber die Sprechstunde beginnt damit, dass jemand sagt: ich bin krank, und wir wundern uns, dass wir nicht sogleich ratlos werden, da wir davon nichts gelernt haben; wenn wir ehrlich wären, müssten wir ratlos werden. Denn dies erste, was der Patient uns vorbringt, können wir wissenschaftlich nicht verstehen [...]."[49]

Viktor von Weizsäcker lehrte damals und in späteren Jahren, dass die Wendung an das „Biographisch-Wirkliche" des Patienten von vorrangiger Bedeutung sei bzw. die biographische Methode unbedingt Einzug in die Medizin halten müsse. „Wo fehlt es Dir?"[50] Es gehe nicht darum, unmittelbar die Organe des sich in der Sprechstunde vorstellenden Patienten zu untersuchen – „denn er [der Patient] sagte nicht ‚eine Lunge ist krank', sondern ‚Ich bin krank'. Die [organische bzw. organbezogene] Untersuchung ist ein Ersetzen des ‚Ich' durch ein ‚Es' und ist daher *zunächst* eine Verfälschung der Beobachtung, ein Abirren vom Gegebenen, von der Erfahrung."[51] Wesentlich sei vielmehr eine schrittweise Erfassung der Person des Gegenübers, des Patienten in seinem gelebten und „ungelebten" Leben (dessen pathogenetische Relevanz von Weizsäcker mit Nachdruck vertrat), wozu auch ein Ernstnehmen der Selbstaussagen des Kranken im Gang der Anamnese als „gültige Wahrnehmungen seines eigenen Leibgeschehens" bzw. als „Zeugnisse einer Selbstwahrnehmung ohne Einschrän-

---

[47] Ebd.
[48] von Weizsäcker. „Der Arzt und der Kranke". *Ges. Schr.* 5, S. 12.
[49] Ebd., S. 18.
[50] Ebd., S. 24.
[51] Ebd.

kung" gehören würden.⁵² In einer Vorlesung (mit Patientenvorstellung) sagte er in späteren Jahren zu den Studenten: „Die Hauptsache ist mir, dass Sie sich gewöhnen, die Gedanken und die Gefühle der Kranken, besonders über ihre Krankheit, ganz in sich aufzunehmen und ihnen freien Eingang in Ihr eigenes Bewusstsein zu gewähren. Und besonders wichtig sind dabei die Gedanken, woher die Krankheit kommt; dann, wodurch sie geheilt wird."⁵³ Es sei wesentlich, sich vom klassischen Schema der Anamnese-Fragen vollkommen abzuwenden, und entschieden neue Wege einzuschlagen: „Dieses Schema, welches mit der Frage nach den Sterbefällen der Verwandten beginnt, zu den Kinderkrankheiten und den späteren Krankheiten fortgeht und mit dem Verhör über sexuelle Infektion, Nikotin- und Alkoholabusus endet, ist geeignet, aus einer Krankengeschichte ein statistisches Formular zu machen und die freie Erschließung des Kranken zu vernichten. Die Begegnung mit ihm beginne vielmehr in der ungezwungensten Weise mit den sparsamsten Fragen nach Begehr und Beschwerde, und sie soll ein freies Ausströmen der Gedanken des Kranken erlauben. Man unterbreche ihn darum so wenig als möglich, auch wenn er abzuschweifen scheint, man höre ihm bis zu Ende aufmerksam zu, beachte unterdessen seine Geste, seine Haltung, seine Muskelspannungen, seinen Anzug, seinen Sprachstil und die Komposition seiner Erzählung. Es ist wichtig, ob er zu früh, pünktlich oder verspätet erscheint, ob und wie, besonders bei Frauen, sich Farbe und Helligkeit der Kleidung bei wiederholter Beratung ändert, ob der Kranke Schirm oder Tasche mitzunehmen vergisst, ob er stolpert, hängenbleibt und bei welcher Gelegenheit. Die Krankheit soll dem Arzt zuerst so erscheinen, wie sie dem Kranken selbst erscheint, nicht wie sie nach bekannten klinischen Bildern und nach Gesetzen der Pathologie vermutlich ‚ist'. Die Darstellung der Entstehung und des Wesens der Krankheit, wie sie ihm erscheinen, darf nicht gestört werden, weil dieses subjektive Bild des Kranken etwas zeigt, was in ihm vor sich geht: es hat somit einen objektiven Wert; ihm entspricht eine Realität im Kranken. Stellen wir dagegen Fragen, die sich der Kranke selbst nicht stellt, so verstummt diese Realität in ihm: er fängt an, auf unsere Frage zu reagieren wie eine Sehne bei der Reflexprüfung, also auf eine künstliche, in der Natur sonst nicht vorkommende Weise; so verscheuchen wir ein Stück Natur."⁵⁴ Wesentlich sei demgegenüber, die vom Kranken selbst gesehenen oder tatsächlich erlebten Kausalzusammenhänge anzuhören und anzuerkennen – nicht im Sinne der letztgültigen, „objektiven" Wahrheit, sondern im Sinne eines individuellen „Lebenssystems", das dadurch ansichtig werde. Auch der Bericht des

---

52 von Weizsäcker. „Natur und Geist". *Ges. Schr. 1*, S. 154.
53 von Weizsäcker. „Fälle und Probleme. Anthropologische Vorlesungen in der Medizinischen Klinik". *Ges. Schr. 9*, S. 23.
54 von Weizsäcker. „Über die ärztliche Grundhaltung". *Ges. Schr. 5*, S. 295f.

Kranken ist eine Leistung seiner Individualität, eine Signatur seines Daseins, die sich im Modus des Erzählens offenbart, wenn man ihr genügend Raum zu geben vermag: „Der eine verrät die Systematisierung seines Lebens im Sinne des Krankseins, indem er mehr von seinen bisherigen Ärzten und Kuren als von wirklichen Störungen redet. Ein anderer unterschlägt offenkundig eine Anzahl von Symptomen und Beschwerden, weil er zur Ausschaltung der Krankheit aus seinem Bewusstsein neigt. Wieder andere Menschen werden, von der Zurückhaltung des ruhig Zuhörenden weitergetrieben, aus der Beschreibung ihrer Symptome plötzlich zur Erörterung ihrer persönlichen Verhältnisse, ja zu leidenschaftlichen Bekenntnissen übergehen und damit unwillkürlich einen psychophysischen Zusammenhang in der Krankheit nahelegen, den sie theoretisch vielleicht ablehnen möchten. Überall aber müssen uns die Stellen, wo Scham, Erinnerungsunvermögen, Verwirrung, Unlogik, Widerspruch in der Mitteilung der Kranken Lücken hervorrufen und Grenzen setzen, ebenso oder noch mehr interessieren als das, was er an Positivem ausspricht. Diese ‚Lötstellen' seiner Erzählung, die aber wie Unterbrechungen wirken, zeigen entweder den Widerstand aus unbewussten Kräften oder den Bruch in der Harmonie seiner Leistungen, den wir erkennen wollen."[55] Bereits in der ersten Veröffentlichung, in dem er sich für die Erfassung der eigentlichen „Krankengeschichte" – und nicht lediglich der „Krankheitsgeschichte" – ausgesprochen hatte, war diese Haltung von Viktor von Weizsäcker 1926 in der „Kreatur" vertreten worden: „Wir müssen so leise, wartend, aufnehmend, hinnehmend an ihn [den Patienten] herantreten, wie sonst kein Beruf es von uns fordern würde, und wir müssen in einem noch viel eminenteren Sinne, als irgendein Wissen dies je tun könnte, uns erfahrend, empirisch verhalten."[56] Zu diesem Zeitpunkt – sieben Jahre nach dem Ende des Ersten Weltkriegs – hatte von Weizsäcker davon gesprochen, dass die Grenze der Medizin „verlegt" werden müsse, und zwar so, dass sie in Zukunft auch das Gebiet der eigentlichen Krankengeschichte umfasse. In diesem Zusammenhang schrieb er auch: „Die Geschichte einer Gesundheit ist der einer Liebe, eines Werkes, einer Gemeinschaft oder Freundschaft ähnlicher und wesensverwandter als etwa dem Ablauf einer chemischen Reaktion oder dem Vorgang einer physiologischen Erregung. Gesundheit hat mit Liebe, Werk, Gemeinschaft und Freundschaft die Bejahung gemeinsam, die eindeutige Richtung, die nicht umgekehrt werden kann. Man darf nicht Arzt sein und irgendwo oder -wann die Gesundheit und mit dieser das hierseitige irdische Leben verleugnen oder entwerten, und es genügt nicht, die ärztliche Aufgabe negativ als Bekämpfung der Krankheiten zu umschreiben."[57] Vordringlich sei vielmehr, einen

---

[55] Ebd., S. 296.
[56] von Weizsäcker. „Krankengeschichte". *Ges. Schr.* 5, S. 59.
[57] Ebd., S. 62.

„positiven Begriff" der Gesundheit in sich zu entwickeln, um die eigentliche Krankengeschichte überhaupt wahrnehmen zu können, die als solche eine „erfahrende Einsicht in die *geistbestimmte Wirklichkeit des Menschen*" impliziere.[58] Es gehe um die „in Erfahrungsstufen vollzogene Annäherung an die Lebenswirklichkeit des *geist*begabten Menschen."[59] Damit meinte von Weizsäcker jedoch keineswegs eine alleinige Zentrierung des ärztlichen Bewusstseins auf die seelisch-geistige Konstitution des Menschen bzw. auf seine psychische „Struktur" im Sinne Freuds, sondern auf sein gesamtes Selbst- und Weltverhältnis (und -verständnis): „Um ihn [den Zusammenhang der pathologischen Erscheinung mit der Lebensgeschichte des Patienten] überall zu finden, ist es nötig, dass man das Schicksal eines Menschen in allen seinen Beziehungen zur Umwelt und allen seinen Verkettungen in der Geschichte betrachtet. Man muss der *Fülle* des Wirklichen offen stehen [...]."[60]

All dies aber erforderte eine empathische Haltung und Zuwendung, die im Zeitalter der „distanzierten Rationalität" bzw. in der naturwissenschaftlichen Einstellung der Medizin des 19. Jahrhunderts diskreditiert bzw. methodisch eliminiert worden war – und die von Weizsäcker erst durch das Kriegserlebnis mit all seinen Folgen für sich entdeckt hatte. Es ging für ihn nicht länger um die naturgesetzlich bestimmte und naturwissenschaftlich erforschbare Krankheitsgeschichte, sondern um die „eigentliche Krankengeschichte" und damit um die schicksalhafte Geschichte eines „Ichs". Um ihrer ansichtig zu werden, war eine fundamentale Hinwendung erforderlich, zum Sein und zur leidenden Situation des Gegenübers – die keinesfalls am Ausgangspunkt seines Medizinstudiums und seiner klinischen Arbeit gestanden hatte, nach dem „anthropologischen Wendepunkt" und bis zu seinem Lebensende aber ins Zentrum seines Interesses rückte. In seinem Aufsatz „Die Schmerzen" in der Zeitschrift „Die Kreatur" schrieb er ebenfalls 1926: „[...] Im Anblick des Schmerzes kann man nicht bewegungslos bleiben, man muss sich entweder ihm zuwenden oder sich von ihm abwenden. Das ist eigentlich der *Sinn* der Berufswahl zum Arzt, dass man sich dem Schmerz zuwendet. Es ist hier nicht die Rede von *Motiven* dieser Wahlwendung. Die Motive sind vielleicht nur abfallende Blätter am Baum der Persönlichkeit. Jemand kann die zufälligsten, die gemeinsten oder frömmsten Motive haben, als er sich zum Arzt entschied. Aber das *Faktum* seiner Zuwendung zum Kranken wird dadurch nicht berührt; dass er sich nicht abwandte, sondern zuwandte, bleibt nicht minder wirkliche Entscheidung. Ein ruhiges Schauen im Anblick des in Schmerzen sich Krümmenden ist ja nicht möglich. Ich muss ihn fliehen, oder mein Haupt verhüllen, mich schämend, dass dies

---

[58] Ebd., S. 63.
[59] Ebd.
[60] Ebd., S. 52.

Furchtbare geschehen kann, gleichsam Schuld empfindend, dass meinesgleichen solches zustößt – oder ich muss mich hinwenden und muss etwas tun, und sei es das Zwecklose und Untaugliche. – Arzt-werden ist also *Hinwendung* zum Akt des Schmerzes. Ist Arzt-Sein auch noch Unzählbares dazu, so ist es doch immer diese Hinwendung, die anders ist als die zum marmornen Bildwerke des Laokoon; diese kann ruhiges Schauen sein, vor dem lebenden Schmerz müssen die abstossenden Kräfte des Ekels, der Angst, der Scham, des Grauens überwunden, durch anziehende der Neugierde, des Vorteils, des Mitleids, des Heiltriebs oder welches es seien, besiegt sein, soll Hinwendung erfolgen. Das wahre Geheimnis dieser Hinwendung ist damit nicht entschleiert, und wir ahnen nur, dass hinter den seelischen Motiven eine bewegende Kraft da ist. Welche Kraft dies sei, kann nicht durch ein einzelnes Wort gesagt werden, aber die Geschichte der ärztlichen Entdeckungen ist auch die Geschichte der Kraft der Hinwendung."[61]

Später sprach und schrieb Viktor von Weizsäcker von der Idee einer „Lebensgemeinschaft" zwischen dem Arzt und dem Kranken; nur innerhalb einer solchen „Gemeinschaft", die aufgrund einer realen therapeutischen Beziehung schrittweise aufgebaut werden könne, sei eine Erkenntnisannäherung an das Sein und die Bedeutung der Krankheit möglich; auch sei es nur innerhalb dieser dialogischen Gemeinschaft möglich, eine Einigung über „Wert und Unwert" einer ärztlichen Maßnahme gemeinschaftlich zu erzielen.[62] In einem Vortrag über die „Philosophie des Arztes" hatte Viktor von Weizsäcker bereits kurz nach dem Ende des Ersten Weltkrieges betont, dass in Zukunft nicht länger die vermeintliche „Objektivität" der distanzierten Rationalität, sondern eine tatsächliche „Gemeinschaftlichkeit" die zentrale erkenntnistheoretische Voraussetzung bestimmter Aussagen sein werde.[63] Erst auf der Basis dieser inneren Prozesse werde es auch gelingen können, den biographischen Ort und den biographischen Sinn der menschlichen Erkrankungen zu erfassen – und die angemessenen Hilfeleistungen zu finden. „Die organische Krankheit ist der Biographie als historisch-bedeutsamstes, als geistig-sinnvolles Stück eingefügt, als ob sie dazu gehöre."[64]

---

[61] von Weizsäcker. „Die Schmerzen". *Ges. Schr. 5*, S. 28f.
[62] von Weizsäcker. „Natur und Geist". *Ges. Schr. 1*, S. 66.
[63] Ebd., S. 125.
[64] von Weizsäcker. „Meines Lebens hauptsächliches Bemühen". *Ges. Schr. 7*, S. 380.

5. Die anthropologische Wende und die ihr widerstrebenden Kräfte

„Kaum war ich hervorgetreten, so war ich auch schon ein Außenseiter. Die neuen Erfolge der Strahlentechnik, der Chemotherapie, Hormontherapie (Insulin und Wirkstoffe) und der exakten Erbforschung bewiesen, dass es mit der Naturwissenschaftlichen Medizin keineswegs zu Ende war. Das technische Zeitalter schien erst recht auf seine Mittagshöhe zu gelangen. Die Schlüsselstellungen lagen bei den Führern der Universitätsklinik. Die Zahl der psychologisch Begabten im Nachwuchs blieb gering."[65] Mit diesen – und anderen – Sätzen resümierte Viktor von Weizsäcker am Ende seines Lebens den nur sehr begrenzten Erfolg der „anthropologischen Wende" in der Medizin nach dem Ende des Ersten Weltkriegs, und sah sich im Rückblick weitgehend alleine und auf verlorenem Posten stehend an: „Ich war und blieb in dieser Sache der Vorangehende, und viele, die damals mit mir gingen, sind nach einigen Jahren einer wissenschaftlichen Reaktion verfallen, indem sie es vorzogen, die Fragen der Technik der Medizin voranzustellen und die materialistischen Erklärungen der Krankheiten, die biologische Auffassung des Menschen sich zu eigen machten und der Anstrengung einer wissenschaftlichen Heilkunde auswichen."[66]
Von Weizsäcker beschrieb die erfolgte Wiederkunft des „verschütteten Alten" und damit die – bald nach den „existentialischen" Stimmungen der unmittelbaren Nachkriegszeit – dynamisch einsetzende „Renaissance" der naturwissenschaftlichen Medizin und Medizintechnik. Er betrachtete diesen Vorgang bzw. seine unkritische Durchsetzung ohne Zweifel als eine Form der geistigen Kapitulation vor der anspruchsvollen Aufgabe, eine „wissenschaftliche Heilkunde" nach der geschichtlichen Zäsur auszubilden, d.h. den immanenten, anthropologischen Erfordernissen einer Heilkunst des Menschen im 20. Jahrhundert gerecht zu werden. Auf der anderen Seite wusste er jedoch auch, dass die Bedingungen dazu in der Weimarer Republik und in den 30er Jahren der nationalsozialistischen „Revolution" alles andere als günstig gewesen waren. Er hatte die Armut, die Politisierung und Radikalisierung, und schließlich den „Einbruch des Staates" in das medizinisch-therapeutische Denken und Handeln, ja in das gesamte Gesundheits- und Universitätssystem, in eigener Person miterlebt – und erfahren, wie viele positive Entwicklungstendenzen dadurch aufgehalten und schließlich zerstört worden waren. Nach dem Ende des Zweiten Weltkriegs hatte er, obgleich bereits fast sechzig Jahre alt, noch einmal einen umfangreichen Versuch unternommen, mit seinem Lehrstuhl für Allgemeine Klinische Medizin in Heidelberg für den von ihm ersehnten Veränderungsprozess der Medizin einzutreten – von dem er wusste, dass er

---

[65] von Weizsäcker. „Natur und Geist". *Ges. Schr. 1*, S. 152.
[66] Ebd., S. 123.

insgesamt viel Zeit und Geduld in Anspruch nehmen würde. Er wollte sich erneut für eine Fortbildung der medizinischen Wissenschaft und für die Wiederherstellung einer eindeutigen ärztlichen Haltung einsetzen und dies im Wissen darum, dass – trotz dem erlebten Wiederaufschwung der naturwissenschaftlichen Medizin, ja ihrer nie zuvor gekannten Macht und Effizienz – etwas zu Beginn des 20. Jahrhunderts unwiderruflich umgebrochen war. Der, so von Weizsäcker, „unabweisbare Zweifel des wissenschaftlichen und auch des künstlerischen Weltbildes an sich selbst"[67] hatte eingesetzt und war in längerer, viele Jahrhunderte oder gar Jahrtausende umfassender Perspektive nicht mehr rückgängig zu machen – zumal die lebensweltlichen Folgen des reduktionistischen, individualitätsverneinenden Materialismus (unter Einschluss der „Euthanasie" und der rassenideologischen „Massenvernichtung") in einer kritischen säkularen Bilanz mehr als offensichtlich waren. Von Weizsäcker hoffte angesichts dieser Tatsachen auf eine Revolution, die „von den Spitzen der geistigen Welt, von dem, das in der Kulturpyramide oben ist" unternommen werden würde bzw. setzte er auf eine „Erkenntnisevolution", die auch die Medizin im Sinne einer „evolutionistischen, auf dem Wege der Erkenntnis fortschreitenden Reform" erreichen und betreffen werde[68]: „Wir stehen nach meiner Meinung am Anfang einer großen und schweren Arbeit der Umwandlung unserer wissenschaftlichen Grundbegriffe."[69] „Es handelt sich nicht nur darum, dass man zu den verlässlichen Lehren der Physik, Chemie, Physiologie und Pathologie als weitere die Seelenkunde und die Psychiatrie hinzufügt. Keine zusätzliche Vermehrung der Fächer ist gemeint, sondern eine Veränderung der bisherigen Fächer selbst, und zwar auf Grund der Erkenntnis, die materielle Substanz des organischen menschlichen Körpers sei etwas ganz anderes als das, was die Physiologie bisher gelehrt hatte."[70] „Das Geheimnis der Leiblichkeit zeigte sich als ein noch größeres als das des Geistes. Wenn wir nun das Elektrokardiogramm kennen, was wissen wir dann eigentlich vom Herzen?"[71]

Weizsäcker sprach von der Notwendigkeit eines neuen Inkarnationsbegriffes, und teilte die Begeisterung jüngerer Kollegen für die sich entwickelnde „psychosomatische" Medizin nur bedingt, obwohl er sich für seinen Heidelberger Mitarbeiter und Kollegen Alexander Mitscherlich anfänglich sehr eingesetzt hatte; er sah sie vielmehr als einen Versuch an, „das Hergebrachte unter dem Gesichtspunkt des Psychischen zu korrigieren" und erkannte in ihr keinerlei Überwindung der kartesianischen Spaltung in der Medizin, damit auch keinen neuen Physiologie- und Anthro-

---

[67] von Weizsäcker. „Begegnungen und Entscheidungen". *Ges. Schr. 1*, S. 227.
[68] von Weizsäcker. „Natur und Geist". *Ges. Schr. 1*, S. 158.
[69] von Weizsäcker. „Über Rechtsneurosen". *Ges. Schr. 8*, S. 30.
[70] von Weizsäcker. „Meines Lebens hauptsächliches Bemühen". *Ges. Schr. 7*, S. 374.
[71] von Weizsäcker. „Begegnungen und Entscheidungen". *Ges. Schr. 1*, S. 301.

pologie-Begriff, um den es ihm doch in zentraler Hinsicht gegangen war. Nicht um die „psychophysische Kausalität", sondern um die „veränderte Vorstellung vom Wesen der Naturvorgänge im Menschen" hatte Viktor von Weizsäcker gerungen – um eine erweiterte geisteswissenschaftliche Grundlegung der Medizin, der es unter neuzeitlichen Prämissen wiederum möglich werden sollte, „zu einem Menschen aus Geist, Seele und Körper" vorzudringen[72].

Selbstkritisch räumte von Weizsäcker jedoch auch ein, dass die „grosse und schwere Arbeit der Umwandlung unserer wissenschaftlichen Grundbegriffe" von ihm selbst nur unzulänglich hatte befördert werden können; dass die „materielle Substanz des organischen menschlichen Körpers [...] etwas ganz anderes als das [war], was die Physiologie bisher gelehrt hatte", stand für ihn fest – *was* sie jedoch konkret war, konnte er mit seinen eigenen Forschungen und Publikationen höchstens anfänglich aufzeigen. Auch wusste von Weizsäcker, dass er mit der postulierten „Sinndeutung" organischer Krankheiten klinisch bei weitem nicht bis zu dem Punkt gekommen war, den er selbst als notwendig erachtet und beschrieben hatte. Er sei keine „reine Forschernatur" gewesen und die „Grossmacht der Genialität" sei ihm nicht übertragen worden, konstatierte er retrospektiv[73] und bescheinigte sich zudem eine zu geringe Widerstandsfähigkeit: „Das Schwimmen gegen den Strom an sich hat, soviel ich sehe, in meinem Leben zwar eine verlockende, aber keine überwiegende Kraft besessen."[74] „Ein Reformer war ich nicht und auch keine wirkliche Kampfnatur; Kämpfe sind durch mein Vorhandensein entstanden, ohne dass ich sie eigentlich herbeigeführt hätte."[75] Andererseits hatte von Weizsäcker, der in mancher Hinsicht ein aristokratischer Einzelgänger und Stilist war und blieb, die Arbeit an den zentralen Fragestellungen mit aller Kraft und mit nur wenig kollegialer Unterstützung begonnen, woran sich auch nach dem Zweiten Weltkrieg nichts Entscheidendes änderte. Selbst die Widerstände der Patienten gegen eine neue geistige Grundlegung der Medizin und eine biographische Sinndeutung organischer Krankheiten waren erheblich gewesen, da diese – im Unterschied zum mechanischen Reparaturmodell des „Körpers" – eine hohe Bereitschaft zur Selbsterkenntnis oder zumindest zur biographischen Reflexion voraussetzte. In seinem Aufsatz „Meines Lebens hauptsächliches Bemühen", der nach einem Vortrag in den Jahren nach dem Zweiten Weltkrieg entstand, schrieb von Weizsäcker: „Wenn wir uns im allgemeinen darüber unterhalten, dass Aufregungen uns schwächen können, so dass wir für eine Krankheit weniger anfällig werden, dann erhebt sich kein Widerspruch.

---

[72] von Weizsäcker. „Natur und Geist". *Ges. Schr. 1*, S. 127.
[73] Ebd., S. 53.
[74] von Weizsäcker. „Begegnungen und Entscheidungen". *Ges. Schr. 1*, S. 217.
[75] von Weizsäcker. „Natur und Geist", *Ges. Schr. 1*, S. 45.

Solche psychischen Einflüsse will jeder zugestehen. Wenn ich aber einem bestimmten Kranken vorschlage, seine Angina oder sein Magengeschwür mit seinem höchst eigenen Versagen vor einem Konflikt in Zusammenhang zu bringen, dann widerspricht er energisch. Wir sind nicht bereit, den Balken im eigenen Auge zu sehen [...]."[76] Die Kranken, so Viktor von Weizsäcker in der Sprache der Psychoanalyse, „klammern" sich an das „Es", um dem Ich zu „entgehen", und verführen den Arzt, „diesen Weg des geringeren Widerstandes mit ihnen zu gehen"[77]; ihnen eigne ein „riesiges Täuschungsbedürfnis."[78] So stieß die „Wiedereinführung der Individualität" in die Medizin des 20. Jahrhunderts auch bei denjenigen an eine Grenze, um die es letztlich ging, d.h. bei den Patienten, wenn auch nicht aufgrund von persönlicher Böswilligkeit, sondern inmitten eines säkularen Trends, einem „Krankenlager der sogenannten modernen Kultur."[79] In seinem letzten Buchmanuskript, der „Pathosophie", formulierte von Weizsäcker im Kapitel „Der Arzt und der Kranke" dazu unter anderem: „Das Bedenkliche scheint mir [...] heute zu sein, dass moderne Menschen die Unzulänglichkeit des Daseins nicht akzeptieren. Sie sind entrüstet über die Störung ihres Wohlbefindens und erwarten auch vom Arzt die Beseitigung der Störung. Und der Arzt erwartet von sich die Fähigkeit, die Störung zu beseitigen. So wird der Begriff der Gesundheit ein leeres Schema, eine blasse Idee, eine farblose Qualität, etwas, was man nur negativ definieren kann: *Keine* Störung von dieser Seite soll sie bedeuten. Es gibt zwar Menschen, die sich unablässig zu berichtigen versuchen; aber allzuviele suchen nicht nach einer Berichtigung ihrer selbst, sondern warten auf eine Veränderung der Verhältnisse und auf eine Besserung der Bedingungen ihres Daseins. Die Medizin wird dabei zu einer Wissenschaft von den Fehlern, die Klinik zu einer Reparaturwerkstatt, die Technik zur Störungsbeseitigung, das Ziel zu einem Idealzustand. Der Tod, später einmal unvermeidlich, wird mit Resignation betrachtet, die Geburt als ein Geschenk angesehen, die Krankheit als ein unnötiger Zwischenfall. Das alles ist falsch."[80]

Schließlich hatte von Viktor von Weizsäcker als „konservativer Revolutionär" in seiner medizinischen und akademischen Arbeitsvita en detail erlebt, „dass Macht, Geld und Wissenschaft [...] in einem Konnex stehen wie die drei Seiten eines Dreiecks"; niemand könne eine der drei Seiten in ihrer Substanz in Frage stellen oder verändern, „ohne die beiden anderen

---

[76] von Weizsäcker. „Meines Lebens hauptsächliches Bemühen". *Ges. Schr. 7*, S. 389.
[77] von Weizsäcker. „Grundfragen medizinischer Anthropologie". *Ges. Schr. 7*, S. 278.
[78] von Weizsäcker. „Meines Lebens hauptsächliches Bemühen". *Ges. Schr. 7*, S. 391.
[79] Ebd.
[80] von Weizsäcker. „Pathosophie". *Ges. Schr. 10*, S. 384.

zu zerschlagen"[81]– was ihm selbst weder möglich, noch je von ihm intendiert worden war. Damit umriss er – in knappest möglicher Form – die systemstabilisierende Kraft von Interessen und Mächten (in Form einer „Unzertrennlichkeit von Macht, Geld und Naturwissenschaft"[82]), die an einer grundlegenden „Reform der Medizin" kein Interesse hatten und auch kein Interesse haben können. „Der Versuch, die Medizin in eine anthropologische umzuwandeln, ist heute als bisher in vielen wesentlichen Punkten misslungen zu erkennen."[83] „Mein Leben ist [...] zum großen Teil an der Universität erfolglos verlaufen."[84]

Von Weizsäckers kritische Lebensbilanz war nicht lediglich Ausdruck seiner späten Depressivität und Melancholie, inmitten einer schweren Parkinsonerkrankung lebend und gezeichnet vom frühen Tod dreier seiner Kinder, darunter zweier Söhne im Zweiten Weltkrieg. Sie gibt vielmehr etwas von dem existentiellen Kräfteeinsatz und der krisenhaften Dramatik wieder, die mit dem „Verlust" und der versuchten „Wiedergewinnung der menschlichen Individualität in Medizin und Kultur des 19. und 20. Jahrhunderts" realiter verbunden waren – und nach wie vor mit ihr verbunden sind. In diesen umkämpften Prozess, der sich (wie bereits eingangs betont) nicht in erster Linie in der Sphäre der Medizintheorie abspielt, begab sich Weizsäcker vollgültig, d.h. mit seiner ganzen beruflichen und akademischen Existenz. Es war ihm dabei hinlänglich klar, dass die von ihm mitbeförderte Reflexion und Wandlung nur der Anfang eines Anfanges sein konnte; er wusste, was für eine Großmacht auf der anderen Seite stand und welches der Gesamtzusammenhang einer Bemühung war, die scheinbar auf verlorenem Posten stand, und dennoch unternommen werden musste. 1944 schrieb er in Breslau in seinem ersten Lebensrückblick: „Das ist nun wirklich ein grosses und hochragendes Thema: die naturwissenschaftliche Medizin, ihr gewaltiger Apparat ist in Frage gestellt, wenn sich ergibt, dass ihre allgemeinste Voraussetzung vom Wesen des kranken Menschen wo nicht falsch, so doch in entscheidender Beziehung unzulänglich ist. Wenn die Dinge so liegen, ist hier die Aufgabe einer Revolution, die Forderung nach einem Propheten gestellt. Und sie liegen so. Was meine Gesinnungsgenossen und ich selbst geleistet und nicht geleistet haben, muss nämlich wirklich von hier aus ermessen werden. Mag dieser Rückblick hier also auch sehr skeptisch und kritisch, ja verurteilend ausfallen, so ist doch hier der Rückblick umso mehr ein Vorblick und dadurch eine Erkenntnis, welche zwar nicht den Rang einer Prophetie, aber doch das Verdienst der Voraussicht hat. Es würde ein lohnendes Un-

---

[81] von Weizsäcker. „Grundfragen medizinischer Anthropologie". *Ges. Schr. 7*, S. 270.
[82] Ebd., S. 271.
[83] Ebd., S. 277.
[84] von Weizsäcker. „Meines Lebens hauptsächliches Bemühen". *Ges. Schr. 7*, S. 372.

ternehmen sein, nicht nur die damals sogenannte Krise der Medizin weit ausholend und in überpersönlicher Beurteilung darzustellen, sondern diesen Vorgang auch auf dem grossen geschichtlichen Hintergrund einer Art von Weltgeschichte der Medizin abzubilden. Ich glaube aber, dass die Epoche des Historismus abgeschlossen ist, und dass wir im Katarakt einer neuen Entwicklung keine Zeit, keine Kraft und auch kein genügendes Interesse an der Historie als solcher haben."[85]

Literatur

Benzenhöfer U. 2007. *Der Arztphilosoph Viktor von Weizsäcker. Leben und Werk im Überblick*. Vandenhoeck & Ruprecht, Göttingen.

Blom P. 2009. *Der taumelnde Kontinent. Europa 1900-1914*. Carl Hanser Verlag, München.

Danzer G. 2011. *Wer sind wir? Anthropologie im 20. Jahrhundert. Ideen und Theorien für die Formel des Menschen*. Springer, Heidelberg.

Fuchs T. 2006. Neuromythologien. Mutmaßungen über die Bewegkräfte der Hirnforschung. Scheidewege. *Jahresschrift für skeptisches Denken 36:* 184-202.

Fuchs T. 2008. *Kritik des neurobiologischen Reduktionismus. Das Gehirn – ein Beziehungsorgan. Eine phänomenologisch-ökologische Konzeption*. Kohlhammer, Stuttgart.

Gadamer HG, Vogler P (Hrsg). 1972-1975. *Neue Anthropologie. Band 1-7*. Thieme, Stuttgart.

Grimm J, Grimm G. 1873. *Deutsches Wörterbuch*. Band 5, Spalte 2332. Leipzig.

Henkelmann T. 1986. *Viktor von Weizsäcker (1886-1957). Materialien zu Leben und Werk*. Springer, Berlin, Heidelberg, New York.

Hobsbawm E. 2002. *Das Zeitalter der Extreme. Weltgeschichte des 20. Jahrhunderts*. 5. Aufl. dtv, München.

Kütemeyer M. 1973. *Anthropologische Medizin oder die Entstehung einer neuen Wissenschaft. Zur Geschichte der Heidelberger Schule*. Dissertation, Universität Heidelberg.

Ludwig C. 1852. *Lehrbuch der Physiologie des Menschen. Vorwort des ersten Bandes*. Winter, Heidelberg.

Rothschuh KED. 1959. *Theorie des Organismus. Bios – Psyche – Pathos*. Urban & Schwarzenberg, München.

Rothschuh KED. 1978. *Konzepte der Medizin in Vergangenheit und Gegenwart*. Hippokrates, Stuttgart.

---

[85] von Weizsäcker. „Natur und Geist". *Ges. Schr. 1*, S. 118f.

Schipperges H. 1990. *Medizin in Bewegung. Geschichte und Schicksal.* Verlag für Medizin, Heidelberg.

Seidler E. 1984. Bemerkungen zur Verwendung des Terminus „Anthropologie" in der Medizin der Neuzeit (16. - 19. Jahrhundert). *In*: Seidler E (Hrsg). *Medizinische Anthropologie. Beiträge für eine Theoretische Pathologie*, S. 32-55. Springer, Berlin, Heidelberg, New York.

Selg P. 2011. Die geistige Dimension des Menschen? Zur Entwicklung der medizinischen Anthropologie im 20. Jahrhundert. *In*: Heusser P, Selg P. *Das Leib-Seele-Problem. Zur Entwicklung eines geistgemäßen Menschenbildes in der Medizin des 20. Jahrhunderts*, S. 35-113. Verlag des Ita Wegman Instituts, Arlesheim.

Steiner R, Wegman I. 1925. *Grundlegendes für eine Erweiterung der Heilkunst nach geisteswissenschaftlichen Erkenntnissen.* 1. Aufl. Philosophisch-Anthroposophischer Verlag, Dornach.

Wein M. 1988. *Die Weizsäckers. Geschichte einer deutschen Familie.* Deutsche Verlags-Anstalt, Stuttgart.

von Weizsäcker V, Achilles P (Hrsg), Janz D (Hrsg), Schrenk M (Hrsg), von Weizsäcker CF (Hrsg). 1986-2005. *Gesammelte Schriften.* Suhrkamp, Frankfurt am Main.

Personale Medizin
und die Anthropologie im 20. Jahrhundert

Gerhard Danzer

Die Begriffe Person und Personalität spielten in der Anthropologie des 20. Jahrhunderts eine wichtige Rolle. Die Hauptvertreter der philosophischen und medizinischen Anthropologie (unter ihnen etwa Max Scheler, Nicolai Hartmann, Helmuth Plessner, Karl Löwith, Ludwig Binswanger, Emmanuel Mounier und Erwin Straus) vertraten jedoch hinsichtlich der Beschreibung und Definition von Person durchaus einander widersprechende Positionen. Auf diese terminologisch-definitorischen Debatten soll im Folgenden ebenso wenig eingegangen werden wie auf die Abgrenzung des Person-Begriffs von Termini wie Ich, Selbst, Subjekt oder Individuum. Diese Abhandlung will vielmehr philosophisch-anthropologische Überlegungen (des 20. Jahrhunderts) in ihrer Relevanz für eine personale Medizin erörtern.

1. Personale Dimensionen und Embodiment

An Personen können (ausgehend von ontologischen Beschreibungen Nicolai Hartmanns, der seinerseits auf Aristoteles zurückgegriffen hat) vier Dimensionen, Funktionen oder Aspekte beobachtet, beschrieben sowie (in der Medizin) eventuell diagnostiziert und therapiert werden: Materie (Stoff; *Hyle*), Leben (*Bios*), Seele (*Psyche*) und Geist (*Logos*). Diese Aspekte kommen beim lebenden Menschen nie separiert vor – die Unterscheidung erfolgt aufgrund didaktischer und pragmatischer Überlegungen. Einzelne Funktionen dürfen dabei nicht mit Substanzen (der Körper, die Seele, der Geist) gleichgesetzt oder verwechselt werden.

Personen kann man als belebte Materie sowie beseelte und vergeistigte Biologie begreifen, wobei es ebenso legitim ist, von materialisiertem Geist oder verkörperter Seele zu sprechen. In den letzten Jahren hat sich für diesen Sachverhalt der englische Begriff *embodiment* (Verkörperung) eingebürgert (Krois 2007 und Gallagher 2005). Mit ihm wird auf das Faktum angespielt, dass es keinen autark für sich denkenden Geist gibt, sondern dass sich alle kognitiven Prozesse in einem Organismus (nicht nur in einem Gehirn) ereignen und auf diesen angewiesen sind. Vor allem in der Philosophie des französischen Denkers Maurice Merleau-Ponty spielt der Gedanke des verkörperten Geistes eine wesentliche Rolle (Merleau-Ponty 1966).

Abbildung 1: Dimensionen einer Person

2. Über Nomothetik und Idiographik, Erklären und Verstehen

Für die Medizin bedeutet diese erste annähernde Beschreibung einer Person, dass sie in Bezug auf Ätiologie-, Diagnose- und Therapiekonzepte Weitungen und Ergänzungen ihrer tradierten Modelle vornehmen muss, wenn sie Patienten in den eben skizzierten Dimensionen erkennen und behandeln will. So versucht eine personale Medizin, neben *Hyle* und *Bios* auch *Psyche* und *Logos* eines Patienten zu erfassen und in ihre diagnostischen, therapeutischen und prognostischen Erwägungen mit einzubeziehen. Dafür ist es notwendig, verschiedene epistemologische Zugangswege oder Perspektiven im Hinblick auf Diagnostik und Therapie von Personen zu wählen. Bei der Untersuchung und Behandlung von Menschen betont die personale Medizin die Notwendigkeit, ergänzend zu den aus Naturwissenschaften und Technik stammenden Methoden auch Vorgehensweisen zu berücksichtigen, die in den Geistes-, Sozial- und Kulturwissenschaften sowie in der Philosophie entwickelt wurden. Die Wesensbeschaffenheit des Menschen gebietet solche Verfahren; wer sie vernachlässigt, verfehlt den Menschen als Person.

In der Sprache der Philosophie heißt dies, dass die Humanmedizin hinsichtlich ihrer wissenschaftlichen, diagnostischen und therapeutischen Methoden auf nomothetische *und* idiographische Verfahren zurückgreifen darf und muss. Diese beiden Begriffe stammen von den Philosophen Wilhelm Windelband (1848-1915) und Heinrich Rickert (1863-1936). Unter nomothetischen Verfahren verstanden sie Methoden, die an

Normwerten und großen Stichproben orientiert sind und auf Gesetzmäßigkeiten beruhen; die meisten naturwissenschaftlichen Vorgehensweisen fallen ins Gebiet der Nomothetik. Unter Idiographik subsumierten sie hingegen wissenschaftliche und zum Teil auch künstlerische Methoden, welche den jeweiligen Einzelfall abbilden. Nicht Gesetzmäßiges, sondern Individuelles steht hierbei zur Disposition.

Kommen nomothetische Verfahren zum Einsatz, werden Materie (*Hyle*) und Biologie (*Bios*) erfasst, und ein Untersucher generiert mittels seiner messenden Methoden als Ergebnis an ihnen Maß und Zahl. Verwendet man idiographische Verfahren, zielt man auf die seelischen (*Psyche*) und geistigen (*Logos*) Dimensionen eines Menschen ab, und man erwartet als Ergebnisse solcher Untersuchungen Sinn, Wert und Bedeutung. Will man in der Medizin die Patienten diagnostisch in ihrer biomedizinischen wie auch in ihrer psychosozialen und soziokulturellen Dimension erfassen, ist es nötig, bei ihnen im Wechsel nomothetische *und* idiographische Zugangsweisen anzuwenden.

Einen analogen Wechsel der Perspektiven auf den Menschen erlauben die beiden Begriffe des Erklärens und Verstehens. Es war Wilhelm Dilthey (1833-1911), der in den *„Ideen über eine beschreibende und zergliedernde Psychologie"* (1894), in *„Die Entstehung der Hermeneutik"* (1900) sowie in *„Der Aufbau der geschichtlichen Welt in den Geisteswissenschaften"* (1910) ausführlich die Möglichkeiten und Grenzen von Erklären und Verstehen bedachte.

Von Dilthey stammt das methodologische Credo: „Die Natur erklären wir, das Seelenleben (und die Kultur) verstehen wir." Jene Wissenschaften, welche die Natur erforschen, gehen erklärend (und meist nomothetisch) vor; diejenigen, die kulturelle Phänomene erforschen, greifen auf das Verstehen (und auf idiographische Methoden) zurück. Die Fähigkeit und Systematik des Verstehens wird nach dem griechischen Götterboten Hermes auch als Hermeneutik bezeichnet.

Wiederum ist es die Wesensbeschaffenheit des Menschen (Natur und Kultur, Leib und Seele, Körper und Geist, *body and mind*), die es als angebracht und notwendig erscheinen lässt, bei Diagnostik und Therapie des Patienten erklärend *und* verstehend, nomothetisch *und* idiographisch, mit natur- *und* kulturwissenschaftlichen Methoden vorzugehen. Damit verhindert man, dass Kranke eindimensional als *entweder* biomedizinisch *oder* psychosozial gestört oder krank taxiert werden. Untersuchungs- und Behandlungsstrategien in der personalen Medizin, die *sowohl* erklärend *als auch* verstehend vorgehen, werden als biperspektivische Simultan-Diagnostik und -Therapie bezeichnet. Durch dauernden und ergänzenden Wechsel diagnostischer und therapeutischer Methoden wird am ehesten eine umfassende, dem Patienten als Person gerecht werdende Einordnung und Behandlung seiner Erkrankung gewährleistet (Abbildung 2).

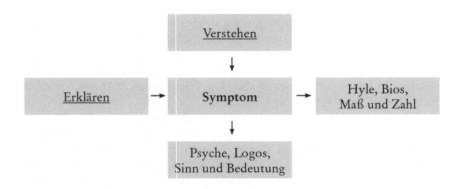

Abbildung 2: Biperspektivische Simultandiagnostik

3. Personalität ist kein Faktum, sondern ein Fakultativum

Was verstehen wir nun in unserem Zusammenhang unter einer Person und unter personaler Medizin? Ein erster Befund, den man im Umgang mit dem Thema Personalität erheben kann, besteht darin, dass es sich bei ihr nicht um eine fixe und gegebene Größe, sondern um eine variable Möglichkeit handelt. Weite und Umfang der Personalität bei ein und demselben Individuum sind Schwankungen unterworfen. Situative Einflüsse, lebensgeschichtliche Ereignisse, Sozialisationsbedingungen, Stimmungen oder auch Krankheit und Gesundheit tragen dazu bei, das personale Niveau zu erhöhen oder sinken zu lassen.

Der Kieler Philosoph Hermann Schmitz (geb. 1928) sprach vom Wechsel zwischen personaler Emanzipation und Regression. Die Person konstelliert und emanzipiert sich in verschieden großen Ausmaßen von ihrer „primitiven Gegenwart im chaotischen Mannigfaltigen" und erobert sich Fähigkeiten der Reflexion und Vernunft, ohne dass diese auf Dauer gesichert sind. Immer wieder ereignet sich personale Regression (Schlaf, Rausch, Affekte, Panik, Schwäche, Schmerz, Lachen, Weinen), die uns mehr oder minder stark in die primitive Gegenwart zurückversetzt (siehe Schmitz 2005). Die Entfaltung und Stabilisierung des personalen Niveaus ist des Weiteren von tragfähigen und anregenden Kontakten zu Mitmenschen abhängig, welche den Einzelnen als Person anerkennen, verstehen und würdevoll behandeln. Im entgegengesetzten Fall schrumpfen die Dimensionen der Personalität, wenn Einzelne in personwidrige soziale Umstände geraten.

Dies hat Konsequenzen für die Medizin. Sobald ein Patient das Medizinalsystem aufsucht, haben Ärzte und Pflegende es mit dem Faktum seines Körpers zu tun, und diesem Faktum werden sie in der Regel gerecht, wenn sie eine solide Aus- und Weiterbildung hinsichtlich der somatischen Belange des menschlichen Organismus absolviert haben. Ob sie allerdings über das Faktum des Patientenkörpers hinaus auch das Fakultativum seiner Person erspüren, ist nicht sicher. Dazu sind Ärzte und Pflegende nötig, die in der Lage sind, Personalität bei sich und am Gegenüber wahrzunehmen, gelten zu lassen und als Thema ihrer Obhut zu begreifen.

4. Chiasma von Körper und Geist

Um nicht den Anschein zu erwecken, Personen würden sich lediglich durch Vernunft, Selbstbewusstsein und Identitätsempfinden auszeichnen, sei an dieser Stelle nochmals betont, dass alle personalen Aspekte und Qualitäten am Menschen stets inkarniert (verleiblicht) sind. Dies bedeutet, dass zum Beispiel Denken, Erinnern, Werten, Urteilen, Fühlen und Sprechen nicht bloß als mentale Prozesse einer Person zu erklären sind, die auf die „Hardware" ihres Gehirns zurückgreift und ansonsten eine distanziert-beobachtende Position zu ihrer biologischen Basis einnimmt.

Eine derartige Trennung wirkt artifiziell; am ehesten wird sie in jenen Zuständen erlebt, die Helmuth Plessner als exzentrische Position bezeichnet hat (Plessner 1975). In solchen Momenten nämlich, so Plessner, erleben und bedenken Menschen ihren eigenen Körper beinahe wie ein Gegenüber – sie haben einen Körper, ähnlich wie man andere Gegenstände besitzt. Doch solche Zustände wechseln mit Phasen des zentrischen Daseins, in denen sich der Einzelne leibhaftig empfindet – er ist ein Leib. Dieser Wechsel von Körper-Haben und Leib-Sein verweist auf die grundsätzliche und nicht hintergehbare Verleiblichung (Embodiment) aller psychosozialen und geistig-kulturellen Phänomene des Menschen. Neben Plessner hat etwa auch Merleau-Ponty diese nicht aufhebbare Verflechtung (Chiasma) von Körper und Geist, Leib und Seele eindrücklich geschildert (Merleau-Ponty 1986).

5. Person als Individuum

Sobald wir Menschen als Personen wahrnehmen und behandeln, erkennen wir sie als Individuen an. Nicht das Allgemeine, sondern das Spezifische und je Einzelne eines Menschen steht dabei zur Disposition. Personen sind wie Kunstwerke einzigartig und unverwechselbar; wie an diesen lassen sich an ihnen Stil, Ausdruck, Gestalt, Sujet, Farbigkeit, Rhythmus, Melodie, Harmonie, Proportionen, Lautstärke und Tempus erkennen und unterscheiden.

Das individuelle menschliche Leben gleicht einem künstlerischen Spiel; oftmals liegt es außerhalb der Vernünftigkeit des praktischen

Lebens sowie außerhalb der Sphäre von Notdurft und Nutzen. Friedrich Schiller vertrat in *„Über die ästhetische Erziehung des Menschen in einer Reihe von Briefen"* (1793/94) die Ansicht: „Der Mensch spielt nur, wo er in voller Bedeutung des Wortes Mensch ist, und er ist nur da ganz Mensch, wo er spielt." (Schiller 1993) – wobei der Dichter vor allem auf das kreatürliche Spiel der Kunst abhob. Analog argumentierte der niederländische Kulturhistoriker Johan Huizinga in *„Homo ludens – Vom Ursprung der Kultur im Spiel"*, in dem er das Spiel als Anthropinon bezeichnete (Huizinga 1987).

Fehlen dem Einzelnen die Freiräume künstlerisch-kreatürlicher und spielerischer Lebensgestaltung und nähert er seine Existenz auf Dauer dem dumpf-monotonen Rhythmus von Maschinen oder Institutionen an, läuft er Gefahr, seine Individualität zu verlieren und möglicherweise zu erkranken. Wer andererseits seinem individuellem Wesen Ausdruck verleiht und die Spanne seines Daseins dem Programm der individuellen Lebenskunst widmet, scheint prädestiniert, das Niveau an Gesundheit, das sein Organismus ihm ermöglicht, zu verwirklichen.

Gesundheit wie Krankheit können als Variable interpretiert werden, die (neben *Hyle* und *Bios*) vom individuellen Gestaltungswillen sowie von Auffassungskraft, Expansivität und Weltnähe des Einzelnen abhängen. Dies zu betonen scheint wichtig, weil im Zeitalter von *Evidence based Medicine* (EBM) und *Diagnosis related Groups* (DRG) die Tradition des Individualisierens, die bereits in der Medizin der griechischen Antike begründet wurde, in Gefahr gerät. Patienten erleben sich zu Recht als in ihren subjektiven und individuellen Belangen zu wenig wahrgenommen und verstanden, wenn sie in typische Diagnoseeinheiten und evaluierte Behandlungspfade eingeordnet werden und dabei vergessen wird, dass es sich bei ihnen (einen Begriff Viktor von Weizsäckers gebrauchend) immer um „Subjekte in der Krise" handelt (von Weizsäcker 1986).

6. Personalität und „durée"

Personen leben nicht nur in der Gegenwart, sondern in der Synthese von Vergangenheit, Gegenwart und Zukunft. Diese drei Modalitäten der Zeitlichkeit bedingen einander; die Gegenwart erschließt Vergangenheit und Zukunft und öffnet Chancen der Veränderung von Welt und eigener Person; die Zukunft lässt uns Gegenwart und Vergangenheit in ihrem Lichte sehen, die Vergangenheit ragt in Gegenwart und Zukunft hinein.

Im 20. Jahrhundert wurde das Wesen der Zeit sowohl in der Physik als auch in den Sozialwissenschaften und der Philosophie ausführlich diskutiert. Dabei wird in der Regel die physikalisch-objektive Raumzeit von der erlebten subjektiven Zeit unterschieden. Letztere spielt etwa in den Philosophien von Henri Bergson (Bergson 1991) und Martin Heidegger

(Heidegger 1986) ebenso wie in der Dichtkunst (zum Beispiel in Marcel Prousts *„Auf der Suche nach der verlorenen Zeit"*) eine zentrale Rolle.

Das Niveau der Personalität eines Menschen hängt von dessen Umgang mit seiner subjektiven Zeit ab (Bieri 1986). Menschen mit hohen personalen Niveaus verfügen in der Regel über einen weiten Zeithorizont, wodurch sie in allen Zeitdimensionen stark verankert sind. Als wesentlich erscheint die Aufgabe des Einzelnen, die Dimensionen der Zeitlichkeit (Vergangenheit, Gegenwart, Zukunft) bei sich zur Synthese zu bringen und die Momente des Lebens in einen konsistenten Sinnzusammenhang einzustellen.

Gesundheit entsteht und erhält sich auf der Basis der jeweiligen biologischen Gegebenheiten am ehesten, wenn Menschen die Gegenwart aufgrund eigener Zukunftsentwürfe gestalten und ihre Vergangenheit als Erfahrung verwerten. Jedes bloße Versinken in der Vergangenheit, jedes Suchen nach der verlorenen Zeit, das nicht an der Bewältigung von Gegenwart und Zukunft ausgerichtet ist, kann – wie dies bei Depressionen zu beobachten ist – Zeichen oder aber auch Ursache für Erkrankungen sein (von Gebsattel 1960). Die Zukunft ist dagegen diejenige zeitliche Dimension, welche dem Menschen Freiheit, Metamorphose und Glück verheißen kann.

Eine personale Medizin sollte daher imstande sein, das subjektive Zeiterleben ihrer Patienten als ernstzunehmenden Aspekt der Diagnostik zu begreifen, als pathogenen oder salutogenen Faktor einzuordnen und in der Therapie zu berücksichtigen. Die Behandlung etwa einer Depression bedeutet, dem Erkrankten zu helfen, die zeitlichen Dimensionen von Gegenwart und Zukunft in ihrem Wert und ihrer Bedeutung für ihn wieder erfahrbar werden zu lassen (Binswanger 1994).

7. Personen erinnern sich

Wie eben angedeutet, hängt das personale Niveau eines Menschen auch von seiner Fähigkeit ab, sich zu erinnern und seine eigene wie die Geschichte von Gesellschaft und Kultur in einen Zusammenhang einstellen zu können. Nach Friedrich Nietzsche macht das umfängliche Erinnerungsvermögen und Gedächtnis den Menschen zum Menschen und bewirkt, dass wir nicht wie die Tiere „kurz angepflockt an den Pflock des Augenblicks" vegetieren (Nietzsche 1988).

Selbst wenn wir vielen Tieren heutzutage ein höheres Maß an Erinnerungsfähigkeit attestieren, als dies zu Zeiten von Nietzsche üblich war, stimmen wir mit dem Philosophen insofern überein, als wir das episodische Gedächtnis (autobiographisch komplexe Erinnerungen, von Henri Bergson auch als reines Gedächtnis tituliert) als exquisite Form des

Memorierens auffassen, die es (aller Wahrscheinlichkeit nach) nur beim Menschen gibt.

Größere Lücken des episodisch-autobiographischen Gedächtnisses spielen bei der Genese oder Chronifizierung psychosozialer Störungen (Neurosen) keine geringe Rolle. Für das Bewusstsein zugänglich sind dem Betreffenden meist nur nichtssagende habituelle Erinnerungsinhalte oder Deck-Erinnerungen, denen die Aufgabe zukommt, unangenehme Vorkommnisse der eigenen Lebensgeschichte zuzudecken, zu schönen und zu kaschieren.

Es gehört zu den wesentlichen Verdiensten Sigmund Freuds, den gesundheitsförderlichen Effekt der Erinnerung (und damit der Evokation der zeitlichen Dimension der Vergangenheit) nachgewiesen zu haben. Die analytische Rekonstruktion der eigenen Biographie soll den Patienten in die Lage versetzen, Verdrängtes und Vergessenes aus den dunklen Winkeln des Nicht-wahrnehmen-oder-erinnern-Könnens ins hellere Licht der Öffentlichkeit und Kommunikation zu verbringen. Damit gewinnt der Einzelne wieder zunehmende Souveränität über seine persönliche und kollektive Geschichte und über seine Geworfenheit (Heidegger 1986). Das Verständnis des individuellen Gewordenseins und der allgemeinen Geschichte ist eine wesentliche Voraussetzung, die Zukunft und den eigenen Entwurf sinnvoll zu gestalten (ebd.).

Ausgehend von Freuds psychoanalytischer Erinnerungsarbeit hat Richard Siebeck, neben Weizsäcker ein weiterer prominenter Vertreter der Heidelberger Schule der Psychosomatik, in seinem Hauptwerk *„Medizin in Bewegung"* (1953) eine biographische Medizin gefordert und in Ansätzen realisiert (Siebeck 1983) . Darunter verstand er eine Heilkunde, welche die Krankheiten des Individuums in seinen Lebenslauf einzustellen und Verbindungslinien zwischen Biographie und Krankengeschichte herzustellen vermag. Eine solche Form der Medizin nähert sich einer Beschreibung Diltheys an, der davon gesprochen hat, dass die Hauptaufgabe der Geisteswissenschaften darin besteht, inhaltlich-strukturelle Zusammenhänge von Singularitäten nachzuzeichnen und herzustellen – Geisteswissenschaften waren für ihn gleichbedeutend mit Zusammenhangswissenschaften. Eine personale Medizin zielt in ihrer Diagnostik und Therapie auf die Rekonstruktion ebensolcher Zusammenhänge zwischen Biologie und Biographie, Physiologie und Psychologie eines Patienten ab.

8. Personen transzendieren den Status quo

Jean-Paul Sartre zitierte in *„Ist der Existentialismus ein Humanismus?"* mit Zustimmung einen Satz des französischen Essayisten Francis Ponge: „Der Mensch ist die Zukunft des Menschen!" (Sartre 1968). Damit wollte er zum Ausdruck bringen, dass die wesentliche zeitliche Dimension für

Menschen die Zukunft ist, in die hinein sie sich entwerfen und vorstellen können, und die häufig Gestaltungsspielraum und Veränderungspotential bereithält.

Dies bedeutet eine Aufforderung zur steten Transzendenz des *status quo*. Die Person ist ein Werden und kein Sein, und es entspricht ihrem Wesen, sich im Aufbruch und in der Veränderung entwickeln und verwirklichen zu können. In dieser Hinsicht kann Stillstand bereits Rückschritt bedeuten. Statik statt Dynamik oder Regression statt Progression gelten als Krankheiten auslösende oder anzeigende Faktoren. Sie verhindern fast regelhaft das Wachstum der Person und tragen eventuell sogar zu ihrer Schwächung bei. Das ahnte bereits der Barockdichter Angelus Silesius (1624-1677), bei dem es in seinem „*Cherubinischen Wandersmann*" heißt: „Freund, so du etwas bist, so bleib doch ja nicht stehn: Man muss aus einem Licht fort in das andre gehn" (Silesius 2002).

Derartige Überlegungen zeitigen Konsequenzen für eine personale Medizin. Wenn Menschen das Niveau ihrer Personalität bevorzugt in der Veränderung und Transzendenz hochhalten und bewahren können, sollte das Medizinalsystem nicht durch Fixierungen und Arretierungen aller Art seinen Patienten eine personale Form des Existierens erschweren. Solche Festlegungen erfolgen beispielsweise im Bereich der Diagnostik, wobei in unserem Zusammenhang vor allem Diagnosen im Bereich der Psychiatrie und Psychosomatik ins Gewicht fallen.

Immer wieder lässt sich beobachten, dass Diagnoseformulierungen beschimpfenden oder entwertenden Charakter aufweisen und die Chance eines Individuums auf Metamorphose und Entwicklung einschränken. So kann man Diagnosen wie „infantil-narzisstische Persönlichkeit" oder „oral-sadistischer Charakter" wohl kaum als die Transzendenz des Betreffenden stimulierende Art der Beschreibung von Personen begreifen.

9. Gefühl, Wert und Affekt

Eine wesentliche Funktion von Personen bilden ihre Emotionen. Diese sind ein Gefüge von Akten, durch die Welt und Mensch miteinander verflochten sind. Der Umfang einer Person bemisst sich unter anderem daran, wie viel Weltbezug (zu Mitmenschen, Sachverhalten, Problemen) sie mittels ihrer Emotionalität wahrnimmt und verwirklicht. Die Person gründet im Wert-Erlebnis. Werte und Gefühle hängen eng zusammen, was in der Formel Max Schelers (zum Beispiel in „*Wesen und Formen der Sympathie*", Scheler 1985) zum Ausdruck kommt: Fühlen sei Werterkennen. Je gefühlsreicher der Mensch, umso mehr Werte kann er empfinden und realisieren; je mehr Werte ein Mensch wahrnimmt, umso eher wird er lebendige Gefühle haben. Was Nahrung für den Körper und Beziehung für die Seele ist, sind Werte für die Geistigkeit und letztlich für die Personalität eines Menschen. Als Wertkenner und Wertträger gewinnt die menschliche Person ein hohes Maß an Entfaltung.

Gefühle sind hauptsächlich dafür verantwortlich, dass Menschen sich in Situationen begeben und sich mit anderen Menschen und der Welt verschränken. Die Person existiert in Situationen und gerät in immer neue Konstellationen, zu denen sie aktiv Stellung bezieht. Immer muss sie sich entscheiden, wie sie sich selbst und die Welt definieren und behandeln will. Auch Unentschiedenheit ist eine Form von Entscheidung.

Weist ein Mensch merkliche und länger vorherrschende Einengung hinsichtlich seines Wert-Erlebens, seiner Gefühlsmächtigkeit und seiner situativen Kompetenzen auf, entwickelt er Verstimmungen und Affekte, die ihrerseits wieder zu Krankheiten aller Art beitragen können. Vor allem die Veränderungen des vegetativen Nervensystems, das bei Affekten häufig in eine Dysbalance gerät, wirken oftmals wie Einfallstore für krankhafte funktionelle und im Laufe der Zeit auch morphologische Veränderungen des Gesamtorganismus (siehe hierzu etwa Rüegg 2010). In gewisser Weise nahm Friedrich Schiller solche Erkenntnisse schon vor Jahrhunderten vorweg, als er schrieb: „Es ist der Geist, der sich den Körper baut." (Schiller 1981).

Wollen Ärzte im Hinblick auf die Ätiologie und Pathogenese von Erkrankungen umfängliche Ursachenforschung betreiben, müssen sie bei ihren Patienten auch deren Wertehierarchie und Emotionalität (Affekte, Stimmungen, Verstimmungen, Gefühle) beurteilen. Wie oft kommt es vor, dass Funktionsstörungen etwa des Herz-Kreislaufsystems (Bluthochdruck, Palpitationen) oder des Gastrointestinaltrakts (Schmerzen, Übelkeit, Durchfall, Verstopfung) Ausdruck von Affekten wie Angst, Ärger, Groll, Neid oder Ressentiment sind – und wie selten wird nach derlei Emotionen und den dazu gehörigen Wertempfindungen im medizinischen Alltag gefahndet!

Eine Diagnostik von Wertehierarchien, Emotionen und körperlichen Zuständen setzt Diagnostiker voraus, die selbst wert- und gefühlsmächtig sind und die Entwicklung ihrer eigenen Personalität in dieser Hinsicht ernst nehmen. Das intuitive Erspüren und das bewusste Einordnen von Wertorientierungen sowie situativer und emotionaler Differenziertheit eines Menschen geschieht jeweils von Person zu Person, und nur derjenige, der diesbezüglich bei sich selbst einigermaßen weite Horizonte zu entfalten versucht, kann mit Aussicht auf Erfolg andere einschätzen und beurteilen.

10. Die Person ist ein Du-sagendes Ich

Will ein Mensch Person werden und sein Selbst entwickeln, kann er dies nur innerhalb von Ich-Du-Beziehungen. Martin Buber hat dafür die

Formel vom Du sagenden Ich (in: *„Das dialogische Prinzip"*, Buber 1964) geprägt. Werden zwischenmenschliche Beziehungen fragil, erleidet die Personalität mitunter empfindliche Einbußen. Die Ich-Du-Wirklichkeit ist der tragende Boden, auf dem sich existentielles Sein und Wirken der Person ereignet.

Fällt jegliches Du aus, kann es zu Ersatzbildungen pathologischer Art kommen: Im Wahn wird das fehlende Gespräch durch Wahnstimmen ersetzt, die halluzinatorisch das vereinsamte Ich heimsuchen. Der US-amerikanische Psychiater Harry Stuck Sullivan war in *„Die interpersonelle Theorie der Psychiatrie"* der Überzeugung, jeder Mensch habe so viele „Iche", als er wesentliche mitmenschliche Beziehungen habe (Sullivan 1980). Jedenfalls ist Rede und Gegenrede, Gefühlsäußerung und Gefühlserwiderung das Element, in welchem die Person atmen, wachsen und sich entfalten kann.

Ohne kontinuierliches Erleben von Mitmenschlichkeit und sozialer Nähe mögen Menschen bei sich eventuell scharfen Intellekt und hohe kognitive Fertigkeiten entwickeln – ihre Personalität gedeiht dabei jedoch nur einseitig oder verkümmert. Die authentisch und verlässlich erlebte zwischenmenschliche Zuwendung und Solidarität sind ein wesentliches Fundament der Person; mangelt es an ihnen, bewegt sich der Einzelne im emotionsarmen Raum. Der Schweizer Psychiater und Daseinsanalytiker Ludwig Binswanger hat die Notwendigkeit sozialer Einbettung für die Entwicklung der Personalität in seinem Konzept der anthropologischen Proportion zum Ausdruck gebracht. Er ging davon aus, dass man beim Menschen ein Wachstum in die Weite (soziale Kontakte) und in die Höhe (Ehrgeiz) unterscheiden könne. Für die Personalität förderlich sei eine Existenzbewegung, die sowohl in die Breite (zu den Mitmenschen hin) als auch nach oben (Intellektualität, beruflicher Erfolg) ausgerichtet ist.

Das Faktum, dass Personalität auf Zwischenmenschlichkeit fußt, ist für die Medizin von hoher Relevanz. So sollte bei jeder Anamnese- und Diagnose-Erhebung ausführlich die soziale Einbettung des Patienten erfragt und beurteilt werden. Vereinsamung oder zwischenmenschliche Kälte gefährden das personale Niveau des Betreffenden im Hinblick auf seine seelisch-geistige wie auch auf seine körperliche Verfassung. Eine jüngst von Julianne Holt-Lunstad et al. publizierte Metaanalyse wies sogar nach, dass der Mangel an stabilen zwischenmenschlichen Beziehungen die Lebenserwartung eklatant reduziert (Holt-Lunstad et al. 2010). Ein wesentlicher therapeutischer Aspekt der personalen Medizin besteht darin, zwischen Patienten, Ärzten und Pflegenden interpersonelle Beziehungen zu ermöglichen, die an gelungene Ich-Du-Beziehungen zwischen Kindern und Eltern erinnern, und die von Mütterlichkeit, ein- oder vorausspringender Fürsorge, Nähe und Schutz geprägt sind. Nicht immer haben diese Gesichtspunkte in der Heilkunde der letzten Jahrzehnte ähnliches

Gewicht erhalten wie die sinn- und wirkungsvollen Neuerungen auf dem Gebiet der Technik. Die High-Tech-Medizin muss von Solidarität und Zwischenmenschlichkeit getragen werden, wenn sie nicht den Ruf der seelenlosen und a-personalen Apparate-Medizin bestätigen will, der ihr allenthalben bereits anhängt.

11. Materie, die nach ihrer Bedeutung sucht

Eine anthropologische Kurzformel lautet: Der Mensch ist Materie, die nach ihrer Bedeutung sucht. Nur derjenige, der an dieser Suche Gefallen findet und sich immer wieder neu aufmacht, Sinn- und Wertvolles zu entdecken oder zu generieren, wird mit einem Zuwachs an Personalität belohnt. Im Dasein werden wir oft mit Sinnwidrigkeiten und Absurditäten konfrontiert, die unsere Person wie die Kultur, in der wir leben, massiv in Frage stellen. Hunger, Armut, Ungerechtigkeiten, Krieg, Folter, sexueller und aggressiver Missbrauch, totalitäre und patriarchalische Herrschaft sowie Krankheiten und andere Schicksalsschläge werden in der Regel von Menschen als sinnwidrig erlebt. Angesichts der Dimensionen des Absurden werden bei den meisten Empfindungen der Ohnmacht und der Hoffnungslosigkeit ausgelöst.

Nun ist aus den Romanen und philosophischen Traktaten Albert Camus' ebenso wie aus den wissenschaftlichen Untersuchungen Aaron Antonovskys zur Salutogenese bekannt, dass lang anhaltende Phasen der Absurdität, verknüpft mit Hoffnungslosigkeit, die Menschen seelisch wie körperlich krank machen können (siehe Antonovsky 1997). Andererseits bedeuten Hoffnung und der *sense of coherence* (Fähigkeit, einzelne Ereignisse in einen größeren Zusammenhang einzuordnen) einen hohen Gesundheitsschutz. Unter Letzterem verstand Antonovsky die Potenz eines Individuums, selbst aussichtslos und sinnlos scheinenden Situationen einen Sinn und eine tragende Bedeutung abzugewinnen.

Eine personale Medizin darf auch diese Aspekte nicht außer Acht lassen. Angesichts von Krankheit, Leid und Tod empfinden viele Patienten ein Sinnvakuum, das zur Chronifizierung oder Exazerbation von bereits bestehender Krankheit beitragen kann. Ärzte und Therapeuten sollten derartige Sinndefizite wahrnehmen und thematisieren, ohne in den Fehler zu verfallen, billige Scheinlösungen und rasche Hilfen bereitstellen zu wollen. Die Suche nach Sinn und Bedeutung ist zeitraubend und diffizil, und es ist wenig geholfen, Patienten mit Allgemeinplätzen abzuspeisen.

Viktor Frankl hat mit der von ihm begründeten Logotherapie auf diese Gesichtspunkte der Ätiologie, Diagnostik und Therapie von Krankheiten abgehoben. Er erkannte richtig, dass Menschen nicht nur aufgrund von biologischen Determinanten, ungünstigen Triebschicksalen oder allfälligen Konflikten, sondern auch wegen Defiziten in Bezug auf Sinn und

Bedeutung ihrer Existenz erkranken (Frankl 1990). Sollen solche, von Frankl als „noogen" bezeichnete, Krankheitsbilder richtig verstanden und adäquat behandelt werden, müssen bei den Betroffenen die Fragen nach einer sinnvollen Gestaltung ihres Daseins gestellt und beantwortet werden. Auf derlei Zusammenhänge hat vor Frankl bereits dessen langjähriger Lehrer Alfred Adler in seinem Buch *„Der Sinn des Lebens"* hingewiesen (Adler 1989).

12. Personalität und Kultur

Ein Sinnreservoir, das einerseits kritischen Überprüfungen standhält und andererseits als nur bedingt werthaltig beurteilt werden muss, stellt der objektive und objektivierte Geist dar. Diese Ausdrücke stammen von Hegel und Nicolai Hartmann. Ersterer unterschied in *„Phänomenologie des Geistes"* den subjektiven, objektiven und absoluten Geist (Hegel 1986). Unter objektivem Geist verstand er Sitten, Traditionen, Sprache und Brauchtum, mithin den Zeitgeist einer Gesellschaft, darüber hinaus aber auch Kunst, Wissenschaft und Philosophie. Hartmann übernahm in seinen Texten von Hegel den Begriff des objektiven Geistes als Bezeichnung für den Zeitgeist; die Schöpfungen und Resultate von Wissenschaft, Kunst und Philosophie benannte er als objektivierten Geist (Hartmann 1962).

Letztere ermöglichen der Person den Umgang mit überpersönlichen Partikeln von Wahrheit, die sich im Laufe von Jahrhunderten bewährt und über Generationen tradiert haben. Die Geistes- und Kulturgeschichte besteht aus einem dauernden Prozess von Neuentdeckung und Kritik angeblicher oder tatsächlicher Wahrheiten, wobei man im Sinne von Sir Karl Popper besser von einer Entwicklung sprechen sollte, bei der größere durch kleinere Irrtümer ersetzt werden (Popper 1973). Individueller und kollektiver Fortschritt bedeutet, sich von tradierten Irrtümern (Denkhemmungen, Vorurteilen, Aberglauben, Fehlmeinungen) zu emanzipieren und für sich wie für die Mitmenschen Wege der Freiheit, Aufklärung und Vernunft zu suchen. Im günstigen Fall führt dies zur Reduktion von Selbstentfremdung beim Einzelnen wie auch bei Sozietäten.

Derartige Emanzipationsprozesse gelingen nur innerhalb und in enger Tuchfühlung mit der Kultur. Es gibt keinen Standort außerhalb der Geistesgeschichte, von dem aus emotionale und intellektuelle Qualitäten entwickelt werden könnten, die für eine kritische Auseinandersetzung mit Zeitgeist und Kultur unabdingbar sind. Außerdem verhindern übergroße Privatlogik (Alfred Adler), Ichbezogenheit (Narzissmus) und affektive Voreingenommenheit (zum Beispiel Ressentiment oder Blasiertheit) eine effektive Assimilation von kulturell Wertvollem oder eine nachhaltige Distanzierung von kulturell Fragwürdigem.

Person und Personalität – in den Worten Hegels der subjektive und in der Terminologie Hartmanns der personale Geist – entstehen und stabilisieren sich mittels kontinuierlicher Teilhabe am objektiven und objektivierten Geist, wobei Hegel wie Hartmann unter Teilhabe sowohl die Aufnahme als auch die Weitergabe und partielle Neuformulierung des objektiven und objektivierten Geistes verstanden wissen wollten. Wir ergänzen, dass diese Teilhabe erfolgreich nur zwischen den Polen von Hingabe und Revolte, Bejahung und Verneinung erfolgt.

13. Personalität und Kulturkritik

In den 20er Jahren des letzten Jahrhunderts hat Bertolt Brecht zwei Theaterstücke verfasst, die vom Titel her aufeinander bezogen sind: *„Der Jasager"* und *„Der Neinsager"* (Brecht 1978). Als dialektisch geschulter Autor wusste Brecht, dass in ein und demselben Menschen stets Teil und Gegenteil, These und Antithese vorhanden sind, und dass man dem Einzelnen wie den Kollektiven, Gesellschaften und ihren geschichtlichen Entwicklungen nur gerecht wird, wenn man beides, das Ja wie das Nein, berücksichtigt.

Ohne uns auf Finessen der gesellschaftlich-historischen Dialektik einzulassen, übernehmen wir die Brechtsche Terminologie vom Ja- und Neinsager und nutzen sie für unsere Belange. Wie ausgeführt, wächst die Personalität im steten Austausch des Individuums mit seiner kulturellen Welt. Der objektive und objektivierte Geist ist für das Werden und Bestehen einer Person ebenso essentiell wie für den Organismus der Sauerstoff in der Atemluft. Weil jedoch der objektive und objektivierte Geist stets ein Gemisch aus Wertvollem und Wertlosem, Sinnhaftem und Sinnwidrigem darstellt, benötigt der Einzelne im Umgang mit Zeitgeist und Kultur ein hohes Maß an Diskriminierungsvermögen. Dieses setzt soziale, seelische und geistig-intellektuelle Qualitäten bei den Betreffenden voraus; unter anderem zählen folgende polare Eigenschaften dazu:

Hingabe an geeignete Lehrer, Erzieher und Mentoren, um die Masse kulturellen Stoffs überhaupt lernen und aufnehmen zu können, versus Selbständigkeit und autonome Urteilskraft, um sich gegebenenfalls von unpassenden oder sinnwidrigen Inhalten distanzieren zu können; Enthusiasmus und Idealismus hinsichtlich des Wertvollen versus Empörung und Revolte in Bezug auf das Wertlose und das Wertvolle Destruierende; Mut, Ausdauer und Geduld, um das als wertvoll Erkannte in die spröde Wirklichkeit einzuarbeiten versus Unduldsamkeit und heiliger Zorn, sobald Wertvolles in Gefahr gerät.

Personen zeichnen sich durch die Tugenden der Bejahung und der Verneinung zugleich aus, wobei es wesentlich ist, das Ja und das Nein im Hinblick auf die jeweils passende Thematik und Situation zu formulieren.

Es macht die Lebensklugheit eines Menschen aus, ob er diesbezüglich richtig wählt oder sich große und nachhaltige Irrtümer erlaubt. Letztere minimieren nicht nur das personale Niveau, sondern induzieren eventuell auch Erkrankungen. So zeigen beispielsweise beim Krankheitsbild der *Anorexia nervosa* die Patientinnen in der Regel die Tendenz, Materie, Bios und den eigenen Leib abzuwerten und die Abhängigkeit von ihnen zu negieren. Stattdessen werden geistige Tätigkeiten, der Intellekt und das eigene Bewusstsein überbewertet und als autonom gesetzt. Unter den Kriterien von Bejahung und Verneinung würde man von einer massiven und folgenschweren Fehleinschätzung sprechen, die in fast zehn Prozent der Fälle tödliche Konsequenzen nach sich zieht.

Aus solchen Überlegungen erwachsen einer personalen Heilkunde Aufgaben in Bezug auf Prävention, Prophylaxe und Rehabilitation von Erkrankungen. Nicht wenige Krankheiten entstehen auf dem Boden einer unkritischen Übernahme von Zeitgeist-bedingten kollektiven Forderungen und Vorstellungen durch den Einzelnen, beispielsweise hinsichtlich seiner Gestaltung von Arbeit, Freizeit und Privatleben. Der Zuwachs an Burnout- und Depressionspatienten in der westlichen Welt während der letzten Jahrzehnte ist unter anderem diesem Zusammenhang geschuldet.

Will man verhindern, dass zukünftig noch mehr Menschen von solchen Erkrankungen betroffen sind, oder will man den schon Erkrankten Möglichkeiten einer umfänglichen Rehabilitation eröffnen, reicht es nicht hin, wohlfeile Ratschläge bezüglich einiger Entspannungstechniken zu erteilen. Die personale Medizin versteht sich vielmehr als eine Heilkunde, die neben biomedizinischer und psychosozialer Diagnostik und Therapie die Aufklärung von Menschen und damit ihre Fähigkeit zu Kulturanalyse und Kulturkritik als eines ihrer Ziele ansieht.

14. Person als Animal symbolicum

Ernst Cassirer wurde in der ersten Hälfte des 20. Jahrhunderts mit seiner Beschreibung des Menschen als einem *animal symbolicum* bekannt (Cassirer 1990). Er wollte damit ausdrücken, dass eine spezifische Qualität des Menschen darin besteht, Symbole zu schaffen, zu verstehen und zu verändern, was schließlich zur Entwicklung der Kulturen geführt hat. Als einen exquisiten Bereich der Symbole stellte Cassirer die menschliche Sprache heraus, wobei er betonte, dass sie bei Einzelnen wie bei Kulturen unterschiedliche Grade an Abstraktheit, Komplexität und Ausdruckskraft aufweist. Die sprachliche Kompetenz eines Menschen entscheidet mit darüber, inwiefern er sich in seiner kulturellen und mitmenschlichen Welt zurechtfindet und sich darin heimisch fühlt.

Die Sprache ist das Haus des Seins, meinte Martin Heidegger. Ein heimatliches Empfinden können Menschen dabei nur entwickeln, wenn sie über ausreichende Fähigkeiten zum Symbolgebrauch verfügen, wobei hier nicht nur intellektuelle, sondern ebenso emotionale und soziale Aspekte zu berücksichtigen sind. Wer Person werden und sich in der Sprache zuhause fühlen will, kann dies nur, wenn sowohl die Kultur und soziale Mitwelt um ihn her wie auch er selbst die Symbole ernsthaft, authentisch, umsichtig und mit Bedacht gebraucht.

Seit Jahren kennen wir das Schlagwort der sprechenden Medizin (Kalitzkus et al. 2009), das besagen soll, dass neben apparativen und technischen Formen des Zugangs zum Patienten auch der interpersonellen Beziehung und der Sprache ein Stellenwert zuerkannt wird (Greenhalgh & Hurwitz 1998). Dies kann jedoch nur im Sinne einer personalen Medizin genutzt werden, wenn es sich nicht um bloßes Gerede, sondern um Sprache und Rede im Sinne von Daseinsmitteilung, Daseinseinigung und Daseinsmehrung handelt. Diese Termini verwendete der Daseinsanalytiker und Psychosomatiker Medard Boss, um das Wesen der menschlichen Sexualität zu beschreiben (Boss 1984). Mit gutem Recht weiten wir seine Beschreibung auf die menschliche Sprache und damit auf die soziale Ausrichtung des Menschen aus und behaupten, dass man nur unter dieser Zielsetzung der Bedeutung der Sprache als einem das personale Niveau stabilisierenden Faktor gerecht wird. Überträgt man diesen Gedanken auf die Medizin, bedeutet dies hohe Anforderungen an das gesprochene Wort. Sprache wird weit über den üblichen Smalltalk hinaus zum Ausdruck existentieller und situativer Verflochtenheit von zwei oder mehr Personen sowie zu einer Art Medikament, das zwar beileibe nicht immer heilt, immerhin aber zu trösten vermag (siehe Balint 1980).

Literatur

Adler A. 1989. *Der Sinn des Lebens (1933)*. Fischer Taschenbuch Verlag, Frankfurt am Main.

Angelus Silesius. 2002. Der cherubinische Wandersmann (1675). *In:* Held HL (Hrsg). *Gesammelte Werke*. Fourier, Wiesbaden.

Antonovsky A. 1997. *Salutogenese – Zur Entmystifizierung der Gesundheit (1987)*. DGVT, Tübingen.

Balint M. 1980. *Der Arzt, sein Patient und die Krankheit (1950)*. Klett, Stuttgart.

Bergson H. 1991. *Materie und Gedächtnis (1896)*. Meiner Verlag, Hamburg.

Bieri P. 1986. Zeiterfahrung und Personalität. *In*: Burger H (Hrsg). *Zeit, Natur und Mensch*. Berlin-Verlag Spitz, Berlin.

Binswanger L. 1994. Melancholie und Manie (1960). *In:* Binswanger L. *Ausgewählte Werke Band 4. Der Mensch in der Psychiatrie*. Asanger, Heidelberg.

Boss M. 1984. *Sinn und Gehalt der sexuellen Perversionen – Ein daseinsanalytischer Beitrag zur Psychopathologie des Phänomens der Liebe (1947)*. Fischer, Frankfurt am Main.

Brecht B. 1978. *Der Jasager. Der Neinsager (1930)*. Suhrkamp, Frankfurt am Main.

Buber M. 1964. *Das dialogische Prinzip (1954)*. Schneider, Heidelberg.

Cassirer E. 1990. *Versuch über den Menschen (1944)*. Fischer, Frankfurt am Main.

Danzer G. 2011. *Wer sind wir? Anthropologie im 20. Jahrhundert – Ideen und Theorien für die Formel des Menschen*. Springer, Heidelberg.

Danzer G. 2013. *Personale Medizin*. Hans Huber, Bern.

Frankl VE. 1990. Homo patiens – Versuch einer Pathodizee (1950). *In:* Frankl VE. *Der leidende Mensch – Anthropologische Grundlagen der Psychotherapie*. Pieper, München.

Gallagher S. 2005. *How the Body shapes the Mind*. Oxford University Press, New York.

von Gebsattel VE. 1960. Störungen des Werdens und des Zeiterlebens im Rahmen psychiatrischer Erkrankungen. *In:* von Gebsattel VE. *Prolegomena einer medizinischen Anthropologie*. Springer, Berlin.

Greenhalgh T, Hurwitz B (Hrsg). 1998. *Narrative based Medicine – Dialogue and Discourse in Clinical Practice*. BMJ Books, London.

Hartmann N. 1962. *Das Problem des geistigen Seins (1933)*. De Gruyter, Berlin.

Hegel GWF. 1986. *Phänomenologie des Geistes (1807)*. Suhrkamp, Frankfurt am Main.

Heidegger M. 1986. *Sein und Zeit (1927)*. Max Niemeyer, Tübingen.

Holt-Lunstad J, Smith TB, Layton JB. 2010. Social Relationship and Mortality Risk – A Meta-analytic Review. *PLoS Medicine 7*.

Huizinga J. 1987. *Homo ludens – Vom Ursprung der Kultur im Spiel (1938)*. Rowohlt, Reinbek bei Hamburg.

Kalitzkus V, Wilm S, Matthiessen PF. 2009. Narrative Medizin – Was ist es, was bringt es, wie setzt man es um? *Zeitschrift für Allgemeinmedizin 85(2)*: 16-22.

Krois JM (Hrsg). 2007. *Embodiment in Cognition and Culture*. John Benjamins Publishing, Amsterdam.

Merleau-Ponty M. 1966. *Phänomenologie der Wahrnehmung (1945)*. De Gruyter, Berlin.

Merleau-Ponty M. 1986. *Das Sichtbare und das Unsichtbare (1964)*. Fink, München.

Nietzsche F. 1988. Vom Nutzen und Nachteil der Historie für das Leben (1872). *In: KSA 1*. München, Berlin.

Plessner H. 1975. *Die Stufen des Organischen und der Mensch (1928)*. De Gruyter, Berlin.

Popper K. 1973. *Objektive Erkenntnis – Ein evolutionärer Entwurf (1972)*. Hoffmann und Campe, Hamburg.

Rüegg JC. 2010. *Mind & Body – Wie unser Gehirn die Gesundheit beeinflusst*. Schattauer, Stuttgart.

Sartre J-P. 1968. Ist der Existentialismus ein Humanismus? (1946). *In*: Sartre J-P. *Drei Essays*, S. 17. Ullstein, Frankfurt am Main, Berlin.

Scheler M. 1985. *Wesen und Formen der Sympathie (1913)*. Bouvier Verlag, Bonn.

Schiller F. 1981. Wallensteins Tod (1799). *In:* Schiller F. *Sämtliche Werke Band II*, S. 472. Wissenschaftliche Buchgesellschaft, Darmstadt.

Schiller F. 1993. Über die ästhetische Erziehung des Menschen in einer Reihe von Briefen (1793/94). *In:* Schiller F. *Sämtliche Werke V*, S. 618. Wissenschaftliche Buchgesellschaft, Darmstadt.

Schmitz H. 2005. *System der Philosophie, Bd.4: Die Person (1980)*. Bouvier Verlag, Bonn.

Siebeck R. 1983. *Medizin in Bewegung – Klinische Erkenntnisse und ärztliche Aufgabe (1949)*. Georg Thieme Verlag, Stuttgart.

Straus E. 1960. Das Zeiterlebnis in der endogenen Depression und in der psychopathischen Verstimmung (1928). *In:* Straus E. *Psychologie der menschlichen Welt*. Springer, Berlin.

Sullivan HS. 1980. *Die interpersonelle Theorie der Psychiatrie (1953)*. Fischer, Frankfurt am Main.

von Weizsäcker V. 1986. Körpergeschehen und Neurose (1947). *In: Gesammelte Schriften 6*. Suhrkamp, Frankfurt am Main.

Individualität und Kreativität

Johannes M. Weinzirl

Angesprochen

Angesprochen werden soll in diesem Kurzbeitrag ein Dreifaches: Die menschliche Individualität ist Kunstwerk der Natur, ist Gebilde der Kultur, und sie ist selbst Künstlerin und Künstler – ein einzigartiger Kreuzungspunkt dreier kreativer Ströme. Ihren leiblichen Werkstoff erhält sie aus der Natur – im fernen Sinne durch die Evolution erstanden, im näheren Sinne durch ihre Eltern vererbt, in kontinuierlichem Sinne durch die Ernährung erhalten – und repräsentiert damit ein Allgemeines in besonderer Form. Ihre seelische Konstitution bildet sie in und an der Gemeinschaft – an der Konstellation des familiär-freundschaftlich-beruflichen Umkreises, als Spiegel des gesellschaftlichen Kulturlebens – und reflektiert dabei Charakteristisches in persönlicher Stimmung. Indem der Mensch aus sich selbst heraus tätig wird, ergreift er als geistige Individualität diese beiden ihn prägenden Schicksals- und Erscheinungsbedingungen zum Leben. Drei Fragen werden einen solchen sich individualisierenden Lebenskünstler zunächst bewegen: Bedeutet individuell sein, anders sein? Bedeutet individuell sein, genial sein? Bedeutet individuell sein, tätig sein? Und wofür?

„Plastizieren Sie eine Kugel und vollziehen Sie eine individuelle Veränderung" – Mit allen Anwesenden beim dritten Wittener Kolloquium wurde eine künstlerische Übung mit Ton durchgeführt. Die zwischen Individualität, Stoff und Gemeinschaft entstandenen Kunstwerke führten in der Reflexion zu obigen drei Fragen zur Crux des Vergleichs, Crux des Perfektionismus und Crux des eigenen Wollens.
Sie seien in dieser Form mit in diesen Kolloquienband aufgenommen.

Entwicklung und Gefährdung der menschlichen Individualität im Kindesalter[1]

Michaela Glöckler

*Wir empfangen mit jedem Kinde
eine Botschaft aus der geistigen Welt über Dinge,
die wir nicht mehr miterlebt haben.*
Rudolf Steiner[2]

1. Wer ist ein Kind? Wie ist die kindliche Entwicklung definiert?

Nach deutschem Recht ist Kind, wer noch nicht 14 Jahre und Jugendlicher, wer 14, aber noch nicht 18 Jahre alt ist (§1 Jugendschutzgesetz). Als Entwicklungsabschnitte werden unterschieden:

- Neugeborenes: bis 28. Lebenstag
- Säuglingsalter: 1. Lebensjahr
- Kleinkindalter: 2. + 3. Lebensjahr
- frühe Kindheit: 4. – 6. Lebensjahr
- mittlere Kindheit: 7. – 10. Lebensjahr
- späte Kindheit: 11. – 14. Lebensjahr
- Daraufhin folgt die Phase der Adoleszenz.

Eine pädiatrische Definition von kindlicher Entwicklung findet sich bei Koletzko so: „Die Entwicklung des Kindes beinhaltet zum einen die Reifung von Körper und Geist in einem bestimmten Zeitraum – als auch das Erweitern von Fähigkeiten, welche bereits durch genetische Anlagen vorhanden sind und durch die Umwelt des Kindes beeinflusst werden können" (Koletzko 2013). Das deterministisch-hierarchische Entwicklungskonzept des 19. und beginnenden 20. Jahrhunderts, bei dem Lernen, Erfahrung und Umwelt nur eine geringe Rolle spielten, weicht dem heutigen zunehmend entwicklungsoffenen Paradigma der Grenz- bzw. Meilensteine, die den Verlauf der Entwicklung kennzeichnen. Schon die unbefangene Beobachtung zeigt, dass ein Kind individuell und adaptiv auf Umweltbedingungen und soziale Bindungskonditionen antwortet. Es zeigt aber auch, in wie hohem Maß die Individualität des Kindes selber dabei prägend beteiligt ist. Spätestens seit dem Bestseller aus den 1990er Jahren,

---

[1] Von der Autorin und ihrer wissenschaftlichen Mitarbeiterin Dagmar Brauer bearbeiteter Vortrag.
[2] Steiner R. 1975. *Konferenzen mit den Lehrern der Freien Waldorfschule in Stuttgart*, S. 167. GA 300a. Rudolf Steiner Verlag, Dornach.

den der Verhaltensgenetiker Robert Plomin zusammen mit der Verhaltenspsychologin Judy Dunn schrieb, ist auch einem breiteren Publikum bekannt, „warum Geschwister so verschieden sind" (Dunn & Plomin 1996). Sie sind es deshalb, weil jedes Kind eine Individualität ist. Denn aufgrund von Erbgut und Milieu müssten sich leibliche Geschwister sehr ähnlich sein, da sie im selben Milieu und aus demselben Genpool heraus aufwachsen. Dies aber ist nachweislich nicht der Fall, wie ja auch die Erfahrungen selbst mit eineiigen Zwillingen zeigen, die trotz großer äußerer Ähnlichkeit sehr wesensverschieden sein können. So bestimmt ein hoch individueller „Mix" aus Genetik, Umwelterfahrung und individuellem Lernvermögen die kindliche Entwicklung, was deren Beurteilung komplex und vielschichtig macht. Mit dem Prinzip der Entwicklungs-, Grenz- bzw. Meilensteine jedoch und über die Identifizierung definierter durchschnittlicher Entwicklungsziele zu einem bestimmten Lebensalter gelingt es, die „Normalität" einer individuellen Entwicklung eines Kindes festzustellen. Variante Entwicklungsverläufe sind hierbei jedoch nicht per se auffällig oder pathologisch, sondern gehören prinzipiell zu einer normalen Entwicklung (Michaelis et al. 2013).

Diese Einschätzung deckt sich weitgehend auch mit dem anthroposophischen Entwicklungskonzept, wie es in der Waldorferziehung und der anthroposophischen Psychologie und Medizin gehandhabt wird; nur dass bei diesem das Augenmerk primär auf die sich verkörpernde geistige Individualität gerichtet ist. Es interessiert, wie sich jedes Kind ganz individuell mit seiner genetischen Veranlagung und seinem Milieu auseinandersetzt. Eltern und Erziehern kommt die Aufgabe zu, wahrzunehmen, was das Kind in den Etappen seiner Entwicklungszeit jeweils braucht und lernen kann und will. Dabei gilt die von Rudolf Steiner charakterisierte Grundhaltung, „Erziehung" als vom Kind aktiv provozierten und gesteuerten Lernprozess zu betrachten, den der Erwachsene zwar unterstützen und fördern kann, jedoch nicht konditionierend beeinflussen sollte. Das heißt, je besser dies verstanden und je konsequenter es umgesetzt werden kann, umso selbstbestimmter und „authentischer" kann sich das Kind entwickeln und seine „Meilensteine" erreichen (siehe auch Selg 2011b).

2. Kinderkrankheiten und ihre epigenetische Einflussnahme auf die körperliche und seelisch-geistige Reifung

Rudolf Steiner erkannte sehr früh aufgrund seiner Goethe-Studien 1884 bis 1897 (Steiner 1987, GA 1) die Einseitigkeiten des vorherrschenden, deterministischen Paradigmas der Genetik. Er betonte Zeit seines Lebens, dass das Erbgut ein offenes, lernfähiges System sei, wobei er Lernen im Sinne der sich inkarnierenden Individualität als deren

Eigenaktivität verstand, ihre Auseinandersetzung mit dem eigenen Körper und dessen Umgebung:

> „Sehen Sie, in diesem Lebensalter haben wir also eine ganz besondere Art von Gesetzmäßigkeit in alledem, was im Kinde wirkt, in all der Ungeschicklichkeit, in all der Unorientiertheit, mit denen das Kind seelisch tätig ist, mit denen das Kind sich bewegt, die davon herrühren, dass ein fortwährendes Anpassen stattfinden muss an die physische Welt, da noch halb unbewusst traumhaft um das Kind herum diejenige Welt ist, in der das Kind eigentlich noch darinnen steckt, die geistige Welt. Man wird einmal, wenn die Medizin ihre richtige Spiritualität erlangt haben wird, in diesem Einander-Suchen der geistigen und physischen Welt in den ersten sieben Lebensjahren, die wahren tieferen Ursachen der Kinderkrankheiten sehen." (Steiner 1994, GA 318, S. 53)

und:

> „Man hat es zu tun in dieser ersten Lebenszeit des Menschen mit einem fortwährenden Kampf desjenigen, was von uns aus dem vorigen Leben kommt und demjenigen, was aus der Vererbungsentwicklung kommt. Das kämpft miteinander. Der Ausdruck dieses Kampfes sind die Kinderkrankheiten." (Steiner 1987, GA 316, S. 149)

Krankheiten werden in diesem Kontext zu Anpassungskrisen im Inkarnationsgeschehen (Goebel & Glöckler 2013, S. 23-271). Auch im späteren Leben sind Krankheiten immer auch Ausdruck von Anpassungs- und Entwicklungskrisen:

> „Wir Menschen müssen die Möglichkeit haben, nicht stehen zu bleiben. Entwicklungsfähig könnten wir nicht sein, wenn wir nicht aufgerufen würden, Neues zu bilden auf Grundlage des Zerstörten. Das heißt, wir müssen in uns Krankheit und Todesmöglichkeit tragen, damit wir in uns entwickeln können die fortbildenden Kräfte." (Steiner 1992, GA 196, S. 35)

Heute ist bekannt, dass selbst die Gene im Sinne offener Systeme funktionieren und nicht so stabil und unveränderlich arbeiten, wie man dies noch im 19. und bis in die 50er Jahre des 20. Jahrhunderts geglaubt hat (siehe auch Heusser 2010, S. 75 ff). Es wurde auch entdeckt, inwiefern die Qualität des Erbgutes positiv und negativ im Hinblick auf die Weitergabe an die nächste Generation beeinflusst werden kann. So hat man viele teratogene, d.h. erbgutschädigende, Substanzen und Medikamente gefunden und ihre Wirkungen untersucht. Es ist nachgewiesen, in wie hohem Maße z.B. Alkoholkonsum der Mutter oder das Zigarettenrauchen des Vaters degenerative Prozesse des Erbgutes fördern, aber auch psychische Faktoren wie negative Emotionen und Stress. Durch die umfangreichen Erhebungen im Rahmen der Bindungs- und Erziehungsforschung wurde evident, wie sehr die Qualität menschlicher Beziehungen die Entwicklung des Kindes beeinflusst – ganz gleich, ob es sich um Eltern, Nachbarn, Menschen aus dem Bekanntenkreis oder aber Erzieher, Pädagogen und Ärzte handelt. Entscheidend ist, ob ein Kind sich von dem betreffenden Menschen angenommen und in seiner Persönlichkeit verstanden und unterstützt fühlt (Opp & Fingerle 2008). Ist dies der Fall, so fällt es dem Kind leichter, seinen Körper seelisch zu durchdringen und sich durch ihn zu äußern, sich anzupassen und zu lernen.

3. Grundlagen einer entwicklungsorientierten Pädagogik und Medizin

Bei allem, was vom Säuglingsalter an durch die Wachstums- und Entwicklungsperiode mit Kindern und Jugendlichen geschieht, gilt es zu fragen: *Welchen Einfluss hat dies auf die körperliche Entwicklung? Fördert sie Wachstum und Reifung der Vorgänge, die gerade in diesem Lebensalter an der Reihe sind, oder behindert sie diese?*

Um diese Fragen altersentsprechend beantworten zu können, bedarf es einer Übersicht über die wesentlichen Reifungsschritte der körperlichen Entwicklung.

Abbildung 1 zeigt zum einen die wichtigsten anatomisch-physiologischen Reifephasen des menschlichen Körpers parallel zur Entwicklung des Denkens. Zum anderen zeigt sie die Phasen der Involution und des Alterns im letzten Lebensdrittel.

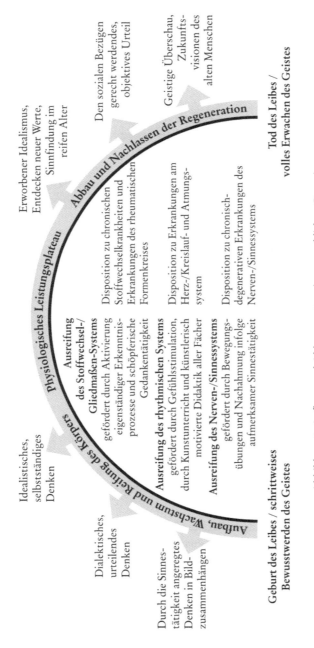

Abbildung 1: Aufbau- und Abbauvorgänge im menschlichen Organismus und die ihnen entsprechenden Reifungsschritte des Gedankenlebens auf der Grundlage anthroposophischer Menschenerkenntnis (mit freundlicher Genehmigung aus Goebel & Glöckler 2013, S. 452).

Nach der Geburt steht zunächst die Entwicklung des Nervensystems im Vordergrund. Dann folgen die Organe der rhythmischen Funktionsordnung und schließlich die volle Ausreifung von Skelett und Stoffwechselorganen. Es ist interessant, wie klar dabei die drei funktionellen Hauptsysteme[3] (Nerven/Sinnessystem, Rhythmische Funktions- und Verteilungssysteme und das Stoffwechsel/Gliedmaßensystem) nicht gleichzeitig, sondern in typischer zeitlicher Abfolge nacheinander zur Ausreifung kommen:

- Die Ausreifung der Sinnesfunktionen und etwa 90% der Kapazitäten des Zentralnervensystems erreichen bereits in den ersten neun Lebensjahren die volle Funktionstüchtigkeit
- Entwicklung und Stabilisierung der biologischen Rhythmen einschließlich der Ausreifung der Frequenzabstimmung zwischen Atem- und Herzrhythmus sind im Alter von 15-16 Lebensjahren abgeschlossen.
- Die Reifung des Skelettsystems zur Erwachsenenform und die Stabilisierung der Stoffwechselvorgänge und des Hormonhaushaltes dauern bis zum 20./23. Lebensjahr (Rohen & Lütjen-Drecoll 2006).

In der zweiten Lebenshälfte bilden sich diese drei Organsysteme jedoch in umgekehrter Reihenfolge zurück, begleitet vom Auftreten leichterer Degenerationserscheinungen bis hin zur Manifestation typischer chronischer Krankheiten im Bereich dieser Organsysteme:

- Zwischen 40 und 50 Jahren tritt bei der Frau in der Regel die Menopause ein, unter Umständen auch begleitet vom Erstauftreten chronischer Erkrankungen des rheumatischen Formenkreises, Gallenstein-Beschwerden, metabolischem Syndrom, gefolgt von Diabetes Typ 2.
- Zwischen 50 und 60 Jahren gilt dies für das Auftreten von Bluthochdruck, Herzrhythmusstörungen, Chronifizierung von Lungenerkrankungen.
- Zwischen 60 und 70 Jahren sind es Degenerationserscheinungen an den Sinnesorganen und am Zentralnervensystem, deren Beginn im Vordergrund steht.

Menschliche Entwicklung vollzieht sich also nicht linear, sondern spiegelbildlich an der biologischen Lebensmitte. Daraus lässt sich ersehen, dass die Art und Weise, wie die Entwicklung durch Kindheit und Jugend sich vollzogen hat, disponierend ist für den Schweregrad der Ausprägung chronischer Erkrankungen und Verschleißerscheinungen im Alter (siehe auch Committee on Psychosocial Aspects of Child and Family Health et

---

[3] Vergleiche zu dieser funktionellen Dreigliederung des Organismus wie folgt: Rohen & Lütjen-Drecoll 2006, Selg 2006.

al. 2012 und Shonkoff et al. 2012). So gesehen sind primäre Prävention und Krankheitsvorbeugung in allererster Linie eine Erziehungsfrage – und die pädagogische Frage in großem Umfang eine „altersmedizinische" Frage. „Inkarnation" und „Exkarnation" entsprechen einander.

4. Konsequenzen für die Entwicklung

Vorschulzeit und erste Schuljahre bis zum ca. 9. Lebensjahr

Differenziertes Ausreifen des Nervensystems und der sensomotorischen Koordination (d.h. die Verknüpfung von Sinnesfunktionen mit der muskulären Tätigkeit) brauchen vielseitiges Üben und Betätigen. Koordinierte körperliche Bewegung und Freude am Entdecken der Sinneswelt – mit Hilfe *aller Sinne* – ist die natürliche Begabung der Kinder dieses Alters. Sie wissen instinktiv, dass ihnen das gut tut. So gilt es, Bewegungs- und Spielräume zu schaffen, in denen sie sich geschickt und altersentsprechend bewegen und betätigen können. Diesem Prinzip folgt der Waldorflehrplan von der Kinderkrippe an bis zum 9. Lebensjahr konsequent. In jedem Unterricht ist das Bewegungselement in irgendeiner Weise integriert, nicht nur in den sogenannten Bewegungsfächern, deren Lehrplan insbesondere sensomotorisch wertvoll veranlagt ist. Denn alle Bewegungen – einschließlich dem kindgerechten Spiel- und Turnunterricht – werden in diesem Alter noch engstens verknüpft mit Sinneserlebnissen praktiziert und oft begleitet durch musikalisch-rhythmische Übungen in Form von Sing-, Sprach- und Bewegungsspielen. Durch die musikalisch-rhythmischen Tätigkeiten wird auch die zur Sozialisation notwendige Fähigkeit des Zuhörens mit veranlagt.

Auch sind es ausschließlich entwicklungsphysiologische und psychologische Gründe, die ein striktes PC- und Multimediaverbot für Kindergärten und Grundschulen zum Ideal der Waldorferziehung machen. Was jetzt weltweit propagiert wird und einen hohen wirtschaftlichen Gewinn verspricht, „one Laptop per child", um insbesondere Kindern der dritten Welt Anschluss an das digitale Zeitalter zu geben, ist eine gute Idee zum falschen Zeitpunkt. Und zwar nicht nur, weil die sogenannten Entwicklungsländer sauberes Wasser, medizinische Grundversorgung und „richtige Schulen" brauchen, sondern weil jede Stunde vor dem Bildschirm das Aufsteigen eigener, nicht manipulierter innerer Bilder verhindert und die Kinder am in-Bewegung-sein hindert. Die Gehirnaktivität wird dadurch eingeschränkt, die sensomotorische Integration gestört – ganz unabhängig von dem Inhalt der Informationen und dem Problem, diese nicht eigenständig verarbeiten zu können (Spitzer 2012).

Zu empfehlen sind (siehe auch Selg 2011a):

- Anregung von Initiative durch eigenes *Tun* und „Vorbild-Sein".
- Spielmaterial, das die Eigenaktivität fördert: Einfache Gegenstände und Materialien, die der Phantasie Raum lassen und zu vielen Gestaltungsmöglichkeiten anregen.
- Aktivierung und Pflege der Sinne durch entsprechend ausgestattete Spielräume.
- Veranlagen guter Gewohnheiten durch regelmäßiges Tun, kleine Rituale am Morgen, beim Essen, am Abend vor dem Schlafengehen.
- Rhythmische Gestaltung des Tages-, Wochen-, Monats- und Jahreslaufes.
- Momente ungeteilter Aufmerksamkeit für das Kind: z.B. beim Aufstehen und Zubettgehen und dann hin und wieder während des Tages, in denen eine Begegnung, ein Sich-Wahrnehmen stattfinden kann.
- Ein „nonverbaler" Erziehungsstil: Nicht das Wort, sondern die Handlung, das Vorbild zeigt, worum es geht. Nur so erlebt sich das Kind frei gelassen. Denn es ahmt aus *eigenem* Antrieb nach.
- Möglichkeiten, der Natur zu begegnen.
- Vermeiden von Multimedia-Angeboten und technischem Spielzeug, weil sie die Sinnestätigkeit und körperliche Aktivität massiv einschränken.
- Auch wenn der Tag sonst mit vielen Pflichten angespannt verläuft – das Kind im Bewusstsein haben, es „in Gedanken tragen, mitnehmen". Diese innere Tätigkeit hilft, dass der äußere Kontakt beim Wiedersehen schnell wieder da ist. Wichtig ist, Nähe und Zuwendung in der Beziehung zu pflegen und diese nicht abhängig zu machen von Wohlverhalten und schulischer Leistung.
- Lebensfreude und Dankbarkeit zeigen.
- Klare Grenzen setzen und „leben". Das gibt Sicherheit und Orientierung.

In der Schulzeit bis zum 14./15. Lebensjahr

Jetzt wird vor allem wichtig, was Ausbildung und Entwicklung der rhythmischen Funktionen fördert: Das sind Empfindungen und Gefühle. Nie atmen wir tiefer durch, als wenn wir uns wohl fühlen, nie schlägt das Herz gesünder, als wenn sich die Kinder freuen oder mit Eifer tätig sind. Zwischen dem 9. und 15. Lebensjahr zielt die gesamte Pädagogik und Didaktik darauf hin, das prozessual-künstlerische, aber auch ästhetische Element in allen Unterrichtsfächern zu berücksichtigen. Was beim Geräteturnen im Sport exakter und vollendeter Bewegungsablauf ist, den es einzuüben gilt, das sind im Geschichtsunterricht Gespräche und Unterrichtsfragen, in denen Ereignisse von mehreren Seiten so betrachtet werden, dass sich für den Schüler ein sinnvolles Ganzes ergibt, eine Art ästhetischer Zustand, durch den er mit sich und der Welt übereinzustimmen lernt. Im naturwissenschaftlichen Unterricht sind es insbesondere die Experimente: Der Schüler beobachtet exakt und dokumentiert die sich darin zeigenden Gesetzmäßigkeiten übersichtlich und „schön". Er lernt ihren Wirkradius verstehen und sie handhaben. Auch mathematische Gesetze haben ihre Schönheit, weil sie „stimmen" und konstituierend sind, nicht nur in Technik und Wissenschaft, sondern auch im Leben. So werden die Schüler vertraut gemacht mit den Eigentümlichkeiten und „Stimmigkeiten" der Welt und der menschlichen Kultur. Auch in diesen Lebensjahren empfiehlt sich noch Zurückhaltung in Bezug auf die digitale Welt. Nur das sollte an Maschinen delegiert werden, was man im Prinzip auch selbst beherrscht und durchschaut. Selber Kopfrechnen, Theaterspielen, Musizieren, Tanzen, Erlebnisfahrten und Entdeckungen machen, lernen, wie man „live" Beziehungen pflegt – das sollte jetzt im Vordergrund stehen. Was zu Hause oft schon viel zu früh als Konzessionen an die Multimedia-Industrie zugelassen wird, sollte in der Schule umso mehr dazu motivieren, Leben und Realität an die Stelle von Technik und Virtualität zu setzen. Manchmal hilft auch der einfache Gedanke, Eltern und Schüler für diesen „Verzicht auf Zeit" zu mobilisieren, dass die Erfinder der Computer in ihrer eigenen Kindheit ohne diese Spielmöglichkeiten aufgewachsen sind. Um Neues zu finden braucht man Kreativität und nicht Konditionierung.

Zu empfehlen sind:

- Gesprächskultur – das Kind/den Jugendlichen teilnehmen lassen an interessanten Gesprächen Erwachsener. Mit inneren Fragen leben: Wann war unser letztes Gespräch? Wann hatte ich Zeit, Interesse? Habe ich das Anerkennenswerte bemerkt, lobe ich genug oder bringe ich eher zum Ausdruck, was mich stört?
- Moderne Führungsstrukturen sprechen gern von „Fehlerkultur". Wer aus seinen Fehlern lernt, entwickelt sich nachhaltig – entsprechend auch ein Team zusammenarbeitender Menschen. Wie gehe ich mit Fehlern und Fehlverhalten in der Schule um? Wie helfe ich, aus Fehlern zu lernen und diese nicht (nur) schlimm zu finden?
- Klare Führung in Grundsatzfragen im Tagesablauf unter Einbeziehung der Wünsche der Kinder. Verabredungen treffen und klar vereinbaren, wie sie überwacht werden.
- Künstlerische Betätigung, insbesondere das Erlernen eines Musikinstrumentes.
- Kontrollierter Multimediagebrauch und, wo immer möglich, das Aufarbeiten des Gesehenen und Erlebten im Gespräch.

In der Oberstufen-Zeit bis zum 21./22. Lebensjahr

Vom 13., 14., 15. Lebensjahr an bis zum 19., 20., 21. Lebensjahr erhebt sich die Frage, auf welche Weise mit pädagogischen Mitteln unterstützt werden kann, was jetzt physiologisch an Entwicklungsprozessen im Vordergrund steht: Die Ausreifung des Skelettsystems bis zur Erwachsenengröße und die hormonelle Umstellung und Ausreifung des intermediären Stoffwechsels nach der Pubertät. Zunächst könnte man meinen, Stoffwechsel und Skelett brauchen primär körperliche Betätigung – das ist natürlich richtig, jedoch nicht genug. Vielmehr gibt es eine andere Fähigkeit, die kontinuierlich, sozusagen von innen her, den Menschen erwärmt, anregt, aber vor allem auch aufrichtet und erfüllt: Es sind dies zielorientierte Ideen, Interessen, Gesichtspunkte und Motivationen, die befeuern, die begeistern. Man sieht es den Jugendlichen unmittelbar am Gang und Bewegungsspiel an, an der Körperhaltung und Mimik, ob sie Gedanken hegen, durch die sie sich innerlich angeregt, motiviert, „aufgerichtet" fühlen oder ob sie Gedankenöde erleben und infolgedessen Lustlosigkeit und Desinteresse. Die Sprachweisheit bringt dies klar zum Ausdruck, wenn das Wort „Aufrichtigkeit" gerade diese doppelte Bedeutung hat: Einmal „ehrlich, aufrichtig, wahrheitsorientiert" und zum anderen „körperlich aufgerichtet, gerade".

In der Oberstufe tritt jetzt nach den Erziehungsmaximen von Nachahmung und Vorbild, von Stimmigkeit und Schönheit primär die Maxime einer Erziehung zur Freiheit in den Vordergrund. Das bedeutet die Pflege von Gewissensbildung, Verantwortung, Wahrhaftigkeit und damit Autonomie.

Wie muss ich unterrichten, damit der Jugendliche selber zu den Einsichten kommt, die in diesem Unterrichtsfach Sinn machen? Wie schafft man es, dass der Jugendliche nicht nacherzählt, was man selber vorgedacht hat? Dass er die Bequemlichkeit durchschaut, die darin liegt, das als gegeben zu nehmen, was in Schulbüchern und anderen Medien „autoritativ" angeboten wird? Sondern dass man ihm Gesichtspunkte gibt, Bedingungen schildert, anhand derer er selbst die Lösung einer bestimmten Frage herausfinden und seine eigenen Erkenntniskräfte – Beobachtung und Denken – schulen kann?

Zu empfehlen sind:

- Fragekultur entwickeln, zum „selber Denken" anregen.
- Freund und Begleiter sein, Interesse haben für das, was den Jugendlichen interessiert.
- Wachsendes Freiheitsbewusstsein und Selbstständigkeit respektieren, eigene Erwartungen zurückstellen.
- „Familienrat" halten. Verabredungen gemeinsam treffen, deren Erfolg/Misserfolg analysieren und das weitere Vorgehen beraten.

– Sich über das „ganz andere" freuen lernen, verstehen wollen, was den Jugendlichen bewegt.
– Vertrauen riskieren und signalisieren: Ich stehe zu dir – egal was kommt – und bin gespannt, wie *dein* Leben sich entwickeln wird.

Unterricht als Selbstfindungsprozess begreifen, Erziehung in allen Phasen als Selbsterziehung begreifen

Erst *selber* nachahmen, dann *selber* die Stimmigkeit erleben, wenn verschiedene Zusammenhänge und Verständnismöglichkeiten erläutert werden, und schließlich *selber* verstehen, herausfinden, was gefragt ist – das ist der Grundnerv einer entwicklungsphysiologisch basierten Erziehung. Denn so wie das Kind es *selber* ist, welches sich entwickelt, so sollte es auch stets das Erleben haben, dies oder das habe ich *selbst beobachtet, selbst gesehen, selbst gelernt*. „Selbermachen" macht schon dem kleinen Kind weit mehr Freude als alles Mögliche abgenommen zu bekommen von demjenigen, der es „besser" kann. Entwicklungsphysiologische Erziehung regt die Eigentätigkeit an, begreift den Erziehungsauftrag so, wie ihn Rudolf Steiner in seinem Baseler Lehrerkurs charakterisiert:

> „Jede Erziehung ist Selbsterziehung, und wir sind eigentlich als Lehrer und Erzieher nur die Umgebung des sich selbst erziehenden Kindes. Wir müssen die günstigste Umgebung abgeben, damit an uns das Kind sich so erzieht, wie es sich durch sein inneres Schicksal erziehen muss." (Steiner 1991, GA 301)

Wer so zu sich kommt, ist auch im späteren Leben innerlich aktiv genug, um sich nicht zu langweilen. Er kann Technik sinnvoll nutzen, ohne dadurch bequem und unproduktiv-unzufrieden zu werden. Er ist weitgehend geschützt vor dem Abhängig-Werden von Drogen u.a. und hat die Chance, selbstbestimmt zu leben.

5. Bilder und Gesichtspunkte zur Entwicklung der menschlichen Individualität[4]

Im Folgenden sind Bilder zusammengestellt, die die Gestaltungskräfte des kindlichen Organismus nicht nur in ihrer Komplexität, sondern auch in ihrer Ganzheitlichkeit und Ästhetik andeuten.

---

[4] Siehe auch: Glöckler 2006, S. 25-32.

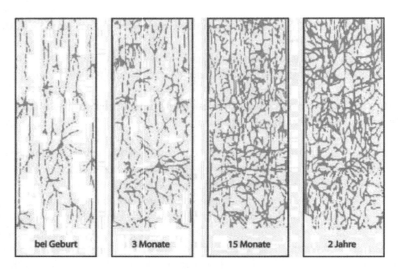

Abbildung 2: Mikroskopische Darstellung der Entwicklung im menschlichen Gehirn: Sprossung und Vernetzung von Nervensträngen von einem Neuron zum anderen.

Diese vier Abbildungen der Entwicklung neuronaler Verschaltungen zeigen die Dramatik, Komplexität und Gleichzeitigkeit auf, mit der das Gehirnwachstum gerade in den ersten Lebensjahren vonstatten geht. Sie verdeutlichen, wie sensitiv, bildsam und koordiniert diese Strukturierungsvorgänge ablaufen. Dabei sind Bewegungen der Motor der Hirnreifung und zugleich ihr Ergebnis. Die intrauterinen Bewegungen – „general movements" – bereiten erste synaptische Verbindungen im Großhirn vor. Bei der Geburt sind fast alle Nervenzellen gebildet. Es sind jedoch nur wenige synaptische Verbindungen im Großhirn vorhanden, welche die bewussten Handlungen repräsentieren. Dies ändert sich in den ersten zwei Lebensjahren, in denen ein rasanter Zuwachs der Verbindungen zu verzeichnen ist. Durch wiederkehrende Reize und vor allem durch sich wiederholende intentionale Bewegungen und sensorische Aktivitäten werden diese Verbindungen geschaffen. Je ausgereifter das Gehirn, desto koordinierter und komplexer sind die motorischen Muster – und umgekehrt. Auch im weiteren Leben findet ein ständiger Abbau alter neuronaler Verbindungen und Bildung neuer neuronaler Verbindungen statt. Die Gehirnreifung und -entwicklung ist ein getreuer Spiegel der komplexen Beziehungsgestaltung des Heranwachsenden und erwachsenen Menschen mit seiner Umwelt. Daher gab der bekannte Heidelberger Psychiater und Philosoph Thomas Fuchs seinem Standardwerk zur Entwicklungsforschung des Gehirns den Titel: „Das Gehirn als Beziehungsorgan". Im Folgenden seien einige Zitate zu dieser Thematik – nicht nur von *Thomas Fuchs* – hier zusammengestellt:

> „Das Leben, das Bewusstsein, der Geist selbst sind der Grund unseres Wahrnehmens und Erkennens, die Medien, in denen wir uns dabei bewegen, und können daher nie vollständig zu Gegenständen des Erkennens werden. Wir können immer nur die Bedingungen dafür angeben, dass ein Mensch lebt, fühlt und denkt – und wir können es nachvollziehen, insofern wir selbst lebende Wesen sind. Doch ebenso wenig wie wir mit der vollständigen Entschlüsselung des Genoms das Lebendige erklärt haben, wird die vollständige Kenntnis der Gehirnfunktionen den Geist erklären – sie trifft ihn dort gar nicht an. Leben und Geist entziehen sich der naturwissenschaftlichen Erkenntnisform." (Fuchs 2010, S. 296)

Hans-Georg Gadamer hat in Bearbeitung von Heidegger geschrieben, „dass Verstehen nicht eine unter den Verhaltensweisen des Subjekts, sondern die Seinsweise des Daseins selber ist." Der Mensch ist auf Verstehen angelegt und sein ganzes Leben besteht darin, dass er versucht, die Welt und sich selbst zu verstehen (Gadamer 2010).

Hartwig Volbehr:

> „Mit den Sinnesorganen nehmen wir die Dinge der Welt wahr. Sie sind ein Empfänger für die manifeste, materielle Sinnenwelt. Mit dem Gehirn nehmen wir die Ideen und das Denken wahr. Es ist, so gesehen, ein Empfänger für die immaterielle, geistige Welt. Bei den Sinnesorganen kennen wir den Sender, also den Gegenstand, von dem ein Sinnesreiz ausgeht. Beim Empfangsorgan Gehirn hingegen kennen wir in der Regel weder den Sender noch die Energie, welche dieser Übertragung zugrunde liegt." (Volbehr 2014, S. 121-122)

Rudolf Steiner:

> „Im Gehirn ist das Ich als geistige Wesenheit tätig. Seine Form bildende, ins Physische hinein wirkende Kraft wird aber da ganz vom ätherischen Organisieren, ja von den Eigenkräften des Physischen überwältigt. Dem Gehirn liegt die organisierende Kraft des Ich nur leise zugrunde; sie geht im Lebendigen und in den physischen Eigenwirkungen unter. Gerade das ist der Grund, warum das Gehirn der Träger der geistigen Ich-Wirkung ist, dass die organisch-physische Betätigung da von der Ich-Organisation nicht in Anspruch genommen wird, diese daher als solche völlig frei sich betätigen kann." (Steiner 1991, GA 27, S. 43)

> „Es handelt sich also darum, dass der passiv gewordene Verstand unseres intellektualistischen Zeitalters aktiv wird. Geisteswissenschaft selber ist ein innerliches Tun, insofern man sich mit einer Vorstellungswelt beschäftigt, und unterscheidet sich dadurch radikal von dem, was man heute gewöhnt ist. Sehen Sie, auf diese innerliche Selbsterziehung kommt ungeheuer viel an. (…) Dadurch aber wird die ganze Geistes- und Seelenverfassung des Menschen eine andere." (Steiner 1991, GA 301, S. 63)

Es sind aber noch andere Beziehungen evident als die neuronal vermittelten. Sie wurden im anthroposophischen Kontext insbesondere von Rudolf Steiner und Naturwissenschaftlern wie Hermann Poppelbaum, Friedrich Kipp und Wolfgang Schad untersucht: Die Beziehungen zwischen der Entwicklung der Wirbeltiere und dem Menschen (Poppelbaum 1975, Kipp 1991, Schad 2012). Während die darwinistische Theorie sich durchgesetzt hat, „dass der Mensch vom Affen abstammt", zeigen die Phänomene der tatsächlich sich vollziehenden embryonalen Reifung und nachgeburtlichen Entwicklung das Gegenteil auf.

Sowohl der Kopf und mit ihm die Hirnreifung, als auch Finger, Hand und Arme und entsprechend die Entwicklung der unteren Extremität machen phänomenal anschaulich, wie die Wirbeltiere sich primär am Bauplan des Menschen orientieren und von da aus in die artspezifische Differenzierung und Spezialisierung einmünden. Oder umgekehrt: Wie der Mensch es vermag, zeitlebens körperlich „kindlich" zu bleiben und daher lebenslang befähigt, sich lern- und entwicklungsfähig zu halten (siehe Abbildung 3 und 4).

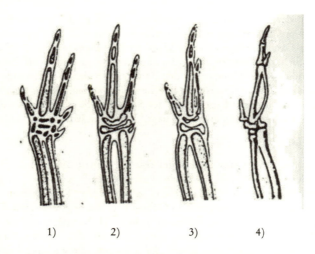

1)   2)   3)   4)

Abbildung 3: Entwicklungsreihe aus der Embryonalentwicklung eines Vogelflügels:
1) Beginn der Spezialisierung von der Hand mit Opposition des Daumens und freiem Fingerspiel zum spezialisierten Fluginstrument. 2) Verlust von Daumen und Zeigefinger. 3) Verlust des Mittelfingers durch Obliteration und Verschmelzung mit dem Ringfinger. 4) Ausgebildetes Flugskelett bei Geburt
(mit freundlicher Genehmigung aus: Glöckler 2003, S. 26).

Abbildung 4: Entwicklungsreihe eines Schimpansenkopfes von der Geburt bis zur Geschlechtsreife: Das Neugeborene zeigt die hohe Stirn des Menschenkindes, die Vertikalisierung des Gesichtsschädels, den zurückgenommenen Kiefer, die aufrechte Kopfhaltung. Dann erfolgt von Jahr zu Jahr zunehmend die Spezialisierung hin zum Tier, das bezüglich seiner Verhaltensmuster nach der Geschlechtsreife weitgehend festgelegt ist (mit freundlicher Genehmigung aus: Schad 1985, S. 146).

Die beiden Bildreihen veranschaulichen, dass mit der Evolution der Arten noch mehr verbunden ist, als die primär-darwinistische Denkweise vermuten lässt. Es ist schlicht Phänomen, dass ein neugeborenes Säugetier – nicht nur die Affen – im Laufe der Embryonalentwicklung oder zum Zeitpunkt der Geburt menschenähnlich aussieht und sich erst nach und nach zur adulten Tierform hin spezialisiert. Entsprechendes gilt auch für die Entwicklung der Gliedmaßen aller Wirbeltiere, einschließlich der Vögel, dass sie die Entwicklung von der menschenähnlichen Hand- und Fußgestaltung hin zur typischen artspezifischen Gliedmaßenform durchlaufen. Die *Imago Mensch*, das Menschenbild, waltet real im Hintergrund der gesamten Säugetier- und Wirbeltierentwicklung. Der Mensch als „Letztgeborener" der Schöpfung bleibt zeitlebens plastisch-bildsam und weitgehend unspezialisiert – und damit weniger natur- und instinktgesteuert. Er besitzt lebenslange Lernfähigkeit und Bildsamkeit seiner Konstitution. Je früher die Festlegung auf bestimmte Fähigkeiten, die Spezialisierung, erfolgt, desto weniger wandlungs- und entwicklungsfähig ist das entsprechende Lebewesen. Diese evolutionsbiologischen Fakten unterstützen das Anliegen der Waldorfpädagogik, nicht zu früh die Intelligenz oder sonstige Fähigkeiten zu trainieren und damit das Kind dadurch vorzeitig zu prägen und zu „spezialisieren". Vielmehr kommt es darauf an, „alles zu seiner Zeit" zu tun und die *typisch menschliche Langsamkeit* zu unterstützen, die die menschliche von der tierischen Entwicklung unterscheidet. Der Zoologe Friedrich Kipp gab seiner Studie zu diesem Thema den treffenden Namen: „Die Evolution des Menschen im Hinblick auf seine lange Jugendzeit" (Kipp 1991). Je aktiver und bewusster ein Kind die Bildung seiner Fähigkeiten miterlebt, umso bewusster und selbsterfahrener ist es später in deren Handhabung – das heißt, umso eigenständiger kann es damit umgehen (siehe auch Hüther 2011).

6. Worauf stützen sich Selbst-Bewusstsein und Identitätserleben?

Es ist der physische Leib, der es dem Menschen ermöglicht zu bemerken, dass er einzeln, einmalig und individuell ist – abgesondert von allen anderen Wesen. Ihm verdanken wir das Erleben unserer Egoität, unserer „Ichheit", die Fähigkeit, uns als Einzelwesen real denken zu können, was in der Regel ab dem dritten Jahr möglich ist. Das Inkarniertsein in diesem Leib gibt das tägliche Erleben des Selbstbewusstseins und den persönlichen Bezug zu allem, was in der Sinneswelt diesen Leib umgibt und nur durch die Sinne wahrgenommen werden kann.

Das Gehirn ist demnach nicht ein Produktionsorgan von Gedanken, Gefühlen und Willensimpulsen. Es ist vielmehr ein Organ der Reflektion und des Bewusstmachens von real vorhandenen Gedanken, Gefühlen und Intentionen. Diese sind auch vorhanden, wenn das Gehirn erkrankt. Daher sind z.B. mit altersdementen Menschen andere, intuitive Kommunikationsformen nötig, um sie wahrzunehmen und zu verstehen (Glöckler 2014).

Die Identitätsbildung erfolgt gemäß der anthroposophischen Menschenerkenntnis in klar differenzierbaren Etappen. Diese sind für die meisten Menschen so evident, dass man sie gut erinnern kann und dadurch das nachfolgend Geschilderte als unmittelbar verständlich erlebt wird.

Ein erstes selbstbewusstes Ich-Erleben hat das Kind um das dritte Lebensjahr herum. Dies markiert die Schwelle, bis zu der man sich im späteren Leben zurück erinnern kann. Erstmals taucht der Gedanke auf: *„Ich bin ich!"* – und zieht sich ab da wie ein roter Faden durch das Gewebe der Lebenserinnerungen.

Mit neun Jahren folgt eine nächste Etappe. Jetzt wird erst richtig gefühlt, was es heißt, „ich" zu sein.

> „Und erst um das neunte Lebensjahr herum erwacht im Grunde genommen klar ein deutliches Ich-Bewusstsein, jenes Ich-Bewusstsein, von dem eigentlich Jean Paul sagt, dass es im innersten Allerheiligsten des Menschen ist und das einem eigentlich erst das Menschliche als solches, die Menschenwesenheit innerlich empfinden lässt. Dieses Ich-Bewusstsein erwacht im neunten Jahr." (Steiner 1998, GA 297, S. 230)

Man spricht in der Entwicklungspsychologie auch vom Auftreten des Meta-Gedächtnisses (Hasselhorn & Schneider 2007, S. 266 ff). Die Kinder können sich plötzlich wie gegenüberstehen, sich wie aus Distanz reflektieren. Sie fühlen sich mit einem Male mehr getrennt von den Erwachsenen, erstmals richtig einsam, allein, echt anders als die anderen. Viele entwickeln in diesem Alter auch Adoptionsphantasien und denken, dass sie in Wirklichkeit gar nicht die Kinder ihrer Eltern sind... es ist als ob sie den Gedanken „Ich bin ich!" (Kohnstamm 2004) jetzt auch fühlen können, selber erleben können, was es eigentlich bedeutet einmalig und einzeln zu sein: Eine Individualität.

Erst mit etwa 15 bzw. 16 Jahren erwacht das Identitätserleben auf der Willensebene. Es markiert die Geburt des eigenständigen Gewissens und das Erleben, dass man selbst für das verantwortlich ist, was man denkt, fühlt und tut. Typische biographische Szenen wie die in der Autobiographie des blinden französischen Literaturprofessors Jacques Lusseyran charakterisieren diese Erfahrung (Lusseyran 2002), die jeder auch in der eigenen Biographie aufsuchen kann. Lusseyran schildert, wie er mit 16 Jahren mit seinem besten Freund verabredet, dass sie sich ab heute nur noch die Wahrheit sagen wollen – und dann schweigen sie. Der Wille im Denken ist bewusst geworden und entscheidet jetzt, was und warum es gesagt wird.

Dieses dreifache Erwachen des Bewusstseins von der eigenen Identität ist Ergebnis einer ungestörten Entwicklung in Kindheit und Jugend. Die vierte Stufe der Identitätsbildung hingegen geschieht nur, wenn der Erwachsene es wirklich selber will und markiert zugleich den Beginn echter Autonomie, wirklichen „Erwachsen"-seins. Es ist dies die Erfahrung – durch innere oder äußere Schicksalstatsachen provoziert – durch die man sich zu sich selbst „entschließt". Nietzsche nannte es das heilige Ja-Sagen. Viktor Frankl formulierte es in Form seines Buchtitels: *„Trotzdem ja zum Leben sagen"* (Frankl 1998). Ab diesem Entschluss gibt es kein Zagen und Zaudern mehr. Man ist „bei sich angekommen" und weiß nun, dass man nur weiterkommt, wenn man mit dem, was man ist und hat, weiter geht und sein Leben von da an konsequent als Chance zur Entwicklung begreift. In der religiösen Sprache wird dies die zweite Geburt „aus Wasser und Geist" genannt (siehe z.B. Johannes-Evangelium Kap. 3, 3-4). In der anthroposophischen Menschenkunde ist Wasser der Träger des Ätherleibes und Geist die Denktätigkeit, als die von der körperlichen Aktivität frei gewordene Lebenstätigkeit (siehe oben). Die zweite Geburt findet im Denken statt, dort, wo man sich mit den Idealen und den Zielen für die eigene Entwicklung identifiziert und sich sein geistiges „Dauerwesen" im Denken bewusst macht und damit auch zugleich „schafft", indem man es für sich bestätigt: Durch den Entschluss, die eigene Entwicklung jetzt gemäß der erkannten Ideale selber in die Hand zu nehmen, sich gefühlsmäßig dafür zu begeistern und im Willen diesem „wahren", „höheren" Ich dienstbar zu sein und es bestmöglich zu realisieren.

Christian Morgenstern schreibt: „Die zur Wahrheit wandern, wandern allein" (Morgenstern 2004). Selbsterkenntnis, Wahrheitssuche – es macht uns zunächst einsam. Denn keiner ist so wie wir – jeder ist individuell, muss *seinen eigenen* Weg finden, sich und die Weltverhältnisse zu verstehen. Jeder muss lernen selbst zu verantworten, was er oder sie tut, wie man sich zu sich selbst und der Welt stellt. Es gehört dies wohl zu den besondersten Tatsachen und Fragen: Was alles zusammenkommen, sich ereignen muss, damit ein Mensch ganz „zu sich kommt" und sein individuelles Verhältnis zur Welt bestimmt. Dabei berührt es eigentümlich, dass jeder sein Persönlichstes „Ich" nennt – nicht den Namen, den man hat. So gesehen schließt dieses „Ich" das individuellste und allgemeinmenschlichste ein. Im Johannes-Evangelium ist in einmaliger Weise darauf aufmerksam gemacht. Jesus sagt – wie alle anderen auch – zu sich „Ich". Darüber hinaus aber identifiziert er sich mit dem „Brot des Lebens", „Licht der Welt", mit dem „ich bin die Tür", „der gute Hirte", „der Weg und die Wahrheit und das Leben", „die Auferstehung und das Leben" sowie „der rechte Weinstock". Er identifiziert sich mit den höchsten allgemeinmenschlichen Tugenden und zeigt damit einen Weg auf für das Menschen-Ich, über sich selbst und seine persönlichen Belange hinaus zu wachsen. Frank Teichmann hat dies in seinem philosophischen Hauptwerk als den Prozess der „Auferstehung im Denken" beschrieben (Teichmann 1996).

Ein Weg zu dieser identitätsbildenden Selbsterfahrung, für dieses „alleine wandern" zum allgemeinen Menschenziel, ist auch Rudolf Steiners Schulungsbuch für die Selbstentwicklung: *„Wie erlangt man Erkenntnisse der höheren Welten?"* (Steiner 1992, GA 10). In diesem Zusammenhang ist auch eine neue Studie interessant, denn es gibt mittlerweile genügend dokumentierte Aussagen von Kindern, „die intuitiv glauben, sie seien vor der Geburt schon da gewesen", wie es die beiden Studienleiterinnen formulieren (Emmons & Kelemen 2014). Die Psychologinnen der Boston University haben 283 fünf- bis zwölfjährige Kinder aus zwei Kulturen befragt, mit folgenden Ergebnissen:

- Den meisten Kindern war bewusst, dass sie im Prelife-Stadium zwar nicht biologisch existierten, jedoch Gefühle und Wünsche hatten wie z.B.: Dass die Mutter schwanger wird, dass sie die Mutter kennenlernen etc.
- Die befragten Stadtkinder aus Ecuador waren bis zum achten Lebensjahr am meisten davon überzeugt, dass sie vor der Geburt eine körperlose Seele waren. Bei den 11-12 Jährigen waren es noch die Hälfte.
- Eine Vergleichsstudie bei Eingeborenen-Kindern in den Regenwäldern des Amazonasbeckens ergab ähnliche Resultate; sie gelten also als unabhängig von der Kultur.

Diese Annahme wird durch das geisteswissenschaftliche Menschenbild der Anthroposophie gestützt (Steiner 1992, GA 10). Es gehört zu den bahnbrechendsten Ergebnissen aus Steiners Geistesforschung, festgestellt zu haben, dass es dieselben Kräfte und Gesetzmäßigkeiten sind, die den Körper ganzheitlich gestalten und die im Laufe des Wachstums von dieser Tätigkeit (leib)-„frei" werden und dann für das seelische und geistige Wachstum zur Verfügung stehen. Und zwar: Die proliferierende „Lebenstätigkeit" („Ätherische Organisation" genannt), die das „freie Denken" ermöglicht. Die differenzierende, Bewusstsein-ermöglichende seelische Tätigkeit („Astralische Organisation" genannt), die die Kraft der Empathie und das leibfreie Fühlen ermöglicht. Und die integrierende Funktion der Ich-Organisation, die als freies Willenspotential und Konzentrationsvermögen im Denken und Fühlen wirksam sein kann.

Leib, Seele und Geist sind so gesehen keine Gegensätze, sondern Metamorphosen von Tätigkeiten: Im Stoffwechsel aktiv wirken diese Gesetzmäßigkeiten „inkarnierend". Leibfrei wirken sie rein geistig. Dazwischen vermittelnd erlebt sich der Mensch seelisch, wie es in nachstehender Grafik skizziert ist.

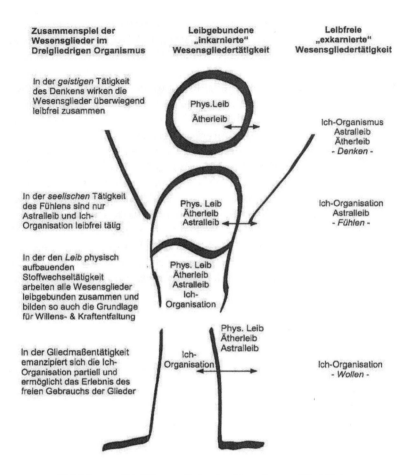

Abbildung 5: Die Wesensglieder des Menschen und ihr Wirken in Leib, Seele und Geist.

Die Grafik macht deutlich, wie sich die sogenannten vier Wesensglieder des Menschen an der Bildung der leiblichen, seelischen und geistigen Konstitution des Menschen beteiligen. Im Stoffwechsel sind alle vier Wesensglieder inkarniert und wirken zusammen in Aufbau und Erhaltung des physischen Leibes. In den Gliedmaßen wird durch die Art des mehr oder weniger freien Willensgebrauchs die Ich-Organisation partiell frei und ermöglicht eine zunehmend selbstbeherrschte Handhabe des physischen Leibes. „Fühlen" als Seelentätigkeit kommt zustande durch die leibfreie Betätigung von Astralleib und Ich-Organisation, wobei der Astralleib mit jeder Einatmung tiefer in die physisch-ätherische Konstitution untertaucht und beim Ausatmen loser damit verbunden ist. Denken hingegen geschieht in der Verbundenheit der drei außerkörperlich tätigen

Wesensglieder: Ätherleib, Astralleib und Ich-Organisation. Der „Menschengeist" ist gedankengetragen, empfindungsbeseelt und intentionaler Ausdruck des schöpferischen Ich.

7. Zusammenfassendes zur Gefährdung des Kindeswohles und den notwendigen Schutzfaktoren[5]

Aus dem Dargestellten kann deutlich werden, in wie hohem Maße die Entwicklung des Kindes durch alles behindert wird, was seine Selbstaktivität hemmt und wie sie durch alles gefördert wird, was seine Selbstaktivität unterstützt (siehe auch Glöckler 2013). So zählen zu den stärksten Schutzfaktoren für eine ungestörte Reifung:

- Ein seelisches „zu Hause" zu haben.
- Positive soziale Erlebnisse, die Mut, Vertrauen und Zuversicht geben – zumindest durch eine konstante Bezugsperson.
- Lebenssicherheit erleben durch Rituale und Rhythmus.
- Widerstandskraft der Kinder erhöhen: Dazu gehört es, die eigenen Fähigkeiten und Stärken schätzen zu lernen, weil man erlebt, dass sie sinnvoll sind, Freude machen, einen Wert haben.
- Kontakt zu anderen Menschen aufzunehmen, fühlen können, was gut tut und was nicht.
- Kohärenzgefühl entwickeln: Gefühl von Verstehbarkeit, Gefühl von Handhabbarkeit, Gefühl von Sinnhaftigkeit lassen uns die Welt als zusammenhängend und sinnvoll (kohärent) erleben.

Kindeswohlgefährdungen resultieren aus einem Zusammenspiel verschiedener Risikofaktoren:

- Materielle Risikofaktoren: Finanzielle oder materielle Krisen, z.B. aufgrund von Arbeitslosigkeit, niedrigem Einkommen oder Verschuldung der Eltern, beengte Wohnverhältnisse.
- Soziale Risikofaktoren: Fehlende soziale oder familiäre Unterstützungssysteme, soziale Isolation im Wohnumfeld.
- Familiäre Risikofaktoren: Lang anhaltende Spannungen und Konflikte zwischen den Eltern, Trennung/Scheidung, wechselnde Partnerbeziehungen, alleinige Erziehungsverantwortung.
- Individuelle Risikofaktoren auf der Elternebene: Belastungen durch negative Erfahrungen in der eigenen Biografie (Gewalt, Vernachlässigung), niedriger Bildungsstand, Minderjährigkeit bei der Geburt des Kindes, akute psychische oder somatische Erkrankungen, Alkohol- oder Substanzmittelmissbrauch.

---

[5] Siehe auch: http://www.kinderschutz-in-nrw.de/

- Individuelle Risikofaktoren auf der Kindsebene: Unerwünschtheit, Frühgeburt, „schwieriges" Temperament (Schreikinder mit Einschlaf- und Durchschlafstörungen), Erkrankungen, Behinderungen und Entstellungen, Verhaltensauffälligkeiten.

Aus der anthroposophischen Menschenkunde kommt noch hinzu, dass wenn durch die Erziehung die gesunde Inkarnation des Ätherleibes in seiner Doppelfunktion als Träger der Lebens- und Gedankentätigkeit nicht unterstützt wird, dies auch eine Gefährdung für die Zeit des Alterns in der zweiten Lebenshälfte darstellt. Wird die Inkarnation beschleunigt und/oder behindert durch zu frühes oder irreguläres Stimulieren der Emanzipation des Ätherleibes in das leibfreie Gedankenspiel – z.B. durch Formen kognitiven Frühtrainings oder einseitiger Unterstützung abstrakter Gedankentätigkeit – bedeutet dies einen Mangel an Vitalität in der zweiten Lebenshälfte (vgl. Abb. 1, siehe auch Fischer et al. 2013).

Ausschlaggebend ist jedoch stets, was jedes einzelne Kind, jeder Erwachsene aus seinen Entwicklungsbedingungen macht – das letzte Wort hat nicht das Erbgut, nicht das Milieu und die Erziehung, sondern die sich entwickelnde Individualität. Von ihr hängt letztlich ab, wie sie sich zu dem stellen kann, was ihr das Leben vermittelt und bietet. Ob sie „das Beste" daraus machen kann oder zum Opfer ihrer Verhältnisse wird. Hinzu kommt, dass der Grad von Menschlichkeit oder Unmenschlichkeit, der in einer Gesellschaft anwesend ist, direkt proportional ist zur real aufgewendeten Liebe. Liebe ist nach Rudolf Steiner das echte Interesse, das man füreinander hat, der Wille zu verstehen, zu begleiten und Entwicklung zu unterstützen. Auch Moral beschreibt Steiner als real aufgewendetes Interesse für den anderen. Wenn das nicht da ist, kann der andere sich nicht so zeigen wie er ist, kann der andere sich nicht selbst erleben:

> „Denn die irdische menschliche Moralität beruht, wenn sie sich nicht in bloßen Phrasen oder schönen Redereien bewegt oder in Vorsätzen, die nicht ausgeführt werden oder dergleichen, auf dem Interesse, das der eine Mensch am andern nimmt, auf der Möglichkeit, in den andern Menschen hinüber zu schauen." (Steiner 1994, GA 219, S. 62)

Denn: Wann wird man innerlich erfüllt, belebt, beeindruckt, interessiert, engagiert? Doch nur, wenn einen eine Botschaft erreicht. Unsere Seele ist ein Resonanzboden und so, wie man diesen Resonanzboden in Schwingung bringt, entsteht Selbsterlebnis, Selbsterfahrung, Selbsterkenntnis, Einsicht, was man möchte.

Diesen Gottesgrund der Seele – die nur langsam sich zum Bewusstsein ihrer selbst hindurchringende Ich-Präsenz – gilt es anzuregen, zur Resonanz zu bringen. Es ist dies der Grundnerv jeder guten Erziehung. Daher sollte auch am Anfang der Lehrerausbildung die Anforderung stehen, sich mit einem Buch wie z.B. dem von Steiner „Wie erlangt man Erkenntnisse der höheren Welten?" zu beschäftigen. Es beginnt mit dem Satz: „Es schlummern in *jedem* Menschen Fähigkeiten, durch die er sich Erkenntnisse über höhere Welten erwerben kann." Dass das wirklich so ist, davon konnte ich mich als Kinderärztin immer wieder überzeugen, denn ich hatte vor allem Babys und Kleinkinder in den ersten drei Lebensjahren zu untersuchen – und das ist das Lebensalter, wo Erziehung von außen, wo Indoktrination von außen noch nicht greift, sondern wo die Kinder sich aus ihrem noch unbewussten Gottesgrund heraus zu aufrechten, sprechenden und denkenden Wesen selbst erziehen – und zwar umso besser, je gütiger die Menschen in ihrem Umfeld erscheinen und je nachahmenswerter sie sind (siehe auch Wagenhöfer et al. 2013).

Literatur

Committee on Psychosocial Aspects of Child and Family Health, Committee on Early Childhood, Adoption, and Dependent Care, Section on Developmental and Behavioral Pediatrics, Garner AS, Shonkoff JP, Siegel BS, Dobbins MI, Earls MF, McGuinn L, Pascoe J, Wood DL. 2012. Early Childhood Adversity, Toxic Stress, and the Role of the Pediatrician: Translating Developmental Science Into Lifelong Health. *Pediatrics 129*: e224-e231.

Dunn J, Plomin R. 1996. *Warum Geschwister so verschieden sind.* Klett-Cotta Verlag, Stuttgart.

Emmons NA, Kelemen D. 2014. The Development of Children's Prelife Reasoning: Evidence From Two Cultures. *Child Development*: DOI: 10.1111/cdev.12220

Fischer HF, Binting S, Bockelbrink A, Heusser P, Hueck C, Keil T, Roll S, Witt C. 2013. The effect of Attending Steiner Schools during Childhood on Health in Adulthood: A Multicentre Cross-Sectional Study. *Plos One 9*: 1-14.

Frankl VE. 1998. *Trotzdem Ja zum Leben sagen – Ein Psychologe erlebt das Konzentrationslager.* 28. Aufl. Deutscher Taschenbuch Verlag, München.

Fuchs T. 2010. *Das Gehirn – ein Beziehungsorgan.* Kohlhammer, Stuttgart.

Gadamer HG. 2010. *Wahrheit und Methode. Grundzüge einer philosophischen Hermeneutik.* Mohr Siebeck, Tübingen.

Glöckler M. 2003. *A Healing Education.* Rudolf Steiner College Press, Fair Oaks/USA.

Glöckler M. 2006. Bilder der Entwicklung. *In:* Glöckler M, Langhammer S, Wiechert C (Hrsg). *Gesundheit durch Erziehung,* S. 25-32. Medizinische und Pädagogische Sektion am Goetheanum, Dornach.

Glöckler M. 2013. Gesundheit durch Erziehung. *In*: Goebel W, Glöckler M. *Kindersprechstunde.* Verlag Urachhaus, Stuttgart.

Glöckler M. 2014. Prävention von Alterskrankheiten und Entwicklungsfragen über den Tod hinaus. *In:* Girke M (Hrsg). *Geriatrie. Grundlagen und therapeutische Konzepte der Anthroposophischen Medizin.* Salumed Verlag, Berlin.

Goebel W, Glöckler M. 2013. *Kindersprechstunde. Ein medizinisch-pädagogischer Ratgeber.* 19. Aufl. Verlag Urachhaus, Stuttgart.

Hasselhorn M, Schneider W (Hrsg). 2007. *Handbuch der Entwicklungspsychologie.* Hogrefe Verlag, Göttingen.

Heusser P. 2010. *Anthroposophische Medizin und Wissenschaft.* Schattauer Verlag, Stuttgart.

Hüther G. 2011. *Was wir sind und was wir sein könnten.* Fischer Verlag, Frankfurt am Main.

Kipp FA. 1991. *Die Evolution des Menschen im Hinblick auf seine lange Jugendzeit.* Verlag Freies Geistesleben, Stuttgart.

Kohnstamm D. 2004. *Und plötzlich wurde mir klar: Ich bin ich! Die Entdeckung des Selbst im Kindesalter.* Verlag Hans Huber, Bern.

Koletzko B (Hrsg). 2013. *Kinder- und Jugendmedizin.* 14. Aufl. Springer-Verlag, Berlin, Heidelberg.

Lusseyran J. 2002. *Das wiedergefundene Licht: Die Lebensgeschichte eines Blinden im französischen Widerstand.* 12. Aufl. Deutscher Taschenbuch Verlag, München.

Michaelis R, Berger R, Nennstiel-Ratzel U, Krägeloh-Mann I. 2013. Validierte und teilvalidierte Grenzsteine der Entwicklung. Ein Entwicklungsscreening für die ersten 6 Lebensjahre. *Kinderheilkunde 10*: 898-900.

Morgenstern C. 2004. Die zur Wahrheit wandern, wandern allein. *In:* Morgenstern C, Proskauer HO. *Wir fanden einen Pfad. Sämtliche Dichtungen.* 5. Aufl. Zbinden Verlag, Basel.

Opp G, Fingerle M (Hrsg). 2008. *Was Kinder stärkt. Erziehung zwischen Risiko und Resilienz.* 3. Aufl. Ernst Reinhardt, München.

Poppelbaum H. 1975. *Mensch und Tier.* Philosophisch-anthroposophischer Verlag, Dornach.

Rohen JW, Lütjen-Drecoll E. 2006. *Funktionelle Anatomie des Menschen.* 11. Aufl. Schattauer Verlag, Stuttgart.

Schad W. 1985. Gestaltmotive der fossilen Menschenform. *In:* Schad W (Hrsg). *Goetheanistische Naturwissenschaft,* S. 146. Bd. 4: Anthropologie. Verlag Freies Geistesleben, Stuttgart.

Schad W. 2012. *Säugetiere und Mensch.* Bd. 2. Freies Geistesleben, Stuttgart.

Selg P. 2006. *Vom Logos menschlicher Physis.* Bd. 1. 2. überarb. Aufl. Verlag am Goetheanum, Dornach.

Selg P. 2011a. *Der therapeutische Blick. Rudolf Steiner sieht Kinder.* 3. Aufl. Verlag am Goetheanum, Dornach.

Selg P. 2011b. *Ich bin anders als Du. Vom Selbst- und Welterleben des Kindes in der Mitte der Kindheit*. Ita Wegman Institut, Arlesheim.

Shonkoff JP, Garner AS, The Committee on Psychosocial Aspects of Child and Family Health, Committee on Early Childhood, Adoption, and Dependent Care, Section on Developmental and Behavioral Pediatrics. 2012. The Lifelong Effects of early Childhood Adversity and Toxic Stress. *Pediatrics 129*: e232-e246.

Spitzer M. 2012. *Digitale Demenz. Wie wir uns und unsere Kinder um den Verstand bringen*. Droemer Knaur, München.

Steiner R. 1975. *Konferenzen mit den Lehrern der Freien Waldorfschule in Stuttgart*. GA 300a. Rudolf Steiner Verlag, Dornach.

Steiner R. 1987. *Einleitungen zu Goethes Naturwissenschaftlichen Schriften*. GA 1. Rudolf Steiner Verlag, Dornach.

Steiner R. 1987. *Meditative Betrachtungen und Anleitungen zur Vertiefung der Heilkunst*. GA 316. Rudolf Steiner Verlag, Dornach.

Steiner R. 1991. *Grundlegendes für eine Erweiterung der Heilkunst nach geisteswissenschaftlichen Erkenntnissen*. GA 27. Rudolf Steiner Verlag, Dornach.

Steiner R. 1991. *Die Erneuerung der pädagogisch-didaktischen Kunst durch Geisteswissenschaft*. GA 301. Rudolf Steiner Verlag, Dornach.

Steiner R. 1992. *Wie erlangt man Erkenntnisse der höheren Welten?* GA 10. Rudolf Steiner Verlag, Dornach.

Steiner R. 1992. *Geistige und soziale Wandlungen in der Menschheitsentwicklung*. GA 196. Rudolf Steiner Verlag, Dornach.

Steiner R. 1994. *Das Verhältnis der Sternenwelt zum Menschen und des Menschen zur Sternenwelt*. GA 219. Rudolf Steiner Verlag, Dornach.

Steiner R. 1994. *Das Zusammenwirken von Ärzten und Seelsorgern. Pastoral-Medizinischer Kurs*. GA 318. Rudolf Steiner Verlag, Dornach.

Steiner R. 1998. *Idee und Praxis der Waldorfschule*. GA 297. Rudolf Steiner Verlag, Dornach.

Teichmann F. 1996. *Auferstehung im Denken. Der Christusimpuls in der „Philosophie der Freiheit" und in der Bewusstseinsgeschichte*. Freies Geistesleben, Stuttgart.

Volbehr H. 2014. *Was die Welt zusammenhält. Ein grundlegender Dialog über Materie und Geist*. Via Nova, Petersberg.

Wagenhöfer E, Kriechbaum S, Stern A. 2013. *alphabet – Angst oder Liebe*. Ecowin, Salzburg.

Möglichkeiten und Gefährdungen der Individualitätsentwicklung im Kontext medizinischer Betreuung am Beispiel des insulinpflichtigen Diabetes mellitus, Typ 1

Bettina Berger

> „Ich bin insulinpflichtige Diabetikerin, eine Erfahrung, die meinen Alltag, meinen Körper, mein ganzes Sein strukturiert und kennzeichnet... Diese Alltagserfahrung, diese meine Lebenswelt wird für mich akzeptabel in dem Augenblick, da ich beginne, meine Erfahrungen als Wegweiser meiner Fragen ernst zu nehmen und den Winken, die sie geben, zu folgen..." (Berger 2003)

1. Einleitung

Ich möchte mich dem gestellten Thema aus der Perspektive der Patienten nähern. Aus wissenssoziologischer Perspektive (Berger 2003) wird deutlich, wie die Diabetologie nach und nach ihren wesentlichen Beitrag dazu geleistet hat, das individuelle, beseelte Wesen aus der medizinischen Wahrnehmung zu vertreiben. Inspiriert zu dieser Arbeit wurde ich durch meine Situation als Patientin. Ich fühlte mich als Individuum in der damaligen modernen Diabetologie nicht wahrgenommen, und begann mich zu fragen, ob ich die Ursache dafür in meiner mangelhaften Copingstrategie suchen musste oder ob ich auf Grund meiner Erkrankung auch etwas wahrnehmen konnte, wofür ich möglicherweise durch die Erkrankung des Diabetes mellitus in einer besonderen Art und Weise übersensibilisiert worden war: Das Fehlen eines Konzeptes von Individualität in der Medizin.

Diabetes mellitus – wir sprechen hier von „honigsüßem Durchfluss", griechisch διαβήτης, von altgriechisch διαβαίνειν (diabainein), „hindurchgehen", „hindurchfließen" und lateinisch mellitus „honigsüß", umgangssprachlich kurz: Diabetes oder Zuckerkrankheit. Es handelt sich um die Bezeichnung für eine Gruppe von Stoffwechselkrankheiten. Das Wort beschreibt deren Hauptsymptom, die Ausscheidung von Zucker im Urin. Diabetes mellitus steht als ein Sammelbegriff für verschiedene Stoffwechselstörungen, bei denen jeweils von dem Symptom der Überzuckerung des Blutes (Hyperglykämie) unabhängig von den jeweilig auslösenden ätiologischen Faktoren die Rede ist. Erklärungsmodelle, welche zur Hyperglykämie führen, fokussieren auf Insulin, das Hauptregulationshormon des Zuckerstoffwechsels im menschlichen Körper. In den Leitlinien der Deutschen Diabetesgesellschaft von 2009 wird folgendermaßen definiert:

Typ-1-Diabetes mellitus: Zerstörung der Betazellen der Langerhans-Inseln des Pankreas führt zu absolutem Insulinmangel.

Der Typ-2-Diabetes mellitus kann sich erstrecken von einer (genetisch bedingten) Insulinresistenz mit relativem Insulinmangel bis zu einem absoluten Insulinmangel im späteren Krankheitsverlauf. Er ist häufig assoziiert mit anderen Problemen des metabolischen Syndroms.

In diesem Artikel geht es ausschließlich um den primär insulinpflichtigen Diabetes mellitus Typ 1 (IDDM), mit dem ICD-Schlüssel E10. Während die Anzahl der IDDM-Patienten ca. 5% der Gesamtrate an Diabetes mellitus ausmacht, und in der Hauptsache die gesundheitspolitischen Belastungen durch den Typ 2 Diabetes besprochen werden, so betrifft die Zunahme des IDDM insbesondere auch die Kinder: Die Gesamtprävalenz an insulinpflichtigen Diabetikern (Typ 1) beträgt zur Zeit auf der Grundlage der vorliegenden Daten mit ca. 400 000 Personen 0,6 Prozent der Gesamtbevölkerung Deutschlands, mit wachsender Tendenz.

2. Was bedeutet der primär insulinpflichtige Diabetes mellitus aus der Patientensicht?

Am Anfang steht das Paradigma der Unheilbarkeit dieser Erkrankung nach dem bisherigen Wissensstand und die damit einhergehende lebenslängliche Verpflichtung zur Insulininjektion und Blutzuckerselbstkontrolle. Da die höchste Inzidenz nach wie vor im Kindesalter liegt, erleiden diese Botschaft also noch immer und im wachsenden Maße Kinder, die ihr gesamtes weiteres Leben darauf ausrichten müssen. Etwa 4-6 Insulinspritzen (oder ein Dauerkatheter für die Verwendung der Insulinpumpe) und mindestens vier Blutzuckermessungen täglich mal 365 Tage im Jahr über 10, 20, 30, 40, 50 Jahre lang ohne Urlaub, Wochenende oder Pause. Das macht ca. 100 000 Selbstverletzungen nach 40 Jahren Diabetes. Dabei sind natürlich die hauchfeinen Einmalkanülen von heute mit einem Durchmesser von 0,23mm und 4mm Länge nicht zu vergleichen mit den Kanülen der 80er Jahre, die einen Durchmesser von ca. 2-3mm hatten und eigenhändig auf Widerhaken untersucht und alle 14 Tage in die Klinik zum Sterilisieren gebracht werden mussten. Bei manchen Menschen entwickelten sich an den Spritzstellen schmerzhafte Lipodystrophien oder andere Hautschäden, die sich teilweise auch trotz langjähriger Nichtbenutzung der Stellen nicht zurückbilden. Dann sind da die Erfordernisse der künstlichen Regulation des sehr komplexen Hormonsystems der Blutzuckerregulierung, welches nicht nur von der Nahrungsmittelaufnahme und der Bewegung beeinflusst wird, sondern mit zahlreichen anderen Hormonsystemen in Wechselwirkungen steht, wie dem Kortisol und anderen. Es handelt sich um eine künstliche Regulierung des Blutzuckerspiegels unter Einbeziehung sämtlicher Einflussfaktoren. Ein mittelschwerer

Unterzucker pro Woche ist nichts Ungewöhnliches. Die Blutzuckerführung im Normbereich ist eine hohe Kunst und beansprucht täglich volle Aufmerksamkeit – sowohl das Tragen eines Koffers, die Disco in der Nacht oder die Unterbrechung beim Abendbrot durch den Anruf einer Freundin kann das System durcheinander bringen und muss idealerweise mit der entsprechenden Aufmerksamkeit reflektiert werden im Hinblick auf die Auswirkungen auf den Blutzucker. Das führt bei vielen Menschen zu einem permanenten Kontrollzwang – jede Vernachlässigung führt zu unerbittlichen Folgen. Jeder etwas schwerere Unterzucker führt zu einer enorm hohen Stressbelastung, auch wenn es dem Betroffenen scheinbar nach wenigen Stunden wieder gut zu gehen scheint. Die permanente Bewältigung der Einstiche – sowohl für die Blutzuckermessung als auch für die Insulininjektion – egal ob es sich dabei um täglich sechs kleine, scheinbar schmerzlose Injektionen oder um den Dauerkatheter durch die Insulinpumpe handelt – belastet den Organismus dauerhaft und setzt das gesamte System unter eine Art Dauerstress. Forschungen des Physiologen Alfred Pischinger in Bezug auf die Belastung und Reaktionen der Grundsubstanz durch Einstiche weisen darauf hin (Pischinger 1975).

Man sieht den Betroffenen Leiden und Lasten nicht an, es sei denn in der akuten Unterzuckerung, wo die Gefährlichkeit des Kontrollverlustes offensichtlich wird, sowie das Erleben der vollkommenen Handlungsunfähigkeit und das Angewiesen-Sein auf Hilfe von außen. Bei vielen Diabetikern ist jeder zweite Wert nicht im Normbereich und muss korrigiert werden[1] – möglicherweise einhergehend mit einem ständigen Gefühl fehlender Selbstwirksamkeit. Das ganze Individualitätskonstrukt einer Person mit einer derart den Alltag durchdringenden Erkrankung ist gekennzeichnet von der Auseinandersetzung und Frage danach, was in die eigene Individualität integriert werden kann und muss und was als Fremdanteil abgespalten wird. Wie kann sich bei einem Menschen mit einem Typ 1 Diabetes eine eigene Individualität entwickeln, wenn er einem physiologischen Kontrollsystem ausgeliefert ist, welches vom ihm permanente Kontrolle über Bewegungen und Nahrungsmittelaufnahme verlangt? Wie gestaltet sich für diesen Menschen die Begegnung mit dem Gesundheitswesen? Wenn sich eine derartige Seele versucht, seiner spirituellen Dimensionen bewusst zu werden, welcher Erkenntnisauftrag ist mit der Wahl dieser Form der Inkarnation verbunden?

Das diabetologische Schulungsparadigma, mit dem ich groß geworden bin, lautet: „Bedingt gesund – unheilbar krank!" Gemeint damit war: Wenn du dich an die Regeln der Diabetologie hältst, mit ihren Handlungsanweisungen zur Blutzuckermessung, Insulininjektion, Ernährung und Bewegung, kannst du dich als gesund betrachten. Ein Ausbrechen aus

---

[1] Mündliche Aussage der Diabetologin Prof. Dr. med Kinga Howorka

diesem Paradigma erscheint als Ding der Unmöglichkeit: Das Management dieser Erkrankung erfordert derart viel und tägliche Aufmerksamkeit, dass kaum Kraft und Raum bleibt, sich nach weiteren Perspektiven umzusehen. Bis zur Erfindung des Insulins und dessen Gewinnung aus der Bauchspeicheldrüse von Schweinen und Rindern 1920/21 war Diabetes Mellitus eine tödlich verlaufende Erkrankung. Das Insulin wurde entdeckt durch Bantin und Best, die einen kleinen Jungen erfolgreich damit behandelten. Zuvor verstarben die Menschen in der Regel an der so genannten Zuckerharnruhr. Seit den 80er Jahren revolutionierte die Einführung von Messgeräten und -techniken zur individuellen Bestimmung der Blutzuckerwerte die Diabetestherapie, da die Patienten nun eigenständig ihre Insulindosis regulieren und an ihren Tagesablauf anpassen konnten. Seitdem war es nicht mehr notwendig, Menschen mit primär insulinabhängigem Diabetes mellitus zusätzlich noch mit Diätvorschriften zu quälen. Moderne Blutzuckermesstechniken erlauben es den Diabetikern, an vielen Bereichen des Lebens teilzuhaben wie alle anderen Menschen auch. Aber das Leben bleibt der ständigen Kontrolle unterworfen.

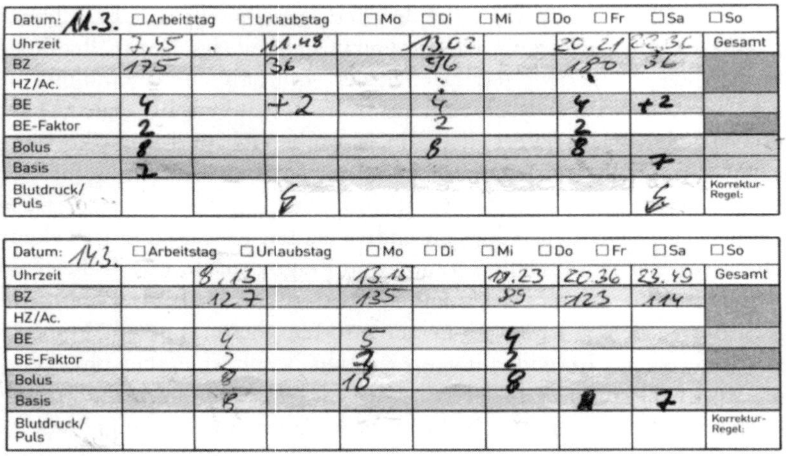

Datum: 11.3.	☐Arbeitstag	☐Urlaubstag	☐Mo	☐Di	☐Mi	☐Do	☐Fr	☐Sa	☐So
Uhrzeit	7,45	.	11.48		13.02		20.21	22.36	Gesamt
BZ	175		36		96		180	36	
HZ/Ac.									
BE	4		+2		4		4	+2	
BE-Faktor	2				2		2		
Bolus	8				8		8		
Basis	2							7	
Blutdruck/ Puls			[illegible]					[illegible]	Korrektur-Regel:

Datum: 14.3.	☐Arbeitstag	☐Urlaubstag	☐Mo	☐Di	☐Mi	☐Do	☐Fr	☐Sa	☐So
Uhrzeit		8.13		13.15		18.23	20.36	23.49	Gesamt
BZ		127		135		89	123	114	
HZ/Ac.									
BE		4		5		4			
BE-Faktor		2		2		2			
Bolus		8		10		8			
Basis		8					[illegible]	7	
Blutdruck/ Puls									Korrektur-Regel:

Abbildung 1: Tagebuchauszug aus meinem privaten Tagebuch

Dieses Blutzuckertagebuch deutet darauf hin, wie die tägliche Wahrnehmung eines Menschen auf Zahlenwerte fokussiert wird. In dieser Version sieht dies noch recht harmlos aus. Der Diabetologe Dr. med. Bernhard Teupe hat die Möglichkeit, Blutzuckerbewegung in Zahlen abzubilden perfektioniert und 135 Formeln entwickelt, mit denen er meint, jede Blutzuckeränderung berechnen zu können (Teupe 2011):

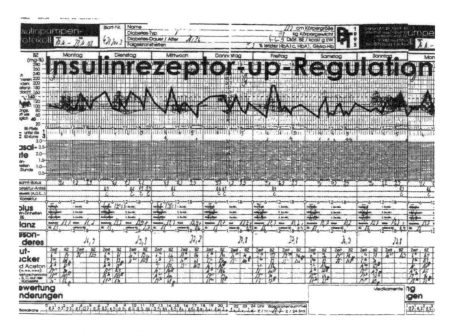

Aber ist Leben so vollkommen berechen- und kontrollierbar? Oder ist es noch Leben, wenn ich mich permanent kontrollieren muss?

Zahlreiche Menschen suchen sich Inseln des Kontrollverlustes, sei es im Alkohol, den Wutausbrüchen im Unterzucker, in nächtlichen Fressattacken, denen sie nicht Herr werden. Die eigentliche biographische, spirituelle oder psychosomatische Krise, die möglicherweise zu dieser Erkrankung geführt haben mag, wird im Grunde genommen niemals thematisiert und eruiert. Wagt man sich, dieses Thema anzusprechen, reagieren viele Therapeuten mit einer schwer nachvollziehbaren Abwehr. Somit ist das Ergebnis ein Mensch, dem eine lebenslange Verwaltung physiologischer Parameter aufgenötigt wird unter gleichzeitiger Vernachlässigung und zum Teil sogar Tabuisierung seiner entwicklungspsychologischen Bedürfnisse. Die biographischen Herausforderungen, denen ein Mensch mit seiner jeweiligen chronischen Erkrankung gegenübersteht, finden kaum oder keine Thematisierung in den Begegnungen zwischen betreuendem Diabetologen und Patienten, ganz gleich, ob es sich um die Berufsentscheidungen des Jugendlichen oder den Übergang in die Wechseljahre und die dementsprechenden Reflexionen über den biographischen Werdegang handelt. Nun könnte man ja sagen, was gehen diese Fragen den betreuenden Arzt an, aber leider bestehen bei umfassenden Erkrankungen wie dem Diabetes mellitus, der tagtäglich die Aufmerksamkeit des Patienten einfordert, permanent Wechselwirkungen zwischen grundlegenden biographischen Entscheidungen und der Erkrankung, so dass eine

Berücksichtigung der biographischen Situation selbstverständlich Bestandteil der Patientenbetreuung sein sollte.

Als ich erstmalig auf diese Diskrepanz zwischen meiner subjektiven Perspektive und den therapeutischen Interpretationen aufmerksam wurde, beschloss ich, im Rahmen einer wissenssoziologischen Arbeit der Frage auf den Grund zu gehen, ob das zur Zeit herrschende Behandlungsparadigma der Diabetologie eigentlich die einzig mögliche objektive Realität darstellt oder ob es auch andere Möglichkeiten des Umgangs mit dieser Erkrankung geben könnte.

3. Die Diabetologie als Mitkonstrukteurin einer entindividualisierten Medizin

Die Geschichte der Diabetologie ist lange Zeit geschrieben worden als eine Geschichte des Kampfes gegen den Vitalismus. Die Medizinhistoriker Schuhmacher und Schuhmacher kennzeichnen diesen Kampf als die „Verbannung des Lebens aus allen Erklärungen, die die organische Chemie betreffen" (Schuhmacher & Schuhmacher 1956). Das derzeit herrschende Paradigma der Diabetologie beruht auf den wesentlichen Säulen der Unheilbarkeit, der Solidarpathologie, der Nosologisierung und der Substitutionstherapie (Berger 2003).

3.1 Unheilbarkeit

Der derzeitige Wissenstand wird dogmatisiert. Ich kenne keinen Diabetiker, der nicht gerne von heute auf morgen lieber ohne den Diabetes leben würde und sich also die Heilbarkeit des Diabetes wünscht. Wenn ich jedoch über meine Sehnsucht nach Heilung und Gesundung zu Ärzten gesprochen habe, wurde ich wiederholt dafür pathologisiert. Diese emotional sehr heftigen Reaktionen auf einen wohl für jeden normalen Menschen nachvollziehbaren Wunsch können auch ein Hinweis auf die aufmerksame Pflege eines Dogmas zu sein, welches nicht hinterfragt werden darf.

3.2 Solidarpathologie

Solidarpathologie bezeichnet die zunehmende Fokussierung von Erkrankungen auf ihren physiologischen Ausdruck, von der Organbezogenheit einer Erkrankung bei Morgagni bis hin zur physisch wahrnehmbaren zellularpathologischen Dimension bei Virchow. Eine Erkrankung gilt dann als erkannt und verstanden, wenn sie auf der zellulären Ebene wahrnehmbar wird. Man spricht von der Solidarpathologie als Lehre der krankhaften Veränderung der festen Bestandteile des Körpers im Gegensatz zur

Humoralpathologie. Morgagni beschreibt 1761 in „Über den Sitz und die Ursache der Krankheiten" das Auffinden des erkrankten Organs als gleichbedeutend mit dem Auffinden der Erkrankungsursache. Durch Bichat wird 1802 eine Ordnung der Erkrankung nach dem befallenen Gewebe aufgestellt. Und 1858 gilt als die Geburtsstunde der Zellularpathologie bei Rudolf Virchow: Sitz und Ursache der Erkrankung ist die erkrankte Zelle. Der Pankreasdiabetes gilt als die vorläufig letzte Station der Suche nach der Ursache des Diabetes und die Insulintherapie als pragmatische, funktionale Lösung. Die Pankreastheorie wird allerdings nachvollziehbar, insbesondere seit der Möglichkeit der Extraktion des Insulins aus der Bauchspeicheldrüse von Tieren, der lebenserhaltenden Behandlung von Diabetikern durch Insulin und erst recht seit der maschinellen Herstellung von Insulinen (Insulinanaloga). Dabei war die Pankreastheorie anfänglich stark umstritten, ein vehementer Gegner war Eduard Pflüger, der – mehrfach für den Nobelpreis nominiert – wesentliche Grundlagen als Physiologe beschrieb. Er warf Minowski noch vor, dass er die Krankheitssymptome zu deren Ursache erkläre. Für seine umfassenden hirnphysiologischen Konzepte konnte er allerdings keine ausreichende Resonanz finden, gegen den Pragmatismus der Behandlung mit Insulin war er mit seinen komplexeren Modellen machtlos. Dabei war er nicht der Letzte, der derartigen relationalen Konzepten in der Diabetologie nachging. Noch 1957 schreibt der Medizinhistoriker W. Schadewaldt:

> „Der Diabetes mellitus ist auch heute noch nicht viel mehr als eine Hülle eines Begriffes ohne feststellbaren Inhalt. Wir brauchen den Namen, um uns zu verständigen. (...) Ein Arzt wird die Problematik, vor die ihn jeder einzelne Fall tatsächlich stellt, gar nicht sehen...Wir können heute noch gar nicht wissen, welche der vielen Einzelentdeckungen einmal als Markstein auf dem Weg zum Ziel der Nosologie Diabetes mellitus eingehen werden. Die Fülle des jährlich eingehenden Materials ist so umfangreich und widersprüchlich, dass sie gar nicht zur Kenntnis genommen werden kann..." (Schuhmacher & Schuhmacher 1956)

3.3 Die Nosologisierung

Wenn es medizinhistorisch betrachtet im Krankenhaus noch darum geht, die Geheimnisse des individuellen Falles aufzudecken, dann wird es die Aufgabe der Klinik, wesensmäßig durchstrukturierte Erkenntnisfelder zu schaffen. In immer kürzerer Zeit soll es möglich werden, aufgrund klar definierter Kriterien eine Erkrankung mit Hilfe einer klar umschriebenen Nosologie zu definieren. Somit führt die Benennung der Erkrankung zunehmend zur Deduzierung von Ursache, Prognose und Indikation. Eine individuelle Anamnese inklusive der Erhebung psychosozialer Faktoren wird überflüssig (Foucault 1993). Welche Auswirkung hat die

Nosologisierung auf den Patienten? Natürlich ist es aufgrund klarer diagnostischer Kriterien möglich, Patienten als Diabetiker zu identifizieren, aber welchen Preis müssen sie unter Umständen dafür zahlen? Johanna Lalouschek, Linguistin in Österreich, nennt es die Fragmentierung des Patienten. Sie analysierte Interviews von Anamnesegruppen, in denen Medizinstudierende lernen, eine gute Anamnese zu erheben. Sie kommt zu der Erkenntnis, dass Patienten in der Regel zum Arzt kommen mit ihren je eigenen emotionalen, relationalen, und in den jeweils biographischen Kontext eingebundenen Erkrankungsgeschichten. Sie werden dann von Ärzten examiniert und in der Anamnese auf medizinisch relevante Informationen reduziert. Medizinstudierende lernen, die medizinischen Informationen in Einzelteilen herauszulösen aus dem jeweiligen Kontext der Erzählung und nur noch mit den entkontextualisierten medizinischen Informationen zu arbeiten. Somit werden Patienten systematisch ihrer Individualität, ihrer Biographie, ihrer subjektiven Bedeutungszuweisung, und ihres sozio-emotionalen Kontextes beraubt. Übrig bleibt das Fragment der ausschließlich medizinisch verwertbaren Informationen (Lalouschek 2002). Der Patient bleibt zurück als eine auf überprüfbare physiologische Dimensionen reduzierte Einheit und als kontrollierbarer Träger einer Erkrankung. Eine Freundin mit Diabetes sendete mir dieses Gemälde (Abbildung 3) des finnischen Malers Hugo Simberg zu: Der Engel – für mich steht er als Sinnbild für die Seele – fühlt sich geschwächt, er muss getragen werden. So „entseelt" mögen sich etliche Menschen nach Jahren ihrer Diabeteserkrankung fühlen.

Abbildung 3: „The wounded Angel" von Hugo Simberg 1903, Ateneum Art Museum, Helsinki (aus WikiMedia entnommen).

Das Verhalten trainiert: Patienten „lernen" über die Jahre hinweg, nur noch entkontextualisierte, medizinische Informationen anzubieten und die für sie relevanten Informationen und Bedeutungszusammenhänge von ihrer Agenda in der Kommunikation mit dem Arzt zu streichen. So fällt zum Beispiel auf, dass Menschen, die an chronischen Erkrankungen leiden, häufig in ihrer Persönlichkeitsentwicklung zurückbleiben. Von den Untersuchungen der Entwicklungspsychologin Inge Seiffge-Krenke wissen wir, dass Jugendliche mit chronischen Erkrankungen (Asthma, Diabetes mellitus, Nierenversagen) ein negativeres Selbstwertgefühl als Gesunde in der Vergleichsgruppe aufweisen, sich selber als weniger effizient wahrnehmen, unterentwickelter und geschlechtsneutraler gegenüber ihren gleichaltrigen Freunden und Freundinnen sind (Seiffge-Krenke 1996). Ist die Erkrankung der Ausdruck der unterentwickelten Persönlichkeit oder ist die unterentwickelte Persönlichkeit Folge der Erkrankung, die derart die Aufmerksamkeit von Eltern und Ärzten und schließlich auch des Patienten auf das Reglement der Erkrankung einfordert, dass die Berücksichtigung der entwicklungspsychologischen Bedürfnisse zu kurz kommt? Die Antwort lässt sich zurzeit noch nicht geben, weil die derzeitigen Forschungen weniger in Bezug auf Wechselwirkungen als in Hinblick auf das Auftreten von Komorbiditäten durchgeführt werden.

3.4 Substitutionstherapie

Das Hauptverständnis der Diabetesbehandlung ist das der Substitution eines fehlenden Hormons. Darin besteht die einzige, wenn auch große Herausforderung. Der Patient wird als „bedingt gesund" definiert, wenn es ihm gelingt, das fehlende Hormon durch die permanente Messung der Blutzuckerwerte und Berechnung sämtlicher Aktivitäten zu ersetzen. Darüber hinaus liegt keine Erkrankung der Person, keine gestörte Persönlichkeitsstruktur etc. vor. Die Säule der Substitutionstherapie hat die Diabetologie immer weiter ausgebaut und perfektioniert. Sie ist gleichzeitig zu einer Vorreiterin einer patientenorientierten Medizin geworden, die erkannt hat, dass ohne die Befähigung des Patienten zum Selbstmanagement seiner Erkrankung ein derart komplexes System wie die Blutzuckerregulation nicht handhabbar ist. Die strukturierten Schulungsprogramme der Arbeitsgruppe um Prof. Dr. Michael Berger und Prof. Dr. Ingrid Mühlhauser wurden in die Gesundheitssysteme verschiedener Länder der Welt integriert und sorgen heute dafür, dass sich Patienten die notwendigen Kompetenzen aneignen können, um ihre Erkrankung eigenhändig zu managen (Mühlhauser & Berger 2002).

Die Diabetes-Leitlinien notieren deshalb: Für den Typ 1 Diabetes wurde Anfang der 80er Jahre von der Düsseldorfer Arbeitsgruppe um Michael Berger und Ingrid Mühlhauser das „Behandlungs- und Schulungsprogramm für intensivierte Insulintherapie" für den stationären Bereich entwickelt. Es umfasst 12 Unterrichtseinheiten à 90 min und wird in der Regel in einem Zeitraum von 5-7 Tagen in Kleingruppen bis zu 4 Personen umgesetzt. Dieses Schulungsprogramm wurde zur Einführung einer intensivierten Insulintherapie im stationären wie ambulanten Bereich evaluiert. In der Hauptevaluationsstudie (Bucharest-Duesseldorf-Study), einer 3-armigen, kontrollierten, nicht randomisierten Studie mit 300 Patienten und Nacherhebungen nach 3, 6, 12 und bis zu 24 Monaten, konnte bei der intensivierten Gruppe, bei der eine Umstellung auf eine intensivierte Insulintherapie inklusive einer Schulung erfolgte, eine signifikante Reduktion des Blutzuckerlangzeit-Wertes (HbA1c (12,3% vs. 9,3%)) 1 Jahr bzw. (12,3% vs. 9,5%) 2 Jahre nach der Schulung sowie ein signifikanter Wissenszuwachs nach 1 Jahr erzielt werden. Die Intensivierung der Insulintherapie ging nicht mit einem erhöhten Risiko schwerer Hypoglykämien einher. Die Anzahl schwerer Hypoglykämien und diabetischer Ketoazidosen konnte reduziert werden, ebenso die Häufigkeit und Dauer von Krankenhausaufenthalten (S3-Leitlinien IDDM).

4. Iatrogene Folgen der einseitigen physischen Behandlung

Welche Auswirkungen mag nun dieses Behandlungsparadigma auf das Individualitätskonzept der Patienten haben? Während das Überleben immer besser gewährleistet werden kann und die Verbesserung der Insulinbehandlung und Blutzuckerselbstmessung immer weitere Möglichkeiten der Anpassung der Therapie an die Lebensbedürfnisse des Patienten ermöglicht, bleibt die Persönlichkeit des Patienten immer mehr zurück. Meiner Wahrnehmung nach werden durch die einseitige Fokussierung der Behandlung auf die physiologischen Blutzuckerwerte die Menschen – unbewusst – zusätzlich durch die Behandlung, also iatrogen, „geschädigt", indem der inneren Erlebensdimension der Person die Bedeutung abgesprochen wird. Jahrzehntelang wurden psychologische Aspekte als Epiphänomene bezeichnet, die in keiner grundlegenden Wechselbeziehung mit der organischen Erkrankung stehen könnten. Depressionen und Essstörungen werden als Komorbiditäten definiert. Obwohl sie bei Diabetikern 2-4 Mal so häufig auftreten wie bei Nichtdiabetikern, werden sie kaum in einen wechselseitigen Zusammenhang mit der Erkrankung gebracht. Entsprechend wird in der Begegnung mit dem Arzt auch nur der Blutzuckerwert besprochen, biographische und emotionale Dimensionen sind selten oder kaum von Bedeutung. Da die Behandlung emotionale Aspekte nicht integriert, werden sie auch von den Patienten unbewusst abgespalten und treiben dann ihr entsprechendes Unwesen (Teising 1997). Ich stelle daher die Hypothese auf, dass das fehlende Konzept einer Diabetologie, welche die physische, emotionale, geistige und spirituelle Dimension des Menschen umfasst, ohne, dass sie das beabsichtigt, noch zusätzlich zu einer Schwächung der Individualität des Menschen führt.

5. Individualisierte Medizin aus der Sicht von Patienten

Zurzeit wird viel über den Begriff einer personalisierten bzw. individualisierten Medizin gestritten, wobei insbesondere solche Perspektiven den Diskurs bestimmen, die sich auf genombasierte Konzepte von personalisierter Medizin stützen. Die Patientenperspektive hingegen scheint wenig in den Diskurs aufgenommen zu werden, weshalb wir im Rahmen einer Meta-Ethnographie alle qualitativen Studien über Gründe zum Aufsuchen von CAM-Therapeuten in Hinblick auf ihre impliziten Konzepte von individualisierter Medizin analysiert haben. Folgende Dimensionen einer individualisierten Medizin aus Patientenperspektive konnten wir dabei identifizieren:

– Patienten verstehen unter einer individualisierten Medizin eine Medizin, die die verschiedenen Dimensionen des Menschseins (physische, psychische, geistige und spirituelle Dimension) umfasst, deren Wechselwirkungen wahrnimmt und diese sowohl bei der Anamnese und Diagnose als auch bei der Therapie berücksichtigt.
– Patienten verstehen unter einer individualisierten Medizin eine Medizin, die die Erkrankung in Relation und Wechselwirkung zu dem jeweiligen biographischen Zeitpunkt wahrnimmt und in Beziehung setzt. Eine individualisierte Medizin unterstützt die Patienten bei der Wahrnehmung und Umsetzung der jeweiligen entwicklungspsychologisch relevanten Aufgaben und Potentiale trotz oder auch gerade mit Hilfe der jeweiligen Erkrankung.
– Patienten verstehen unter einer individualisierten Medizin eine Medizin, in der Therapeuten mit ihnen ein bedarfsgerechtes Arbeitsbündnis auf Augenhöhe eingehen, in dem sowohl die Diagnose als auch die jeweiligen Handlungsoptionen in Hinblick auf die möglichen positiven, negativen bzw. fehlenden Auswirkungen auf den Patienten besprochen werden und er/sie in die Entscheidung über die Behandlung als Koproduzent gleichermaßen einbezogen wird. Ein Arbeitsbündnis bedeutet auch, dass die jeweils relevanten Partner in die Kommunikation – je nach Bedarf – mit einbezogen werden. Der Bedarf der Patienten kann auch – zu unterschiedlichen biographischen Zeitpunkten und in unterschiedlichen Situationen – sein, sich dem Arzt anvertrauen zu können und nicht in die Entscheidungen mit einbezogen sein zu wollen.
– Patienten verstehen unter einer individualisierten Medizin eine Medizin, die die verschiedenen Angebote und Möglichkeiten für den

jeweiligen Patienten gemeinsam mit ihm prüfen und in Anspruch nehmen kann.
- Patienten verstehen unter einer individualisierten Medizin eine Medizin, die die jeweiligen Ressourcen zur Selbstregulation und -aktivierung des Patienten erhebt, nutzt und weiter entwickelt. Dazu gehört auch, dass den Patienten die notwendigen Kompetenzen zur Verfügung gestellt werden, um mit einer jeweiligen Erkrankung möglichst autonom und selbständig umgehen zu können (Schulungsprogramme, Entscheidungshilfen, übende Verfahren).
- Patienten verstehen unter einer individualisierten Medizin eine Medizin, die die entsprechenden Kontextfaktoren für eine gesundende Entwicklung berücksichtigt und entsprechend schädliche Interventionen (abwertendes Sprechen, ungeschützte Räume, würdelose Kommunikation) vermeidet und nach Möglichkeit durch gesundheitsfördernde Kontextfaktoren ersetzt (Franzel et al. 2013).

Was bedeutet dies nun für die Diabetologie?

6. Suche nach einem Konzept für eine individualisierte Diabetologie

Die Reintegration der Individualität ist ein Prozess, der auf verschiedenen Ebenen stattfindet. Dabei kann die Diabetologie exemplarisch gesehen werden als Lehrbeispiel, an dem individuelle Handlungskompetenz entwickelt wird und weiterhin entwickelt werden kann und muss. Zu allererst geht es dabei auf der physiologischen Ebene um die Befähigung zum individuellen Management des Blutzuckerspiegels. Des Weiteren geht es aber auch in der Diabetologie um die Reintegration der emotionalen und biographischen Ebene.

6.1 Befähigung zum individuellen Blutzuckermanagement als Basis der modernen Diabetologie

Die Behandlung des insulinpflichtigen Diabetes mellitus ist ein Paradebeispiel für die Entwicklung individualisierter Behandlungsansätze. Diese Individualisierung ist schon auf der rein physiologischen Basis des Blutzuckermanagements absolut notwendig.

Kaum eine andere Erkrankung ist so stark darauf angewiesen, jeden einzelnen Patienten dazu zu befähigen, sein individuelles Behandlungskonzept zu entwickeln. Die Insulindosis muss sich jeder Patient individuell herausarbeiten, das bedeutet unter Umständen eine stündlich veränderte Basisdosierung (bei Insulinpumpenträgern) und je nach dem unterschiedliche Insulineinheiten zur Abdeckung der jeweils aufgenommenen individuell und täglich sehr verschiedenen Kohlehydratmengen und jeweils individuell unterschiedliche Korrekturregeln – die sich auch noch über den Tag hinweg unterscheiden können. Und: Diese individuelle Insulindosisanpassung muss immer wieder aktualisiert und überarbeitet werden, am besten durch den Patienten selber. Der sportbetonte Urlaub, der Flug in ein anderes Land, die Umstellung der Ernährung, der Wettkampf, und erst recht biographische, gegebenenfalls hormonelle Veränderungen wie die Schwangerschaft oder die Wechseljahre verlangen ein grundsätzlich anderes Insulinmanagement.

Hier kommt dem Arzt eine grundsätzlich andere Rolle zu: Idealerweise ist er – in der Regel aber noch viel mehr die geschulte Diabetesberaterin – der Coach oder Begleiter und Unterstützer einer ständigen Reflektion eines angemessenen Blutzuckermanagements.

In kaum einer anderen Indikation wurden deshalb schon seit den 80er Jahren so systematisch Schulungsprogramme zur individuellen Befähigung zum Selbstmanagement von Patienten entwickelt. Leitlinienkonforme Behandlung von Menschen mit Diabetes mellitus, Typ 1 beinhaltet dementsprechend also immer die Schulung zum Selbstmanagement der eigenen Erkrankung. Deutlich wurde in den Evaluationsstudien, dass Schulungsprogramme insbesondere dann erfolgreich sind, wenn sie auf eine möglichst hohe Unabhängigkeit vom Arzt abzielen und die Lebensqualität als Endpunkt neben dem klinischen Endpunkt (HbA1c) evaluieren (Mühlhauser & Berger 2002).

6.2 Reintegration medizinhistorischer Forschungsansätze

Die heutige Diabetologie versteht den Diabetes mellitus primär als eine organ-physiologische Erkrankung. Auch die derzeitigen ätiologischen Forschungen zur Entstehung von primär insulinabhängigem Diabetes mellitus sind einem ausgesprochen physiologischen Weltbild verhaftet. Schwerpunkte derzeitiger ätiologischer Untersuchungen sind unter anderen der Einfluss von Ernährung und anderer Umweltfaktoren auf die Entstehung von Typ 1 Diabetes mellitus (Hummel et al. 2014). Mögliche biographische emotionale oder bindungsabhängige Einflussfaktoren wurden in großen Studien bislang nicht berücksichtigt. Dabei weist die immer umfangreicher werdende Bindungsforschung ausreichend darauf hin, dass Bindungsqualitäten ein Risikofaktor für die Entstehung von physischen Erkrankungen sogar noch im Erwachsenenalter sein können (Puig et al. 2013). Nach Ludwik Fleck (Berger 2007) ist unsere Wissenschaft denkstilgeprägt, also nicht der Drang zur objektiven Wahrheit alleine bestimmt die Entwicklung wissenschaftlicher Tatsachen, sondern wissenschaftliche Tatsachen sind auch soziale Konstrukte bestimmter Anschauungen und Interessen, so wie das Diabetesmodell, welches sich bislang durchsetzen konnte, aus sehr pragmatischen Gründen zur Zeit noch immer ein organbezogenes Pankreas-Modell ist. Das pragmatische Diabetesmodell setzte sich durch, denn Insulin konnte aus der Bauspeicheldrüse von Tieren gewonnen werden und die fehlende Funktion der menschlichen Bauspeicheldrüse substituieren. Das fehlende Hormon konnte als Ersatz gegeben werden und ermöglichte so auch einer wachsenden pharmazeutischen Industrie lukrative Anwendungsfelder. Dementsprechend wurden auch alle weiteren relationalen, umfassenderen Ansätze zum Verständnis der Entstehung des Typ 1 Diabetes nicht weiter entwickelt. In den Ansätzen von Victor Schaefer (Schaefer 1956), der sich auf die Relationspathologie von Gustav Ricker bezieht, wird der Diabetes mellitus in Abgrenzung zum Pankreasdiabetes als eine Regulationserkrankung dargestellt und dementsprechend als eine funktionale Stoffwechselstörung gesehen, bei der die Informationsweiterleitung an den Nervenendstrombahnen eine besondere Rolle spielt. Die Nerven sind in diesem Konzept nicht mehr ausreichend erregbar, um das betreffende Organ – hier die Inseln – ausreichend zu innervieren. Schaefer versteht sein Konzept als ein biologisches. Die Innervierung wird zum Ausdruck des „Lebensnervs". Sein Behandlungskonzept versucht dementsprechend auf verschiedenen Ebenen vorzugehen und psychologische und physiologische Aspekte nebeneinander zu stellen. Die Relationspathologie von Gustav Rickers wird heute nur noch medizinhistorisch diskutiert, auch wenn hin und wieder auf die Bedeutung dieses nicht nur zellulär bezogenen Ansatzes hingewiesen wird (Büngeler 1960).

6.3. Wahrnehmung der gesamten Persönlichkeit und ihrer Bedürfnisse

Aber auch Menschen mit einem insulinabhängigen Diabetes mellitus wünschen möglicherweise die Integration der emotionalen Dimension in das Gesamtbehandlungskonzept ihrer Erkrankung. So konnte bei der Analyse von homöopathischen Fallstudien zu Diabetes mellitus herausgearbeitet werden, dass gerade in dem nicht auf die gestörten Glukosetoleranz reduzierten Menschenbild der Homöopathie ein Grund liegen kann, warum Menschen – und eben auch Menschen mit einem Diabetes mellitus – homöopathisch arbeitende Therapeuten aufsuchen.

Während in der normalen Diabetologie die psychologische Dimension noch immer als Epiphänomen dargestellt wird und erst über eine gesonderte Pathologisierung, der Vergabe eines ICD-Schlüssels und einer entsprechenden Facharztüberweisung einer Besprechung zugänglich und deshalb verständlicherweise lieber gemieden wird, genießt der Patient in der homöopathischen Behandlung, dass er nicht auf die gestörte Glukosetoleranz reduziert wird, sondern in seiner Individualität inklusive seiner möglicher Weise psychologischen Baustellen (z.B. der Angst vor Hunden, der Burnout-Gefahr wegen der kommunikationsunfähigen

Arbeitskollegen oder der Unfähigkeit, sich für eine Studienplatz zu entscheiden), wahrnehmbar wird. Für den Patienten erzeugt die homöopathische Anamnese das Gefühl, durch die Wahl des geeigneten Mittels in der klassischen Homöopathie als Individuum wahrgenommen zu werden (Berger 2003, Schmacke et al. 2014).

In den psychoneuroimmunologischen Forschungen mehren sich die Hinweise darauf, dass Stress der Mutter das Risiko der Entstehung einer insulinpflichtigen Diabetes mellitus-Erkrankung bei den Kindern erhöhen kann (Sepa et al. 2005, Sepa & Ludvigsson 2006). Aber diese Hinweise werden weder anamnestisch noch therapeutisch zur Kenntnis genommen und genutzt. Zumindest für den Typ 2 Diabetes wurde jedoch von Achim Peters (Peters & Junge 2011) ein Modell erstellt, welches aus systemtheoretischer Sicht physiologische und psychologische Dimensionen zusammen betrachtet und zu neuen Erklärungsmodellen für die Entstehung und Behandlung des Typ 2 Diabetes mellitus kommt. Auf dem Hintergrund der Theorie vom egoistischen Gehirn, welches zu allererst die energetischen Ressourcen für sich in Anspruch nimmt, definiert Peters die Ursachen des Diabetes mellitus Typ 2 als ein Kommunikationsproblem zwischen Gehirn und Körper. Diese Kommunikationsprobleme führen – so die Forschung der Gruppe um Peters – auf Dauer zu einem emotionalen Ungleichgewicht, in welches zum Beispiel Menschen geraten, die Dauerstress ausgesetzt sind, den sie nicht beherrschen können. Die beste Therapie aus seiner Sicht ist die Herstellung des emotionalen Gleichgewichts, um den Energieverbrauch des Gehirns nicht von extern bedienen zu müssen, sondern aus den körperlichen Ressourcen beziehen zu können. Peters definiert das emotionale Ungleichgewicht und den Dauerstress als einen wesentlichen Entstehungsfaktor des Diabetes mellitus Typ 2 und die Behandlung mit Insulin als eine absolut kontraproduktive Behandlung, weil sie zu einer weiteren Gewichtszunahme führen muss.

6.4 Forschungsansätze aus der Ich-Perspektive

In meiner individuellen Diagnose über Imaginationen meiner inneren Bauchspeicheldrüse im Rahmen der Methoden des katathymen Bilderlebens (Kottje-Birnbacher) komme ich zu dem Ergebnis, dass meine Langerhansschen Zellen vertrocknet sind, weil sie die Information über den Bedarf an Insulin nicht erreicht und die Nicht-Inanspruchnahme durch den Organismus die Insulinausschüttung zum Versiegen bringt. In meiner subjektiven Krankheitstheorie handelt es sich also um einen Kommunikations- und Übersetzungsfehler zwischen meinem Hirn und meiner Bauchspeicheldrüse. Dieses Motiv begegnete mir in der Theorie der Relationspathologie des Gustav Rickers, aufgegriffen durch den Pathologen Prof. Dr. med. Victor Schaefer (Schaefer 1956, siehe 5.2). Ulrich

Weger bezeichnet die Seele als „das in mir individualisierte Geschehen der Welt" (Weger 2014). Diese sehr schlichte Definition weist darauf hin, dass die Entwicklung einer seelischen Dimension eng verwoben ist mit der ständigen Herausforderung, eigenständige Lösungen zu finden. Außerdem kann sie als ein Prozess der Wahrnehmung und Entwicklung einer individuellen Position gegenüber den Einflüssen der Umwelt und den jeweiligen Herausforderungen der eigenen Entwicklung gesehen werden. Welche Möglichkeiten und Zugänge gibt es hierfür? Aus dem Gefühl heraus, durch die Blutzuckertagebuchführung auf physiologische Dimensionen reduziert zu werden, habe ich mir ein Blutzuckertagebuch entworfen, welches neben den äußerlich gemessenen BZ-Werten genau so viel Platz für die innerlich erlebten Gefühle und Gedanken vorsieht, so dass ich beides parallel aufzeichnen kann.

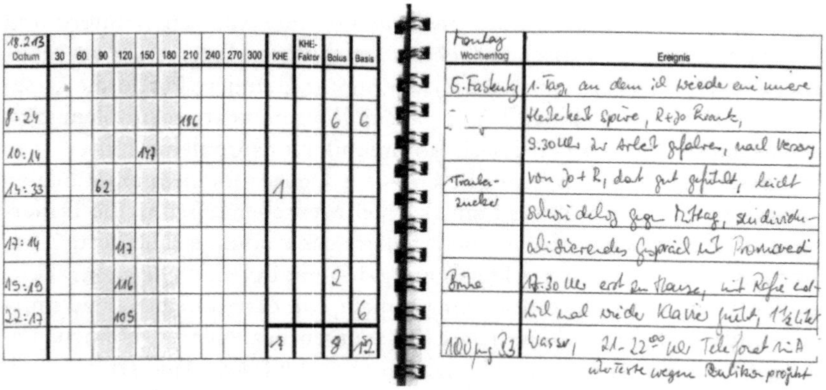

Abbildung 4: Ausschnitt aus meinem persönlichen Tagebuch

Was mir durch die veränderte Tagebuchführung klar wurde, mag auf den ersten Blick belanglos erscheinen, aber deutlich machen, wie wenig die seelische Innenperspektive reflektiert wird. Bislang galt für mich, dass eine eigenständige Berechtigung für die Berücksichtigung der emotionalen Ebene nicht existiert. Die moralische Bewertung eines Blutzuckerwertes (ich fühle mich schlecht, weil mein Befund schlecht ist) führt zu einer Verquickung von Befund und Befindlichkeit. Durch die getrennte Aufzeichnung und Reflektion der erlebten Gefühle erhält diese Wertschätzung und Berechtigung. Ich kann beide Ebenen als getrennt voneinander wahrnehmen. Ich mache sehr interessante Beobachtungen: Normgerechte (gute) Werte können gleichzeitig mit emotionalen Missempfindungen (Trauer, depressiven Gefühlen) einhergehen, wogegen nicht jeder schlechte BZ-Wert ein emotionales Unwohlsein erzeugen muss. Dadurch wird im Laufe der Zeit ein wertfreies, entspannteres Management der BZ-

Werte möglich. Erst das sachliche Managen der BZ-Werte ermöglicht die eigenständige Beschäftigung mit der emotionalen Ebene und das Management von Emotionen. Durch diese Beobachtung wurde mir erst klar, dass Gefühle und Blutzucker, und somit physische und emotionale Ebene, durchaus jeweils ein Eigenleben und eine eigenständige Daseinsberechtigung haben. Ich kann mich unabhängig von meinen Blutzuckerwerten gut oder schlecht fühlen, und meine Blutzuckerwerte können unabhängig von meinem Befinden gut oder schlecht sein. Mir war überhaupt nicht klar, wie stark ich über die Jahrzehnte durch die Art und Weise der Blutzuckerbesprechungen darauf konditioniert worden bin, mein Wohlbefinden an meine Blutzuckerwerte zu koppeln und meinem innerlichen Erleben gar keine eigenständige Existenzberechtigung neben meinen Blutzuckerwerten mehr zuzugestehen.

In den modernen Embodiment-Theorien wird das Psychische definiert als eine Art umfangreiches, reichhaltiges Gedächtnis gemachter Erfahrungen. Die Interaktion des wachsenden Individuums mit den eigenen externen und internen Realitäten produziert eigenes Wissen, die eigene Biographie, den jeweils eigenen psychischen Apparat – die Individualität. Folgerichtig schlagen die Autoren vor, auch das Thema der Persönlichkeitsentwicklung unter der Perspektive des Lernens zu sehen. Die Lern- und Verarbeitungsprozesse spielen sich zu einem wesentlichen Anteil an den Nervenübergängen ab. Die Gedächtnisinhalte sind als individuell erworbenes symbolisches, emotionales Wissen kodiert. So werden gerade die Synapsen als die Übergänge von einem Nerv zum anderen als die Stellen wahrgenommen, an denen Vernetzung, Erfahrungsspeicherung, Lernen oder auch Verlernen geschieht und somit ein Übergang zwischen biographischen Erfahrungen und physischen Prozessen wahrnehmbar wird. Die auf dieser Grundlage erarbeiteten Selbstmanagementprogramme zur Stressreduktion stellen aber erst den Anfang eines möglicherweise langen Forschungs- und Entwicklungsunterfangens dar, welches es möglich machen könnte, auch somatische Erkrankungen als eine erlernte Verhaltensweise zu sehen, die eine für den jeweiligen Erkrankungszeitpunkt sinnvolle Überlebens- und Anpassungsstrategie darstellt, die aber unter den jeweils geeigneten Umständen auch wieder als umlernbar gedacht werden könnte. In der Epilepsietherapie konnte dies einer Patientin gelingen. Dona Andrews, die selbst schwer unter Epilepsie litt, konnte durch aufmerksame Beobachtungen ihres Verhaltens ihre eigene Anfallsneigung als eine erlernte, aber veränderbare Reaktion verstehen und somit umlernen (Michaelis et al. 2012). Sie ist heute anfallsfrei und lehrt andere Patienten, wie sie Ihre Anfallshäufigkeit reduzieren können. Wir beginnen jetzt, diese Ansätze der Innenwahrnehmung daraufhin zu überprüfen, inwieweit sie auch für die Diabetologie fruchtbar sein könnten.

7. Zusammenfassender Ausblick

Die Geschichte der Diabetologie und die Wahrnehmung der heutigen Patienten in diesem System können beispielhaft darauf hinweisen, wie das Gesundheitswesen eine entindividualisierte Medizin zu ihrem Paradigma gemacht hat. Die Überwindung der Entindividualisierung in der Diabetologie könnte demnach ebenso weitreichende Auswirkungen auf die Medizin haben, wie die Entwicklung der entvitalisierten Medizin durch die Diabetologie zu ihrem beeindruckenden Erfolg auf der physiologischen Ebene geführt hat. Eine Diabetologie, die den gesamten Menschen berücksichtigt, kann entwickelt werden. Sie kann schon bei der Anamnese biographische und psychologische Dimensionen auf der Grundlage moderner Instrumente ausreichend berücksichtigen und in die Therapie von Anfang an mit einbeziehen. In der langjährigen Betreuung geht es darum, immer eine ausreichende Balance zwischen den entwicklungspsychologischen und medizinischen Belangen herzustellen. Die umfangreichen wesentlichen Erkenntnisse der Mind-Body Medizin können in die Diabetologie integriert werden. Wesentliche Erkenntnisse aus diesem Bereich, wie zum Beispiel die von Achim Peters zum Typ 2 Diabetes können in die Patientenversorgung überführt werden. In der ätiologischen Forschung müssen nicht nur physiologische, sondern auch weitere Dimensionen in die Untersuchung integriert werden. Die anthroposophische Medizin bietet einen hervorragenden Rahmen, um die Integration aller Bereiche des menschlichen Seins zu berücksichtigen: Die physiologischen, emotionalen, mentalen und geistigen Bereiche, um so zu grundlegend neuen Einsichten in die Entstehung und Behandlungsmöglichkeiten von Erkrankungen kommen zu können (Heusser 2011). Die Behandlung von Menschen mit chronischen Erkrankungen ist in weiten Teilen der Medizin nach wie vor dem Paradigma der Medizin als Reparaturunternehmen vergleichbar. Menschen mit chronischen Erkrankungen werden auf ihre Medikamente eingestellt. Unter Umständen kann die Reduktion auf die physiologische Handhabung der Erkrankung selber zu einer weiteren iatrogenen Reduktion des Menschen auf die physiologische Ebene führen und somit pathologisierende Folgen haben. Das anthroposophische Menschenbild und somit alle integrativmedizinischen Ansätze bieten aber die Chance, dem Menschen trotz oder auch durch seine Erkrankung in seinem Anliegen nach Individualisierung und Entwicklung einen entsprechenden Rahmen und die notwendige Unterstützung anzubieten, aber dieses Feld muss an vielen Stellen noch sehr detailliert entwickelt werden. Für die Diabetologie wird ein Pfad hierzu erahnbar und sollte im Rahmen einer integrativen Diabetologie weiter entwickelt werden.

Literatur

Berger B. 2003. *Krankheit als Konstruktion – Diabetes mellitus*. KVC Verlag Karl und Veronica Carstens-Stiftung, Essen.

Berger B. 2007. Expertokratie oder Demokratie? Bedeutung der Patientenbeteiligung für die Entstehung wissenschaftlicher Tatsachen in der Medizin am Beispiel der evidenzbasierten Diabetologie. *In:* Choluj B, Joerden JC (Hrsg). *Von der wissenschaftlichen Tatsache zur Wissensproduktion - Ludwik Fleck und seine Bedeutung für die Wissenschaft und Praxis. Studien zur Ethik in Ostmitteleuropa*, S. 191-211. Peter Lang, Frankfurt am Main.

Büngeler W. 1960. Die Entwicklung von der Virchowschen Zellularpathologie zur Relationspathologie. *In: Rudolf Virchow Medical Society, Festschrift zur 100-Jahr-Feier*. Karger, Basel.

Foucault M. 1993. *Die Geburt der Klinik. Eine Archäologie des ärztlichen Blicks*. Fischer Wissenschaft, Frankfurt am Main.

Franzel B, Schwiegershausen M, Heusser P, Berger B. 2013. Individualised medicine from the perspectives of patients using complementary therapies: A meta-ethnography approach. *BMC Complement Altern Med. 13*: 124.

Heusser P. 2011. *Anthroposophische Medizin und Wissenschaft: Beiträge zu einer ganzheitlichen medizinischen Anthropologie*. 1. Aufl. Schattauer, Stuttgart.

Hummel S, Vehik K, Uusitalo U, McLeod W, Aronsson CA, Frank N, Gesualdo P, Yang J, Norris JM, Virtanen SM, TEDDY Study Group. 2014. Infant feeding patterns in families with a diabetes history – observations from The Environmental Determinants of Diabetes in the Young (TEDDY) birth cohort study. *Public Health Nutr. 17(12)*: 2853-2862.

Kottje-Birnbacher L. 2001. Einführung in die katathym-imaginative Psychotherapie. *In:* Österreichische Gesellschaft für Angewandte Tiefenpsychologie und Allgemeine Psychotherapie (ÖGATAP). *Imagination*, Jg. 24(4). Facultas-Universitäts-Verlag, Wien.

Lalouschek J. 2002. *Ärztliche Gesprächsausbildung. Eine diskursanalytische Studie zu Formen des ärztlichen Gesprächs*. Verlag für Gesprächsforschung, Radolfzell.

Michaelis R, Schonfeld W, Elsas SM. 2012. Trigger self-control and seizure arrest in the Andrews/Reiter behavioral approach to epilepsy: A retrospective analysis of seizure frequency. *Epilepsy Behav. 23(3)*: 266-271.

Mühlhauser I, Berger M. 2002. Patient education – evaluation of a complex intervention. *Diabetologia 45(12)*: 1723-1733.

Peters A, Junge S. 2011. *Das egoistische Gehirn – Warum unser Kopf Diäten sabotiert und gegen den eigenen Körper kämpft*. 3. Aufl. Ullstein Buchverlag, Berlin.

Pischinger A. 1975. *Das System der Grundregulation: Grundlagen einer ganzheitsbiologischen Medizin*. HAUG-Verlag, Stuttgart.

Puig J, Englund MM, Simpson JA, Andrew W. 2013. Predicting Adult Physical Illness From Infant Attachment: A Prospective Longitudinal Study. *Health Psychology 32(4)*: 409-417.

Schaefer V. 1956. *Relationspathologie und Diabetes mellitus: Die pathologische Funktion als Wegweiser für die Therapie.* Karl F. Haug Verlag, Ulm, Donau.

Schmacke N, Muller V, Stamer M. 2014. What is it about homeopathy that patients value? And what can family medicine learn from this? *Qual Prim Care 22(1)*: 17-24.

Schuhmacher H, Schuhmacher J. 1956. Diabetes mellitus, einst und jetzt. 100 Jahre DM. *Münchener med Wochenzeitschrift 96*: 517-521, 581-588, 601-604.

Seiffge-Krenke I. 1996. *Chronisch kranke Jugendliche und ihre Familien: Belastung, Bewältigung und psychosoziale Folgen.* Kohlhammer, Stuttgart.

Sepa A, Frodi A, Ludvigsson J. 2005. Mothers' experiences of serious life events increase the risk of diabetes-related autoimmunity in their children. *Diabetes Care 28(10)*: 2394-2399.

Sepa A, Ludvigsson J. 2006. Psychological stress and the risk of diabetes-related autoimmunity: A review article. *Neuroimmunomodulation 13(5-6)*: 301-308.

Teising M. 1997. Die Manifestation psychischer Repräsentanzen des Diabetes Mellitus in Übertragung und Gegenübertragung. *In:* Herold R, Keim J, Konig H, Walker C (Hrsg). *Ich bin doch krank und nicht verrückt*, S. 98-110. Attempto, Tübingen.

Teupe B. 2011. *Die Logik meines Diabetes.* Eigenverlag, Bad Mergentheim.

Weger U. 2014. Die Frage nach Seele und Geist im Psychologiestudium. *Die Drei 2*: 33-45.

Spirituelle Aspekte der Individualität im Kontext der modernen Medizin

Georg Soldner

1. Gibt es spirituelle Aspekte der Individualität im Kontext der modernen Medizin?

Geist und Bewusstsein

Gibt es einen Beleg dafür, dass es Geistiges gibt? – Vielleicht ja, in Gestalt unseres Bewusstseins. Denn was sollte es sonst sein, da ein Gedanke weder Länge noch Breite noch Gewicht hat und auch nicht in kWh sinnvoll messbar ist? Stammt also unser Verständnis des Wortes Geist, Spiritus, aus dem Erleben unseres Bewusstseins?
 Was ist spirituell? *Geist wird heute gerne gleichgesetzt mit Bewusstsein.* Die Frage, ob das Gehirn das Bewusstsein hervorbringt oder ob letztlich alle Wahrnehmungen und Begriffe der Neurobiologie erst einmal Tatsachen des wahrnehmenden und erkennenden Bewusstseins sind, verdeckt die Frage, ob es nicht ein und der selbe Geist sein könnte, der an der Genese, der sich wandelnden Gestalt unseres Gehirns, ja unseres Leibes maßgeblich beteiligt und zugleich in uns denkend und handelnd bzw. Handlungen hemmend tätig ist.
 Gibt es in uns Geistiges, dann wohl auch um uns, in der Welt, und bereits, ehe er uns bewusst wurde. Ist es bewiesen, dass Materie vor dem Geist existierte? Bis zu welchem Zeitpunkt der Vergangenheit schließen wir den Geist als wirkmächtige Realität dieser Welt aus? Welche Kräfte brachten evolutiv die menschliche Leiblichkeit hervor, die uns ermöglicht, im Leibe und zugleich bewusst zu sein?

Geist und Leib

Wenn etwa unsere nackte Haut so anders gestaltet ist als die von Schimpanse oder Gorilla und aufgrund ihrer einzigartigen Wärmeregulationsfähigkeit thermodynamisch die Funktion unseres Großhirns unter natürlichen, nicht klimatisierten, körperlich herausfordernden Bedingungen erst ermöglicht und phylogenetisch gleichzeitig mit der humanspezifischen Evolution des Großhirns entstanden ist (Jablonski 2010) – *zeugt dann nicht die ganze Architektur unseres Leibes von dem Geist, den wir bewusst erfahren?* Der sich in diesem Leib als dem seinen bewegt, fühlt, der Bewusstsein entfaltet und das Erleben hat, fähig zu sein zu einer freien Tat? Der sich als Eines, Unteilbares, als Individualität erlebt? Tritt unsere

Differenz zur materiellen Welt, unsere spirituelle Qualität nicht vor allem in Erscheinung, wenn wir Fragen stellen, wenn wir lernen, anders zu leben, zu fühlen, zu denken, zu handeln als unsere Eltern? Ist nicht der ganze Leib Ausdruck und Organ dessen, der leiblich in der Lage ist, Fragen zu stellen, der aber auch jederzeit bedroht ist, sein Gleichgewicht zu verlieren? Fragen, auf die wir noch keine Antwort wissen?

2. Was nennen wir „gut" in der Medizin?

Der Patient stellt Fragen: „Nach dem Befund, was fehlt mir?" – eine Frage, die heute auch sehr spirituelle Menschen durchaus exakt, oft unter Einbezug von Laborbefunden und bildgebenden Verfahren, beantwortet haben wollen – auch große Esoteriker schätzen die Histologie, den naturwissenschaftlich fassbaren Befund. Ein Befund wie Blutdruck 150/90 mm sagt nichts dazu, ob wir ihn krank oder gesund nennen. Der Befund an sich kann nur zutreffend oder unzutreffend sein, aber er beinhaltet als solcher keine normative Dimension. Ob eine naturwissenschaftlich erfasste Erkenntnis zutreffend ist, entscheidet sich an ihrer Nachvollziehbarkeit und Wiederholbarkeit (so messen wir auch den Blutdruck öfter, aber auch für wissenschaftliche Publikationen, für Wirksamkeitsnachweise, fordern wir Wiederholbarkeit). In der Wiederholbarkeit durch Dritte liegt die Qualität der technischen Beherrschbarkeit, die naturwissenschaftliche Erkenntnisse uns eröffnen. Wir verdanken etwa bei einem komplizierten Knochenbruch dieser Basis der modernen Medizin Entscheidendes: Ein gereiftes Wissen über technische Machbarkeiten und behandlungstechnische Optionen, das sich auch in Leitlinien spiegeln kann.

Der Patient aber fragt weiter: „Was bedeutet dieser Befund für mich? Bin ich krank?" Und er fragt nach Möglichkeiten der Behandlung, danach, was *für ihn jetzt ein guter Weg ist.*

Die Frage nach Gut und Böse, nach dem, wie ich handeln oder behandeln und nach dem, was ich meiden oder unterlassen soll, ist keine Frage, die naturwissenschaftlich beantwortbar ist: Im Reich von Physik und Chemie ist sie nicht sinnvoll zu stellen. Sie impliziert *Werte*: z.B., dass es besser ist, bei einem metastasierten Bronchialkarzinom einen Monat länger zu leben und dafür starke Einschränkungen durch eine Chemotherapie und all ihre ökologischen Folgen in Kauf zu nehmen. Oder, dass ich primär eine palliativmedizinische Therapie wähle und vor allem im Bewusstsein des nahenden Todes bestimmte Handlungen vollziehe; oder dass es besser ist, sein Leben zu wagen, um ein ertrinkendes Kind zu retten anstatt primär die eigene Sicherheit zu wahren. *Im Kern ist die Frage nach dem Guten nie wiederholbar und deshalb auch nicht an eine Gemeinschaft* (sei sie religiös, wissenschaftlich oder politisch definiert) *deligierbar, weil sie jetzt zu beantworten ist, durch mich, vielleicht durch die, die für mich sorgen, weil ich es nicht selbst kann, und am menschlichsten im Dialog mit einem von mir gewählten oder mir schicksalhaft Begegnenden, sich mir zuwendendem Du.* Ist es besser, Antihypertensiva zu nehmen, oder den eigenen Lebensstil zu verändern und dreimal in der Woche an der Sonne spazieren zu gehen? Wirksam ist beides, doch die innere Realität, die spirituelle Realität dabei kann sehr unterschiedlich sein. Krankheit ist ein normativer Begriff, ein Begriff, der ein „nicht sein sollen" einschließt. Wir verlassen damit die Naturwissenschaft – und die Natur!

In der Wildnis ist Leben mit Krankheit nicht möglich. Erst *die Beherrschung des Feuers und solidarische Gemeinschaftsbildung* ermöglichte geschichtlich dem Verletzten, dem kranken Menschen in der afrikanischen Wildnis, wie ich sie 14 Tage „outdoor" im nördlichen Botswana erleben konnte, die Nacht zu überleben – die Nacht, in der Heilungsprozesse möglich werden. Erst der menschliche Kulturraum ermöglicht ein Leben mit Krankheit, Leben mit Behinderung, Leben im postklimakterischen Alter. Die Erfahrung der Heilung, die Tätigkeit von Pflege und Behandeln schenken uns in zentraler Art und Weise Erfahrungen, die wir „gut" nennen können und erweitern den Raum des Menschen, leben zu können. Erkranken und gesunden zu können ermöglicht, Krisen zu erleben, zu durchleben, die in freier Wildbahn schnell enden würden: Ja, sie existieren so in der reinen Natur nicht, und damit auch nicht als Dimension menschlich-spiritueller Entwicklung. Eine Biographie wie die Goethes, die ihren zahlreichen Krankheitsphasen Entscheidendes für seine kreative Leistung verdankt, ist nur in einem hoch differenzierten Kulturraum möglich; auch Hufeland hat den Faust ermöglicht.

Was ist gut? Diese Frage transzendiert Naturwissenschaft und Neurobiologie ebenso wie die freie Wildbahn. Adolf Hitler war einer derjenigen, der diese Frage wieder abschaffen wollte, der eine Welt wollte, in der den Menschen wieder die „Schönheit des Raubtieres" aus dem Gesicht blicken sollte, in der der Stärkere überlebt und den Schwächeren beherrscht und den Behinderten vernichtet. Leicht konnte ihm die Ärzteschaft der 30er Jahre die Einwilligung abringen, Behinderte zu töten, in deren minderwertiger Existenz diese Ärzte keinen Sinn sahen – dem Begriff des Sinns entkommt auch derjenige schwer, der ihn vermeiden will. Man sprach davon, dass ein Volk, also das Kollektiv, schwach werde, wenn es behinderte Menschen vor dem Naturgesetz schütze, das sie ausmerzen würde. Die Volksgemeinschaft sollte nicht belastet werden durch die Pflege für Behinderte – die Regierung übernahm das Ziel gerne, um freie Hand zu haben für den Raubzug des Stärkeren.

3. Denken und Verantwortung: Eine spirituelle Dimension der von uns erlebten Realität

Nur fünf Jahre nach der Tötung der Behinderten in Deutschland war jeder zweite gesunde junge Mann, der 1922 geboren war, tot, „gefallen". Es traf gerade die Gesunden, Starken, Wehrtauglichen – die doch unbelastet von aller Sorge um behinderte Brüder und Schwestern ein Herrenleben führen sollten. Hier zeigt sich uns etwas Wesentliches: Denken ist nicht folgenloses „Gedankenkino", menschliches Denken kann eminente Folgen haben! Das gilt gerade dann, wenn wir mit unserem Denken Leib und Bewusstsein anderer Menschen beurteilen – Medizin hat mit Leben und Tod zu tun. Das Denken des Arztes hat für seinen Patienten einschneidende Folgen, so wie das Denken einer hoch gerüsteten Industriegesellschaft für ganze Völker, die ganze Erde.

Das dritte Reich steht für die gewollte Entkoppelung von Technik und Moral. Für modernes Denken im Dienste archaisch-menschverachtenden Wollens. Es hat historisch gute Gründe, dass das Grundgesetz der Bundesrepublik Deutschland mit dem Satz beginnt: „Die Würde des Menschen ist unantastbar". Was aber ist die Würde des Menschen?

Auch am Anfang der modernen physiologischen Forschung stand keine Erkenntnis, sondern ein Wille: „Brücke und ich wir haben uns verschworen, die Wahrheit geltend zu machen, dass im Organismus keine anderen Kräfte wirksam sind als die gemeinen chemisch-physikalischen." (Du Bois-Reymonds 1918). Dies war zu diesem Zeitpunkt keine durch Studien belegte Erkenntnis, es war ein Wille, der fortan Geltung beanspruchte und der auch heute in Schriften wie denen des Neurobiologen Gerhard Roth[1] ungebrochen wirksam ist. Real wird ein solcher Zustand in unserem Leib indes erst dann, wenn etwa Zyklon B in ihm die Herrschaft an sich reißt, was exakt 100 Jahre später realisiert wurde, im gleichen Vernichtungslager, das auch Arbeitskräfte für Betriebe der IG Farben stellte, das Syndikat der deutschen chemischen Industrie. Die „gemeinen chemisch-physikalischen Kräfte" wurden spürbar, und sie waren es ja auch, die Josef Mengele bestimmten, wenn wir dem Neurobiologen Singer (2004) folgen: „Verschaltungen legen uns fest: Wir sollten aufhören, von Freiheit zu sprechen". Man kann auch sagen: Wir sollten aufhören, von

---

[1] Roth: „Unser Ich [...] ist [...] eine Fiktion, ein Traum des [in Roths Terminologie „realen"] Gehirns" (zit. nach Fuchs 2008, S. 15). Deutlich drückt sich Thomas Metzinger aus: „Die ‚Perspektive der ersten Person' ist ausschließlich ein Darstellungsphänomen, dem nichts in der objektiven Struktur der Welt entspricht(!) (ebd., S. 52). Das „reale Gehirn" von Gerhard Roth aber unterscheidet sich als Konzept nicht wirklich von der Programmatik Brückes und Du Bois-Reymonds (der menschliche Organismus ist letztlich durch „keine anderen als" die „gemeinen" Kräfte bestimmt, die Physiologie und Biochemie beschreiben).

Würde zu sprechen, ja, man kann sagen, moralisch verlässt der Betreffende den Rahmen unserer nach 1945 geschriebenen Verfassung. Solche Sätze ebnen spirituell der Gleichschaltung den Weg – kein akademischer Beruf war davon 1933 mehr angetan als die deutsche Ärzteschaft. Dass das Verhalten von Tier und Mensch letztlich gleichermaßen „den deterministischen Gesetzen physiko-chemischer Prozesse unterworfen sei" – dieser neurobiologischen Weltsicht neigen aber auch heute wieder viele Teilnehmer des Jahreskongresses der Deutschen Fachgesellschaft für Psychiatrie und Nervenheilkunde zu.

Die Frage nach dem Guten, gar nach dem *Sinn von Krise und Heilung*, nach der eigenständigen Wirklichkeit des Denkens, des Mitgefühls, die Frage nach der Freiheit, wird paralysiert durch den Verweis auf die Macht des Starken, Unbewussten, kausal Verschalteten, Zwingenden, das in uns durch das Gehirn repräsentiert sei (obwohl das menschliche Gehirn sich vor allem durch seine „offenen Schleifen" auszeichnet, wie Thomas Fuchs betont). Dann ist Moral ohne Basis, denn naturwissenschaftlich ist ein „Sein sollen", das Wort „gut", nicht sinnvoll bestimmbar. Umsatzziele, Konkurrenzprinzipien, Machtfragen werden rahmenbestimmend. Wir sehen: *Erklärt sich das Bewusstsein zur Folge unbewusster, rein natürlicher Materie, entsteht im Raum des Bewusstseins, im Dialog über Kultur und Moral etwas Ähnliches wie wenn wir in Moskau 1937 die Selbstbezichtigungen des Angeklagten hören: Wir wissen nur, dass die gesprochenen Worte nichts bedeuten und dass alles, was hier Macht hat, nicht spricht, sondern wirkt.*

Dass dies letztlich auch die zentrale Dimension der Naturwissenschaft bedroht, nämlich die befundtreue, nachvollziehbare Beantwortung offen gestellter Forschungsfragen, die negative und positive Ergebnisse gleich behandelt und mitteilt, offenbaren die zunehmenden Interessenkonflikte und Biasfragen in der publizierten medizinischen Fachliteratur.

Erkenntnis wird wie zuletzt im Marxismus auf zugrunde liegende Interessen reduziert und tritt immer unverhüllter so auf, wie etwa in den Empfehlungen der sächsischen Impfkommission SIKO zur Grippeimpfung von Kindern, die sich unschwer mit dem Produktionsstandort Dresdon von Glaxo korrelieren lassen, der Grippeimpfstoff für 74 Länder herstellt – ungeachtet dessen, dass diese Empfehlung im klaren Widerspruch zur wissenschaftlichen Evidenz und zu den Leitlinien von Fachgesellschaften (etwa zum Asthma im Kindesalter) steht[2]. Und so haben heute auch viele Patienten die Sorge, dass die ihnen empfohlene Therapie mehr die Drittmittelsituation und Interessenkonflikte der sie behandelnden und Leitlinien formulierenden Ärzte spie-

---

[2] Vgl. hierzu Soldner & Stellmann 2011, S. 122, und die dort ausführlich zitierte Literatur. So konnte bei Kindern mit Bronchialasthma oder Cystischer Fibrose kein Nutzen der Grippeimpfung belegt werden.

gelt als eine aus dem Abwägen von Diagnose und individueller Biografie, aus einer Sorge um das Gute heraus gewonnene, individuelle Entscheidung.

Die moderne Medizin verfügt historisch über einen singulären Anteil an materiellen gesellschaftlichen Ressourcen. Während in Tadschikistan sechs Dollar pro Bürger und Jahr für den Medizinbetrieb zur Verfügung stehen, sind es in den USA 13% des BIP. In Europa übertreffen die Ausgaben für das Gesundheitswesen die Rüstungsausgaben, wofür wir dankbar sein dürfen. Im Umgang mit diesen Ressourcen ist es keine triviale Frage, ob Erkenntnis materiellen Interessen folgt oder ob sie vom Phänomen des Menschseins ausgeht. Die Güte der Erkenntnis und unseres bewussten Handelns entscheidet sich zuletzt in der Wirklichkeit, in ihren Folgen – das gilt für Diagnose und Therapie ebenso wie für philosophische Konzepte. Man sollte keiner Philosophie huldigen, der man sich als Patient nur ungern anvertrauen möchte, in deren Hand man sein behindertes Kind, seine demente Mutter nicht geben möchte.

Eine humane Medizin bedarf der reproduzierbaren Erkenntnis materiell-leibgebundener Aspekte des Menschen und seiner Umwelt ebenso wie des bewussten Eintretens in die Aktualität des Geistigen, der spirituellen Dimension des Menschen, in Du und Ich und der spirituellen Dimension in der Welt der Schöpfung.

4. Spirituelle Aspekte der Individualität

Als ich am 25. März 1981, vor 33 Jahren, zum Leichnam meines Vaters geführt wurde, der an diesem Tag an einem Herzinfarkt während eines Kuraufenthalts gestorben war – damals hatte ich gerade den Präparierkurs in Anatomie hinter mir – empfand ich plötzlich und in eindringlicher Deutlichkeit: Mein Vater ist nicht mehr in diesem Körper! Hier liegt nur eine Hülle. Und zugleich war die Wirklichkeit der Individualität meines Vaters für mich, der ich noch nie etwas von Rudolf Steiner gelesen hatte, wohl aber Kant, Hegel und Marx nebst Frankfurter Schule, zugleich war diese Individualität für mich in ungeheurer Intensität gegenwärtig. Wenn Searle (1992) schreibt:

> „If one had to describe the deepest motivation for materialism, one might say that it is simply a terror of consciousness. The deepest reason for the fear of consciousness is that consciousness has the essentially terrifying feature of subjectivity." (Searle 1992, S. 55)

dann kann ich ihn verstehen – ich selbst erkrankte für sechs Wochen, und verbrachte den Tag der Bestattung meines Vaters im Krankenhaus. Doch ich hatte erfahren: Der Tod des Körpers löscht nicht die Individualität aus, die in ihm gelebt und ihn mit geprägt hat. Noch im gleichen Jahr erlebte ich in den Bergen eine weitere Schwellensituation am eigenen Leibe, bei einem glücklich gebremsten Absturz bei Überschreitung der Blümlisalp. Der Blick über die Schwelle des Todes offenbarte mir einen ganz anderen Eindruck, als es mir Schule und Studium vermittelten, eine Welt wahrer Gegenwart des Menschlichen im Zusammenhang mit seinem Ursprung.

Erst vor zwei Jahren las ich bei Pim van Lommel (2009), dass es Nahtodeserfahrungen von Angehörigen gibt, die das Leben zeitlebens so verändern können wie eine eigene Nahtodeserfahrung.

Die vielleicht eindrücklichste dieser Erfahrungen in der modernen Literatur stammt von dem amerikanischen Neurochirurgen Eben Alexander (2013). Er, bis zu seiner E. Coli-Meningitis Anhänger klassisch neurobiologischer Gedanken, fasst seine Erfahrung so zusammen:

> „Das Bewusstsein ist nicht nur alles andere als ein unwichtiges Nebenprodukt körperlicher Prozesse, wie ich vor meinem Erlebnis gedacht hatte, es ist auch sehr real, und zwar sehr viel realer als der Rest der physischen Existenz und höchstwahrscheinlich die Basis von allem... Je nachdem, mit wem man sich unterhält, ist Bewusstsein für die wissenschaftliche Forschung entweder das größte Rätsel oder absolut uninteressant. Erstaunlich ist, wie viele Wissenschaftler es für Letzteres halten" (Eben 2013, S. 202f).

Und er berichtet, wie tief er sich durch diese Erfahrung verbunden fühlt mit dem Universum als Ganzem, das er als Schöpfung aus dem Geiste, als eine primär spirituelle Tatsache also erlebt, auch wenn sie einen materiellen Aspekt hat (der freilich von geistigen Gesetzen geprägt ist). Tiefe Dankbarkeit spricht aus der von ihm berichteten Nahtodeserfahrung. In der Tat würde ich Dankbarkeit gegenüber den spirituellen Kräften, denen ich mich als bewusstes, schöpferisch tätiges Wesen verdanke, denen sich die Welt verdankt, in der ich lebe, als zentrale spirituelle Qualität des Menschen bezeichnen.

Die Gegenwart der Toten ist nicht nur Thema in Hamlet, sie ist für uns zentrales Thema der deutschen Geschichte. Wer den Raum betritt, in dem in Yad Vashem dem Tod der ermordeten Kinder des Holocausts gedacht wird – mehr als ein Viertel der ermordeten Juden waren Kinder, und unter vier Jahren wurden sie von der Deutschen Reichsbahn kostenlos nach Auschwitz transportiert, während für die übrigen Mitreisenden in den Viehwaggons zunächst der Fahrpreis III. Klasse galt – wer also diesen Raum betritt, sieht im Dunkel Lichter wie Sterne und hört eine Stimme, die ohne Unterbrechung die individuellen Namen der Ermordeten nennt, ruhig, leise. Es ist ein eindringlicher Raum, der verdeutlichen kann, wie eng Moral und die Gegenwart der Toten in unserer Seele zusammen hängen. Und welche Bedeutung es hat, jedes Einzelnen zu gedenken und keiner Zahl.

In der ärztlichen Sprechstunde erschließt sich die Individualität des Patienten in vielfältiger Weise. Sie erschließt sich wie eine Komposition, wie ein Kunstwerk: in seiner Haltung, seinem Ausdruck, seiner Mimik, Bewegung, in der Art, wie er Beziehung zum Arzt aufnimmt oder nicht, wie er spricht, wovon er erzählt oder schweigt: Ein Wesen mit Erinnerungen, Widersprüchen, mit einer einzigartigen Geschichte, die Substanz seines Wesens geworden ist, ein Mensch mit Fragen, ein Mensch in einer Krise, die zugleich die Zukunft öffnet für neue Entscheidungen, neue Wege, neue Gedanken – ein Wesen, das sich immer wieder neu entscheiden kann und letztlich jede Prognose übersteigt.

Schon beim Neugeborenen ist die menschliche Individualität wahrnehmbar und zeigt sich dem erfahrenen Pädiater manchmal in einer Deutlichkeit, die erstaunen kann – Eltern berichten dann 18 Jahre später, wie sich manches Wort, das bei der U1 gesprochen wurde, so bewahrheitet habe, dass es ihnen fast unheimlich sei. Und schließlich kann die Individualität des schwer behinderten Kindes in großer Intensität wahrnehmbar werden – in ihm selbst und in seinem Umkreis, seinen Angehörigen und Bezugspersonen. Wir können daran erahnen, wieviel Humanität eine Gesellschaft entwickeln kann, die sich der Präsenz der menschlichen Individualität öffnet, die sich nicht körperlich voll ausleben kann. Der jüdische Arzt und Anthroposoph Karl König, Begründer der Camphill-Bewegung, formulierte während des zweiten Weltkrieges in England die Vision, dass die Menschen mit Behinderung in unserer Mitte leben sollten, damit wir im Alltag immer wieder der spirituellen Dimension des Menschen inne werden (Müller-Wiedemann 1992, S. 249). Angesichts der Lebenserwartung heute muss jeder von uns damit rechnen, einen Teil seiner Biographie als Behinderter zu leben, sich und seine Mitmenschen als Behinderter zu erleben.

Die Individualität des Menschen ist für den, der sie wahrzunehmen beginnt, weit umfassender tätig als nur im Bewusstsein:

- Sie orchestriert, leitet das Zusammenspiel von Leib und Seele, prägt sich in sie ein.
- Sie ist fähig, sich in andere Menschen hineinzubegeben, mitzufühlen, und lebt in der Kindheit, in dem, was wir Bindung nennen, intensiv mit den Eltern mit.
- Sie verkörpert sich zunehmend im Laufe der Kindheit, wobei ihre stadienhafte Ablösung von den Eltern beidseits als Krise erlebt wird. Die menschliche Biografie ist weit stärker krisengeprägt als Entwicklung in der Natur.
- Sie vermag, wie es Viktor Frankl (Frankl 1987, S. 81ff.) m.E. zutreffend schildert, in differenzierter Weise Werte zu verwirklichen:
    - Handlungen, die einen Wert zu verwirklichen suchen

- Wahrnehmungen, um wertvolle Aspekte der Wirklichkeit zu erfassen und zu begreifen
- Haltungen einzunehmen, in denen sich die menschliche Individualität ihr eigenes moralisches Gesetz gibt, etwa im Aspekt der Gewaltfreiheit

Werte aber entstammen unserer spirituellen Dimension; naturwissenschaftlich sind sie nicht erfassbar.

So kann die menschliche Individualität in ausgewählten Augenblicken ihrer Biographie zur Freiheit fähig werden: Sei es in ihrem Handeln, in ihrem Denken, Erleben, sei es in der Haltung, mit der etwa Maximilian Kolbe sich opferte, mit der die Geschwister Scholl ihrem vernehmenden Kommissar antworteten, mit der Viktor Frankl Auschwitz überstand, mit der sie trotz Termindruck einer alten Frau helfen, die in der S-Bahn zusammengebrochen ist.

Es ist für Patienten in Krisensituationen, etwa im Rahmen einer metastasierenden Krebserkrankung, von fundamentaler Bedeutung, ob sie als Individualität wahrgenommen, gefragt werden und auch selbst tätig werden können. Sei es in der Behandlung, in der seelischen Verarbeitung oder in der geistigen Sinngebung ihrer Krise, oder ob der Arzt nur die Ermächtigung einholt, um selbst wirken und seinen Kampf mit der Krankheit aufnehmen zu können. Darauf hat z.B. Le Shan eindrucksvoll hingewiesen (Le Shan 1998).

Es ist nicht trennbar, wie ich von mir und von meinem Patienten denke. Der Patient spürt, woran ich glaube, und auch, von welchen Wirkprinzipien ich überzeugt bin. Klar akzeptiert ist die Kausalursache: Die Bewegung, die Einwirkung A geht zeitlich den Folgen B, die sie hervorruft, voraus, und die Ursachenbeziehung ist umso vollkommener, je mehr aus dem zeitlich Vorangehenden das zeitlich Folgende im Voraus berechenbar ist. Technik beruht auf der Anwendung dieses Ursachenprinzips. Die Unfallchirurgie, eine der erfolgreichsten Disziplinen der modernen Medizin, stellt ein Musterbeispiel kausal wirksamen Handelns am Patienten dar, und wir sind im Allgemeinen froh darum, wenn wir dies nicht bei vollem Bewusstsein miterleben müssen: Erst die Fortschritte der Anästhesie, der zeitweiligen Trennung von Leib und Bewusstsein, haben den großen Fortschritt der Chirurgie Wirklichkeit werden lassen.

Im Evangelium vom barmherzigen Samariter, das für die Ethik der Medizin bis heute der vielleicht folgenreichste Text der Weltliteratur ist, ist zunächst ebenfalls von Kausalursachen die Rede:

> „Ein Mann ging von Jerusalem nach Jericho hinab und wurde von Räubern überfallen. Sie plünderten ihn aus und schlugen ihn nieder; dann gingen sie weg und ließen ihn halbtot liegen." (Lk 10)

Also: Weil A, B und C zuschlagen, ist D verletzt und hilflos. Wir begegnen dem Kausalprinzip in Reinkultur. Es passt, dass sich dieses Ereignis in der wüstenhaften, fast leblosen Landschaft vollzieht, die zwischen dem noch wasserreichen Jerusalem und der Oase Jericho liegt. Freilich sollte nicht vergessen werden, dass dabei doch noch ein zweites, fundamental anderes Ursachenprinzip beteiligt war: Die Räuber verfolgten dabei eine finale Absicht, nämlich sich zu bereichern.

Nachdem nun von dem erzählt worden ist, der unter die Räuber gefallen war, fährt Jesus fort:

> „Zufällig kam ein Priester denselben Weg herab; er sah ihn und ging weiter. Auch ein Levit kam zu der Stelle; er sah ihn und ging weiter."

Dreimal: bei den (bereits verschwundenen) Räubern wie bei Priester und Levit begegnen wir auch dem finalen Ursachenprinzip. Alle drei folgen Intentionen, die in der Zukunft liegen: Wahrscheinlich haben Levit und Priester eine wichtige Agenda, handelt es sich doch um wichtige religiöse Würdenträger. Ihre Ziele stehen vermutlich in hohem gesellschaftlichen Ansehen, während die Räuber sich bereichert haben und vermutlich schwer bestraft würden, wenn man sie fassen würde. Deutlich ist: In allen drei Fällen ist es eigentlich keine Kausalursache, die sie so handeln lässt, sondern es ist die Zukunft B, die sie die Handlung A vollziehen lässt: Hier liegt das Bedingende zeitlich nach dem Bedingten. Kausal- und Finalprinzip aber eint, dass das eigentlich Bedingende bzw. Zwingende nicht in der Gegenwart selbst liegt, sondern sich nur in ihr auswirkt.

Therapeutisch wie moralisch kann es entscheidend sein, sich als Arzt oder Patient von der Einseitigkeit zu lösen, mit der ich bestimmte Zwecke verfolge, so verfolge, dass ich an den entscheidenden Herausforderungen der Gegenwart blind vorbei eile. Merkwürdig, dass gerade diese Qualität an der Wiege medizinischer Moral in unserem Kulturraum betont wird. Und wir können den bekannten Text einmal mit der Frage lesen: Welches Ursachenprinzip wird hier wirksam? Haben wir das im Medizinstudium gelernt? Hören wir von ihm, seiner Bedeutung für den Arztberuf, seiner Wirksamkeit?

> „Dann kam ein Mann aus Samarien, der auf der Reise war. Als er ihn sah, hatte er Mitleid, ging zu ihm hin, goß Öl und Wein auf seine Wunden und verband sie."

Ein Mann aus Samarien (heute: Westjordanland); ein Ausländer, ein Verachteter in der judäischen Gesellschaft damals. Der Samariter auf dem Weg von Jerusalem nach Jericho war selbst ein „Outsider". Als er den Verletzten sieht, bekommt er Mitleid. Was ist Mitleid? Es bedeutet, dass der Samariter in sich beginnt, selbst Leid zu empfinden, sich ein wenig wie halbtot geprügelt zu empfinden, dass er seelisch-leiblich beginnt, sich dem

Verletzten ein wenig ähnlich zu fühlen, mitzufühlen, und jetzt spürt, wie es wohl für einen anderen Menschen sich anfühlen mag, allein halbtot am Wegrand zu liegen, während andere, gesunde Menschen an ihm vorübergehen. Es tritt im Innern des Samariters ein Zustand auf, *der eine Korrespondenz, eine feine seelisch-leibliche Entsprechung zum Verletzten bedeutet.* Nur für den Samariter wird der verletzte Mensch *wirklich*, im Sinne einer Ursache wirksam, *die wir hier Korrespondenzursache nennen wollen, im Sinne einer menschlich wirksamen Gegenwart, in der der eine den Anderen verändert und gleichzeitig umgekehrt, ja, in dem es kein getrennt betrachtbares A und B mehr gibt, sondern ein gegenseitig im Anderen wirksam werden.* So dürfen wir sicher sein, dass bereits mit dem Innehalten des Samariters auf seinem Weg der Verletzte beginnt, sich innerlich zu verändern, sich nicht mehr allein dem Tode preisgegeben zu fühlen – es gibt keine Korrespondenzbeziehung, in der sich nicht Ich und Du unmittelbar gegenseitig zu verändern beginnen. Im Verletzten kann sich wieder Hoffnung regen, er gewinnt wieder Anschluss an die Zukunft seines Lebens durch die Korrespondenz des Samariters in der Gegenwart.

Der Mensch ist vielleicht seiner innersten, spirituell erfassbaren Bestimmung nach das Wesen, das sich darin erfüllt, indem es achtsam korrespondierend den Anderen wahrnimmt, im Anderen wirksam wird und gleichzeitig dieser in ihm. Der Zusammenhang von Liebe und Leben wird unmittelbar evident. Die Würde des Menschen korrespondiert dem Mitmenschen, der den Menschen als Menschen würdigt, als Ich und Du.

> „Dann hob er ihn auf sein Reittier, brachte ihn zu einer Herberge und sorgte für ihn."

Der Weg begann außen und führt jetzt ins Innere: in der Korrespondenz ist beides nicht zu trennen, werden beide Partner in Resonanz aufeinander wirksam, die seelisch-geistig und leiblich zugleich ist. Als Mensch für einen Menschen zu sorgen ist die ursprünglichste Form der Liebe: In der stillenden Mutter mit ihrem Säugling korrespondieren die Blicke und Gefühle miteinander und ebenso die Milch in ihrer Zusammensetzung mit den Erfordernissen des wachsenden kindlichen Organismus. Auf solche Hilfe ist jetzt auch der Verletzte angewiesen.

> „Am anderen Morgen holte er zwei Denare hervor, gab sie dem Wirt und sagte: Sorge für ihn, und wenn du mehr für ihn brauchst, werde ich es dir bezahlen, wenn ich wiederkomme."

Medizin braucht einen ganz eigenen Umgang mit dem Geld, das wir als Menschen geschaffen haben und das wir nicht nur technisch, sondern spirituell meistern müssen.

So endet das Evangelium, das zur Grundlage abendländischer medizinischer Ethik wurde, in einer apokalyptischen Perspektive, einer Perspektive, in der sich alle Wege zweimal kreuzen werden, in der

Vergangenes und Künftiges sich geborgen wissen in einer ewigen Gegenwart, von der unser Bewusstsein zum Zeuge werden kann und deren Funke in jedem von uns leuchtet.

> Immer sind es
>
> Die Menschen
>
> Du weißt es
>
> Ihr Herz
>
> Ist ein kleiner Stern,
>
> der die Erde
>
> beleuchtet
>
> (Rose Ausländer)

Danksagung

Die dargelegten Gedanken zu Kausal-, Final- und Korrespondenzursache verdanken sich der Zusammenarbeit mit Prof. T. Fuchs (Heidelberg) aus der gemeinsamen Zeit des Medizinstudiums.

Literatur

Alexander E. 2013. *Blick in die Ewigkeit: Die faszinierende Nahtoderfahrung eines Neurochirurgen.* 16. Aufl. Ansata, München.

Du Bois-Reymonds E. 1918. *Jugendbriefe von Emil Du Bois-Reymond an Eduard Hallmann.* Dietrich Reimer, Berlin.

Frankl V. 1987. *Ärztliche Seelsorge.* 4. Aufl. Fischer, Frankfurt am Main.

Fuchs T. 2008. *Das Gehirn – ein Beziehungsorgan.* Kohlhammer, Stuttgart.

Jablonski N. 2010. Warum Menschen nackt sind. *Spektrum der Wissenschaft 10*: 60-67.

Le Shan L. 1998. *Diagnose Krebs. Wendepunkt und Neubeginn.* 4. Aufl. Klett Cotta, Stuttgart.

Müller-Wiedemann H. 1992. *Karl König.* Verlag Freies Geistesleben, Stuttgart.

Roth G. 1994. *Das Gehirn und seine Wirklichkeit.* Suhrkamp, Frankfurt am Main.

Searle JR. 1992. *The Rediscovery of the Mind.* MIT Press, Cambridge MA.

Singer W. 2004. Selbsterfahrung und neurobiologische Fremdbeschreibung. *Deutsche Zeitschrift für Philosophie 52*: 235-255.

Soldner G, Stellmann M. 2011. *Individuelle Pädiatrie.* 4. Aufl. Wissenschaftliche Verlagsgesellschaft, Stuttgart.

Van Lommel P. 2009. *Endloses Bewusstsein: Neue medizinische Fakten zur Nahtoderfahrung.* 2. Aufl. Patmos, Düsseldorf.

Autorenverzeichnis

Dr. phil. Bettina Berger
Lehrstuhl für Medizintheorie, Integrative und Anthroposophische Medizin,
Fakultät für Gesundheit (Department für Humanmedizin), Universität Witten/Herdecke
Email: bettina.berger@uni-wh.de

Univ. Prof. Dr. med. et phil. Gerhard Danzer
Medizinische Klinik mit Schwerpunkt Psychosomatik der Charité sowie
Medizinische Klinik C mit Schwerpunkt Psychosomatik der MHB
Email: gerhard.danzer@charite.de

Dr. med. Michaela Glöckler
Fachärztin für Pädiatrie, Leitung der Medizinischen Sektion an der
Freien Hochschule für Geisteswissenschaft am Goetheanum, Dornach (CH)
Email: michaela.gloeckler@medsektion-goetheanum.ch

Univ. Prof. Dr. med. Peter Heusser, MME (UniBe)
Lehrstuhlinhaber für Medizintheorie, Integrative und Anthroposophische Medizin,
Fakultät für Gesundheit (Department für Humanmedizin), Universität Witten/Herdecke
Email: peter.heusser@uni-wh.de

Priv.-Doz. Dr. med. vet. Bernd Rosslenbroich
Institut für Evolutionsbiologie und Morphologie, Fakultät für Gesundheit
(Department für Humanmedizin), Universität Witten/Herdecke
Email: bernd.rosslenbroich@uni-wh.de

Prof. Dr. med. Peter Selg
Ita Wegman Institut für anthroposophische Grundlagenforschung, Arlesheim.
Alanus Hochschule, Fachbereich für künstlerische Therapie und Lehrstuhl für Medizintheorie, Integrative und Anthroposophische Medizin, Universität Witten/Herdecke
Email: sekretariat@wegmaninstitut.ch

Georg Soldner
Facharzt für Pädiatrie, Leiter der Akademie Anthroposophische Medizin der
Gesellschaft Anthroposophischer Ärzte in Deutschland (GAÄD)
Email: g.soldner@gaed.de

Prof. Dr. Johannes Wagemann
Juniorprofessor für Bewusstseinsforschung, Institut für philosophische und
ästhetische Bildung, Fachbereich Bildungswissenschaft, Alanus Hochschule für
Kunst und Gesellschaft / Alfter
Email: johannes.wagemann@alanus.edu

Univ. Prof. Ulrich Weger, PhD
Lehrstuhlinhaber für Grundlagen der Psychologie, Fakultät für Gesundheit
(Department für Psychologie und Psychotherapie), Universität Witten/Herdecke
Email: ulrich.weger@uni-wh.de

Dr. med. univ. Johannes Weinzirl
Lehrstuhl für Medizintheorie, Integrative und Anthroposophische Medizin,
Fakultät für Gesundheit (Department für Humanmedizin), Universität Witten/Herdecke
Email: johannes.weinzirl@uni-wh.de

Wittener Kolloquien für Humanismus, Medizin und Philosophie

Band 1: Medizin und die Frage nach dem Menschen
Peter Heusser, Johannes Weinzirl (Hrsg.)
2013, Königshausen & Neumann, Würzburg.

Mit Beiträgen von:
Peter F. Matthiessen, Peter Heusser, Anke Thyen, Thomas Fuchs, Uwe an der Heiden, Jaap G. Sijmons, Rüdiger J. Seitz, Matthias Beck, Gernot Rüter und Thomas Bohrer, Franz Mechsner

Band 2: Was ist Geist?
Johannes Weinzirl, Peter Heusser (Hrsg.)
2014, Königshausen & Neumann, Würzburg.

Mit Beiträgen von:
Brigitte und Thomas Görnitz, Stephan Baumgartner, Martina Piefke, Harald Walach, Arndt Büssing, Matthias Beck, Dieter Wandschneider, Peter Heusser, Peter F. Matthiessen, Klaus Fischer, Johannes Weinzirl

Band 3: Die menschliche Individualität – verloren und neu gesucht
Johannes Weinzirl, Peter Heusser (Hrsg.)
2015, Königshausen & Neumann, Würzburg.

Mit Beiträgen von:
Bernd Rosslenbroich, Peter Heusser, Ulrich Weger und Johannes Wagemann, Peter Selg, Gerhard Danzer, Johannes Weinzirl, Michaela Glöckler, Bettina Berger, Georg Soldner

Vorschau:

Band 4: Der Mensch, ein Tier – das Tier, ein Mensch?
Johannes Weinzirl, Peter Heusser (Hrsg.)
2016, Königshausen & Neumann, Würzburg.